Ariane Mandalka

Abmahnung

RECHT AKTUELL

Ariane Mandalka

Abmahnung

Ratgeber für Arbeitnehmer und
ihre Interessenvertretung

2., überarbeitete und aktualisierte Auflage

BUND VERLAG

Bibliografische Information Der Deutschen Bibliothek
Die Deutsche Bibliothek verzeichnet diese Publikation in der
Deutschen Nationalbibliografie; detaillierte bibliografische Daten
sind im Internet über http://dnb.d-nb.de abrufbar.

2., überarbeitete und aktualisierte Auflage 2019
© 2016 by Bund-Verlag GmbH, Frankfurt am Main
Umschlag: Neil McBeath, Stuttgart
Umschlagbild: © booncho / Adobe Stock
Satz: Dörlemann Satz, Lemförde
Druck: CPI books GmbH, Leck
Printed in Germany 2019
ISBN 978-3-7663-6845-4

Alle Rechte vorbehalten,
insbesondere die des öffentlichen Vortrags,
der Rundfunksendung
und der Fernsehausstrahlung,
der fotomechanischen Wiedergabe,
auch einzelner Teile.

www.bund-verlag.de

Vorwort

Dieser Ratgeber wendet sich an Arbeitnehmer und ihre Interessenvertreter. Nach der Rechtsprechung des BAG ist eine verhaltensbedingte Kündigung nur dann sozial gerechtfertigt, wenn aus dem pflichtwidrigen Verhalten des Arbeitnehmers geschlossen werden kann, dass eine Verhaltensänderung auch in Zukunft nicht zu erwarten ist und es auch zukünftig zu weiteren Vertragsstörungen kommen wird. Aus diesem Grund, ist regelmäßig – bis auf ganz wenige Ausnahmen bei schwerwiegenden Pflichtverletzungen – eine vorausgegangene einschlägige Abmahnung Wirksamkeitsvoraussetzung für die verhaltensbedingte Kündigung. Dem Arbeitnehmer soll auf diesem Weg sein Fehlverhalten und die daraus resultierenden arbeitsrechtlichen Folgen klar vor Augen geführt werden.

Aufgrund dieses engen Sachzusammenhangs zwischen einer Abmahnung und der verhaltensbedingten Kündigung sollte der von einer Abmahnung betroffene Arbeitnehmer daher klären, welches Verhalten den Arbeitgeber überhaupt zur Abmahnung berechtigt, ob er wirksam abgemahnt wurde, wie er sich gegen die Abmahnung wehren kann oder wann er besser gar nicht auf die Abmahnung reagiert. Für die Beantwortung dieser Fragen bietet der Ratgeber Hilfe anhand konkreter Beispiele, Checklisten und umfangreicher Mustertexte. Daneben zeigt der Ratgeber Betriebs- und Personalräten, welche Handlungsmöglichkeiten sie haben, um den Arbeitnehmer bei dessen Vorgehen gegen die Abmahnung zu unterstützen und unter welchen Voraussetzungen sie ggf. sogar selbst abgemahnt werden können.

Die aktuelle Rechtsprechung des BAG und der Instanzengerichte wird bis August 2018 berücksichtigt.

Inhaltsverzeichnis

Vorwort 5
Abkürzungsverzeichnis 15
Literaturverzeichnis 19

I. **Grundwissen »Abmahnung«** 21
  1. Rechtsgrundlagen 21
  2. Motivation des Arbeitgebers für die Abmahnung 22
  3. Definition 22
  4. Inhalt/Funktion der Abmahnung 23
    a) Dokumentationsfunktion 23
    b) Hinweisfunktion 24
    c) Warn-/Androhungsfunktion 25
    d) Beispiele für Abmahnungen mit Fehleranalyse 28
      aa) Zuspätkommen 28
      bb) Unfreundlichkeit gegenüber Kunden 29
      cc) Arbeitsverweigerung 30
    e) Fazit 31
    f) Checkliste: Aufbau und Inhalt einer Abmahnung . . . 32
  5. Abgrenzung zu anderen Maßnahmen 32
    a) Ermahnung/Verwarnung/Rüge 32
    b) Vertragsstrafe 34
    c) Betriebsbuße 36
  6. Erforderlichkeit 39
    a) Abgrenzung zwischen personen-, verhaltens- und betriebsbedingter Kündigung 39
      aa) Personenbedingte Kündigung 40
      bb) Verhaltensbedingte Kündigung 41
      cc) Betriebsbedingte Kündigung 42
    b) Abmahnung bei verhaltensbedingten Pflichtverstößen 42
  7. Entbehrlichkeit der Abmahnung 43
    a) Außerhalb des Künigungsschutzgesetzes 43

Inhaltsverzeichnis

      b) Außerordentliche Kündigung 44
      c) Vorweggenommene Abmahnung 44
      d) Bagatellverstöße 45
      e) Fazit. 46
  8. Formalien 46
      a) Form 46
      b) Fristen 47
          aa) Gesetzliche Ausschlussfristen 47
          bb) Tarifliche Ausschlussfristen 47
          cc) Verwirkung. 48
      c) Aussteller/Abmahnungsberechtigte Person 50
      d) Zugang 51
          aa) Zugang unter Anwesenden 51
          bb) Zugang unter Abwesenden 53
          cc) Zugangsnachweis und Zugangsvereitelung 53
          dd) Aushang am Schwarzen Brett 55
      e) Anhörungsrecht des Arbeitnehmers 56
  9. Verhältnis zur Kündigung/Kündigungsrechtliche Bedeutung der Abmahnung 58
      a) Gleichartigkeit der Verstöße/Einschlägige Abmahnung 58
      b) Anzahl der Abmahnungen 60
      c) Verzicht auf das Recht zur Kündigung durch Abmahnung 62
      d) Unwirksame Kündigung als Abmahnung 64
      e) Zeitliche Wirkung der Abmahnung 64
      f) Checkliste: Abmahnung und Kündigung 65
  10. Erwähnung im Zeugnis 67

II. **Abmahnungsgründe von Alkohol bis Zeiterfassung** . . . 69
  1. Alkoholmissbrauch/Trunkenheit 69
  2. Alkoholverbot 69
  3. Androhung von Krankfeiern/vorgetäuschte Erkrankung . 70
  4. Arbeitsunfähigkeit, Anzeige der 70
  5. Arbeitsunfähigkeit, Verhalten während 71
  6. Arbeitsunfähigkeitsbescheinigung, Fälschen der 71
  7. Arbeitsschutz- und Sicherheitsvorschriften 72
  8. Arbeitsverweigerung 72
  9. Außerdienstliches Verhalten 73
  10. Beleidigung 73
  11. Datenschutzverletzung 75

12.	Drogenkonsum/Doping	75
13.	Eigentumsdelikte	75
14.	Fehlen, unentschuldigtes	76
15.	Internetnutzung	76
16.	Gewerkschaftliche Werbung	78
17.	Kleidung	78
18.	Konkurrenztätigkeit/Wettbewerbsverbot	79
19.	Mobbing	79
20.	Nebentätigkeit	80
21.	Nichtanzeige der Arbeitsunfähigkeit	80
22.	Nichtbefolgung einer Arbeitsanweisung	81
23.	Politische Betätigung	82
24.	Rauchverbot	82
25.	Schlecht- und Minderleistungen	83
26.	Sexuelle Belästigung	83
27.	Soziale Medien	84
28.	Spesen	84
29.	Straftaten	85
30.	Streikteilnahme	85
31.	Tätlichkeiten	85
32.	Telefongespräche	86
33.	Terroristische Vereinigung	86
34.	Unpünktlichkeit	87
35.	Urlaubsantritt, eigenmächtiger	87
36.	Urlaubsüberschreitung/Selbstbeurlaubung	88
37.	Verletzung der Schweigepflicht	88
38.	Verstöße gegen die betriebliche Ordnung	89
39.	Vortäuschen einer Erkrankung	89
40.	Zeiterfassung, Manipulation/Missbrauch von Kontrolleinrichtungen	89

III. Abmahnung in Sonderfällen ... 91
    1. Abmahnung von Betriebsratsmitgliedern und Personalratsmitgliedern ... 91
        a) Amtspflichtverletzung ... 92
        b) Arbeitsvertragsverstoß ... 94
        c) Zusammenhangsverstoß ... 94
        d) Ansprüche des Betriebsrats auf Entfernung einer einem seiner Mitglieder erteilten Abmahnung aus der Personalakte ... 98
    2. Abmahnung des Betriebsrats als Kollektivorgan ... 98

Inhaltsverzeichnis

    3. Abmahnung gegenüber Auszubildenden 99
    4. Abmahnung vor Änderungskündigung 101
    5. Abmahnung während der Probezeit. 101
    6. Abmahnung in befristeten Arbeitsverhältnissen 104
    7. Abmahnung in Kleinbetrieben 104
    8. Abmahnung in Tendenzbetrieben. 107
    9. Abmahnung während Kündigungsverbot nach MuSchG, BEEG und PflegeZG. 109
   10. Abmahnung im öffentlichen Dienst. 111
       a) Arbeitnehmer im öffentlichen Dienst 111
       b) Beamte 112

IV. Vorgehen des Arbeitnehmers gegen Abmahnung/Rechtsschutzmöglichkeit des Arbeitnehmers 114
    1. Einsichtnahme in die Personalakte gem. § 83 Abs. 1 BetrVG. 115
    2. Gegendarstellung gem. § 83 Abs. 1 BetrVG zu der Personalakte reichen. 115
       a) Anspruchsgrundlage 115
       b) Inhalt der Gegendarstellung 116
       c) Fristen und Verwirkung 117
       d) Zweck der Gegendarstellung 118
    3. Beschwerde beim Betriebsrat oder auch beim Arbeitgeber wegen ungerechter Behandlung nach §§ 84, 85 BetrVG . 118
       a) Beschwerde gem. § 84 BetrVG 119
          aa) Einlegung der Beschwerde 119
          bb) Überprüfung der Beschwerde 120
       b) Beschwerde beim Betriebsrat gem. § 85 BetrVG. . . 120
    4. Anspruch auf Entfernung der Abmahnung aus der Personalakte 123
       a) Grundsätzliches 123
       b) Anspruch im bestehenden Arbeitsverhältnis 124
       c) Anspruch im beendeten Arbeitsverhältnis. 124
       d) Frist zur Geltendmachung/Ausschlussfristen 125
    5. Anspruch auf Rücknahme/Widerruf der Abmahnung . . 125
    6. Klage gegen die Abmahnung 126
       a) Klage auf Entfernung der Abmahnung aus der Personalakte 126
       b) Klage auf Rücknahme bzw. Widerruf 126
       c) Pflicht zur Klageerhebung 128

Inhaltsverzeichnis

   d) Fristen und Verwirkung. 129
     aa) Klagefrist 129
     bb) Vertragliche und tarifliche Ausschlussfristen. . . . 129
     cc) Verjährung 129
     dd) Verwirkung 129
   e) Darlegungs- und Beweislast. 130
   f) Nachschieben von Abmahnungsgründen 131
   g) Urteil 132
   h) Prozessvergleich. 132
   i) Vollstreckung 133
  7. Anspruch auf (betriebs-)öffentliche Rücknahme bzw. auf Widerruf der Abmahnung 134
  8. Gar nichts tun 135
  9. Checkliste: Vorgehen gegen die Abmahnung/Zweckmäßigkeitserwägungen 136
  10. Checkliste: Handlungsmöglichkeiten gegen die Abmahnung 139

V. Abmahnung und Interessenvertretung 141
  1. Beteiligung des Betriebsrats 141
   a) Mitbestimmungsrecht 141
   b) Informationsanspruch 141
  2. Beteiligung des Personalrats 143
   a) BPersVG. 143
   b) Rechtslage für Personalräte in den einzelnen Bundesländern 144
  3. Beteiligung der Schwerbehindertenvertretung. 149

VI. Abmahnung durch Arbeitnehmer 151
  1. Grundsätzliches. 151
  2. Abmahnungsgründe 152
  3. Muster 153
   a) Abmahnung wegen Lohnverzug 153
   b) Abmahnung wegen vertragswidriger Beschäftigung/Aufgabenentzug. 153

VII. Muster und Checklisten 155
  1. Gegendarstellung zur Abmahnung. 155
   a) Abmahnung wegen Nichtvorlage ärztlicher Bescheinigung nach § 5 EFZG 156

Inhaltsverzeichnis

    b) Abmahnung wegen verspäteter Vorlage der ärztlicher Bescheinigung nach § 5 EFZG, Angabe von Entschuldigungsgründen 157
    c) Abmahnung eines Betriebsratsmitglieds wegen unerlaubten Entfernens vom Arbeitsplatz 158
    d) Abmahnung wegen Streikteilnahme 159
  2. Klage auf Entfernung der Abmahnung 160
    a) Klage wegen pflichtwidrigen Verlassens des Arbeitsplatzes 160
    b) Abmahnung eines Betriebsratsmitglieds wegen unerlaubten Entfernens vom Arbeitsplatz 162
  3. Abmahnung durch Arbeitnehmer. 164
    a) Abmahnung wegen Lohnverzug 164
    b) Abmahnung wegen vertragswidriger Beschäftigung/Aufgabenentzug 164
  4. Checkliste: Aufbau und Inhalt einer Abmahnung. 165
  5. Checkliste: Abmahnung und Kündigung 166
  6. Checkliste: Vorgehen gegen die Abmahnung/Zweckmäßigkeitserwägungen 168
  7. Checkliste: Handlungsmöglichkeiten gegen die Abmahnung 171

VIII. Rechtsprechungsübersicht. 173
  1. Motive einer arbeitgeberseitigen Abmahnung 173
  2. Inhalt/Funktion der Abmahnung 173
  3. Sammelabmahnungen. 175
  4. Erforderlichkeit der Abmahnung 175
  5. Entbehrlichkeit der Abmahnung 176
  6. Verhältnis zur Kündigung. 176
  7. Grundsatz der Verhältnismäßigkeit 178
  8. Fristen/Ausschlussfristen 179
  9. Abmahnungsberechtigte Personen 180
  10. Zugang. 180
  11. Beteiligungsrechte Betriebsrat/Personalrat 181
  12. Beteiligungsrechte Schwerbehindertenvertretung. ... 181
  13. Einsichtnahmerecht in Personalakte 181
  14. Anspruch auf Entfernung aus der Personalakte. 182
  15. Öffentliche Rücknahme/Widerruf der Abmahnung ... 184
  16. Darlegungs- und Beweislast 184
  17. Abmahnung eines Betriebsrats-/Personalratsmitglieds .. 184
  18. Abmahnung eines Auszubildenden 185

19. Abmahnung und Änderungskündigung 186
20. Abmahnung und Probezeit. 186
21. Abmahnung im Kleinbetrieb. 187

Stichwortverzeichnis 189

Abkürzungsverzeichnis

a. A.	anderer Ansicht
a. a. O.	am angegebenen Ort
Abs.	Absatz
AiB	Arbeitsrecht im Betrieb (Zeitschrift)
AGG	Allgemeines Gleichbehandlungsgesetz
Anm.	Anmerkung
ArbG	Arbeitsgericht
ArbGG	Arbeitsgerichtsgesetz
ArbR	Arbeitsrecht Aktuell (Zeitschrift)
Art.	Artikel
Aufl.	Auflage
Az	Aktenzeichen
BAG	Bundesarbeitsgericht
BAT	Bundes-Angestelltentarifvertrag
BayPVG	Bayerisches Personalvertretungsgesetz
b. b.	bereits benannt
BB	Der Betriebs-Berater (Zeitschrift)
BBG	Bundesbeamtengesetz
BEEG	Bundeselterngeld- und Elternzeitgesetz
BErzGG	Bundeserziehungsgeldgesetz
BBiG	Berufsbildungsgesetz
BDG	Bundesdisziplinargesetz
BDSG	Bundesdatenschutzgesetz
BetrVG	Betriebsverfassungsgesetz
BGB	Bürgerliches Gesetzbuch
BGH	Bundesgerichtshof
BPersVG	Bundpersonalvertretungsgesetz
BeschSchG	Gesetz zum Schutz der Beschäftigten vor sexueller Belästigung am Arbeitsplatz
BremPersVG	Personalvertretungsgesetz Bremen

Abkürzungsverzeichnis

BSG	Bundessozialgesetz
BUrlG	Bundesurlaubsgesetz
BVerfG	Bundesverfassungsgericht
BVerwG	Bundesverwaltungsgericht
BW	Baden-Württemberg
bzgl.	bezüglich
bzw.	beziehungsweise
d. h.	das heißt
DDZ	Däubler/Deinert/Zwanziger (Hrsg.), KSchR – Kündigungsschutzrecht, Kommentar für die Praxis, 10. Aufl. 2017
DKKW	Däubler/Kittner/Klebe/Wedde, Betriebsverfassungsgesetz, 16. Aufl. 2018
EDV	Elektronische Datenverarbeitung
ErfK	Erfurter Kommentar zum Arbeitsrecht (hrsg. von Müller-Glöge, Preis, Schmidt), 18. Aufl. 2018
EFZG	Entgeltfortzahlungsgesetz
etc.	et cetera
f., ff.	folgende, fortfolgende
gem.	gemäß
GewO	Gewerbeordnung
GG	Grundgesetz
ggf.	gegebenenfalls
GK-ArbGG	Gemeinschaftskommentar zum Arbeitsgerichtsgesetz, s. unter Ahrendt u. a. im Literaturverzeichnis
HGB	Handelsgesetzbuch
h. M.	herrschende Meinung
HmbPersVG	Personalvertretungsgesetz Hamburg
HPVG	Personalvertretungsgesetz Hessen
Hrsg.	Herausgeber
hrsg.	herausgegeben
i. S.	im Sinne
i. V. m.	in Verbindung mit

Abkürzungsverzeichnis

Kap.	Kapitel
KR	Gemeinschaftskommentar zum Kündigungsschutzgesetz und sonstigen kündigungsschutzrechtlichen Vorschriften, s. unter Etzel u. a. im Literaturverzeichnis
KSchG	Kündigungsschutzgesetz
LAG	Landesarbeitsgericht
LPersVG	Landespersonalvertretungsgesetz
LPersVG LSA	Landespersonalvertretungsgesetz Land Sachsen-Anhalt
LPersVG RP	Landespersonalvertretungsgesetz Rheinland-Pfalz
LPVG NRW	Landespersonalvertretungsgesetz Nordrhein-Westfalen
MBG Schl.-H.	Mitbestimmungsgesetz Schleswig-Holstein
mind.	mindestens
MuSchG	Mutterschutzgesetz
m. w. N.	mit weiteren Nachweisen
Nr.	Nummer
NJW	Neue Juristische Wochenschrift (Zeitschrift)
NPersVG	Personalvertretungsgesetz Niedersachsen
NZA-RR	Neue Zeitschrift für Arbeitsrecht, Rechtsprechungsreport
OVG	Oberverwaltungsgericht
öAT	Zeitschrift für das öffentliche Arbeits- und Tarifrecht (Zeitschrift)
PersR	Der Personalrat (Zeitschrift)
PersVG	Personalvertretungsgesetz
PersVG BB	Personalvertretungsgesetz Brandenburg
PersVG MV	Personalvertretungsgesetz Mecklenburg-Vorpommern
PflegeZG	Pflegezeitgesetz
Rn.	Randnummer
S.	Seite
s.	siehe
SächsPersVG	Personalvertretungsgesetz Sachsen
SGB	Sozialgesetzbuch
SGB IX	Sozialgesetzbuch Neuntes Buch – Rehabilitation und Teilnahme behinderter Menschen

Abkürzungsverzeichnis

sog.	so genannt(e)
SPersVG	Personalvertretungsgesetz Saarland
SprAuG	Sprecherausschussgesetz
SchwbG	Schwerbehindertengesetz
ThürPersVG	Personalvertretungsgesetz Thüringen
TV-L	Tarifvertrag für den öffentlichen Dienst der Länder
TVöD	Tarifvertrag für den öffentlichen Dienst
u. a.	und andere, unter anderem
usw.	und so weiter
u. U.	unter Umständen
v.	vom
VerwG	Verwaltungsgericht
vgl.	vergleiche
VwGO	Verwaltungsgerichtsordnung
z. B.	zum Beispiel
Ziff.	Ziffer
zit.	zitiert
ZPO	Zivilprozessordnung

Literaturverzeichnis

Ahrendt/Bader/Dörner/Mikosch/Schleusener/Schütz/Vossen/Woitaschek, GK – Gemeinschaftskommentar zum Arbeitsgerichtsgesetz
Beckerle, Die Abmahnung, 10. Aufl. 2009 (zit.: GK-ArbGG/Bearbeiter)
Brierley, Die Anhörung des Beschäftigten vor Ausspruch einer Abmahnung nach TVöD in: öAT 2013, 95 ff.
Däubler/Deinert/Zwanziger (Hrsg.), KSchR – Kündigungsschutzrecht, Kommentar für die Praxis, 10. Aufl. 2017 (zit.: DDZ-Bearbeiter)
Däubler/Kittner/Klebe/Wedde (Hrsg.), Betriebsverfassungsgesetz, 16. Aufl. 2018 (zit.: DKKW-Bearbeiter)
Erfurter Kommentar zum Arbeitsrecht, 15. Aufl. 2015 (zit.: ErfK-Bearbeiter)
Fitting/Engels/Schmidt/Trebinger/Linsenmaier, Betriebsverfassungsgesetz, Handkommentar, 29. Aufl. 2018 (zit.: Fitting)
Gallner/Mestwerdt/Nägele, Kündigungsschutzrecht, 6. Auflage 2018
Grobys/Panzer, StichwortKommentar Arbeitsrecht, 3. Aufl., Edition 4, 2018
Natter/Gross (Hrsg.), Arbeitsgerichtsgesetz, Handkommentar, 2. Aufl. 2013 (Zit.: Natter/Gross)
Neumann/Pahlen/Majerski-Pahlen, Sozialgesetzbuch IX – Rehabilitation und Teilhabe behinderter Menschen, 12. Aufl. 2010
Notzon, Die Abmahnung im öffentlichen Dienst in: öAT 2016, 4 ff.
Schaub, Die arbeitsrechtliche Abmahnung, in: NJW 1990, 872 ff.
Schaub/Koch/Link et.al., Arbeitsrechts-Handbuch, Systematische Darstellung und Nachschlagewerk für die Praxis, 17. Aufl. 2017 (zit.: Schaub/Bearbeiter, ArbR-Hdb.)
Wilhelm, Anhörung des Arbeitnehmers vor Ausspruch einer Abmahnung?, in: NZA-RR 2002, S. 449 ff.

I. Grundwissen »Abmahnung«

1. Rechtsgrundlagen

Erbringt bei einem gegenseitigen Vertrag (z. B. Arbeitsvertrag) der Schuldner (z. B. der Arbeitnehmer) eine fällige Leistung nicht oder nicht vertragsgemäß, kann der Gläubiger (z. B. der Arbeitgeber) vom Vertrag zurücktreten (§ 323 Abs. 3 i. V. m. Abs. 1 BGB), wenn er zuvor dem Schuldner erfolglos eine Abmahnung ausgesprochen hat. Auch eine Kündigung aus wichtigem Grund (außerordentliche Kündigung, § 626 Abs. 1 BGB) wegen Vertragsverletzung ist erst nach erfolglosem Ablauf einer zur Abhilfe bestimmten Frist oder nach erfolgloser Abmahnung zulässig. Die Abmahnung ist für die verhaltensbedingte außerordentliche (fristlose) Kündigung in § 314 Abs. 2 BGB geregelt. Die Vorschrift ist entsprechend auch auf ordentliche (fristgerechte) Kündigungen anwendbar. Daneben ergibt sich aus dem Verhältnismäßigkeitsgrundsatz die Pflicht, eine Pflichtverletzung zunächst abzumahnen.

Abmahnungen werden in der betrieblichen Praxis in der Regel fast ausschließlich vom Arbeitgeber wegen Leistungs- oder Verhaltensmängel des Arbeitnehmers ausgesprochen. Aber auch ein Arbeitnehmer hat sich an die Vorschrift des § 314 Abs. 2 BGB und an den Verhältnismäßigkeitsgrundsatz zu halten. So hat er den Arbeitgeber regelmäßig vor Ausspruch einer Kündigung wegen einer Vertragsverletzung (z. B. wegen Verzugs der Lohnzahlung) abzumahnen.[1]

Die Abmahnung ist eine tatsächliche Erklärung, die – anders als eine Kündigung – keine unmittelbare Rechtsfolge auslöst. Sie stellt damit keine Willenserklärung im engeren rechtlichen Sinne dar.[2]

Im Hinblick auf die arbeitsrechtliche Relevanz wird zunächst die arbeitgeberseitige Abmahnung behandelt. In Kapitel VI. werden dann die Be-

---

[1] BAG v. 17. 1. 2002 – 2 AZR 494/00.
[2] BAG v. 9. 8. 1984 – 2 AZR 400/83.

Grundwissen »Abmahnung«

sonderheiten einer Abmahnung durch den Arbeitnehmer eingehend behandelt.

2. Motivation des Arbeitgebers für die Abmahnung

Der Arbeitgeber will dem Arbeitnehmer mit der Abmahnung aufzeigen, dass er ein bestimmtes Verhalten missbilligt. In der Regel bereitet der Arbeitgeber mit der Abmahnung eine spätere verhaltensbedingte Kündigung vor. Mit der Abmahnung wird der Arbeitnehmer gewarnt. Ihm wird die Rechtsfolge (zumeist eine Kündigung) verdeutlicht, die eintreten kann, wenn das abgemahnte Verhalten fortgeführt bzw. wiederholt wird. Im Fußball würde man sagen: Der Spieler erhält die gelbe Karte. Der Ausspruch einer Abmahnung kann aber auch andere Motive haben. Diese reichen vom gutgemeinten »Schuss vor den Bug« über die Einräumung einer »letzten Chance« und das Aufbauen von Druck, um den Arbeitnehmer folgsam zu machen, bis hin zum kalkulierten Mobbing, um einen Mitarbeiter aus dem Unternehmen zu drängen. Die Abmahnung des Arbeitgebers kann also verschiedene Beweggründe haben. Weil sie aber in jedem Fall zeigt, dass das Arbeitsverhältnis potentiell gefährdet ist, sollte der Arbeitnehmer sie stets ernst nehmen.

3. Definition

Von einer Abmahnung kann nur gesprochen werden, wenn der Arbeitgeber – in einer für den Arbeitnehmer hinreichend deutlich erkennbaren Art und Weise – ein genau bezeichnetes Fehlverhalten beanstandet und damit den eindeutigen Hinweis verbindet, dass im Wiederholungsfalle der Inhalt oder der Bestand des Arbeitsverhältnisses gefährdet ist. Nicht erforderlich ist es, bestimmte kündigungsrechtliche Maßnahmen, vor allem die Kündigung selbst, anzudrohen oder dass der Arbeitgeber den Begriff »Abmahnung« ausdrücklich verwendet.

Das BAG definiert daher die Abmahnung seit seiner grundlegenden Entscheidung vom 18.1.1980 in ständiger Rechtsprechung wie folgt:

»Eine Abmahnung liegt vor, wenn der Arbeitgeber in einer für den Arbeitnehmer hinreichend deutlich erkennbaren Art und Weise Leistungsmängel

beanstandet und damit den Hinweis verbindet, dass im Wiederholungsfalle der Inhalt oder der Bestand des Arbeitsverhältnisses gefährdet sei.«[3]

4. Inhalt/Funktion der Abmahnung

Nach der vom BAG vorgenommenen Definition hat die Abmahnung also einen dreifachen Zweck zu erfüllen. Sie soll:
- das beanstandete Verhalten tatbestandsmäßig festhalten (Dokumentationsfunktion),
- den Arbeitnehmer darauf hinweisen, dass der Arbeitgeber ein bestimmtes Verhalten als vertragswidrig ansieht (Hinweisfunktion) und
- den Arbeitnehmer davor warnen, dass im Wiederholungsfalle eine Gefährdung des Arbeitsverhältnisses droht (Warn- bzw. Androhungsfunktion).

Wegen der kündigungsvorbereitenden Funktion, die der Abmahnung in den meisten Fällen zukommt, stellt die Rechtsprechung strenge Anforderungen an die Wirksamkeit einer Abmahnung. Ist auch nur eine der drei Voraussetzungen nicht erfüllt, ist die Abmahnung unwirksam!

a) Dokumentationsfunktion

Eine wirksame Abmahnung erfordert zunächst einmal, dass das beanstandete Fehlverhalten genau bezeichnet wird. Diese Dokumentationsfunktion, auch als Beanstandungs- oder Beweisfunktion bezeichnet, ist unverzichtbar. Denn nur dann weiß der Arbeitnehmer, welches Verhalten der Arbeitgeber als nicht vertragsgemäß ansieht und künftig nicht mehr hinnehmen will. Der Arbeitgeber hat das beanstandete Verhalten daher nach Art, Inhalt, Ort und Zeit genau zu beschreiben.

In der Praxis werden hier oft anstelle konkreter Tatsachen pauschale Angaben gemacht oder lediglich Werturteile abgegeben, die keinen konkreten Bezug zu dem abzumahnenden Verhalten haben. Bezeichnet die Abmahnung den vermeintlichen Vertragsverstoß nicht hinreichend konkret (etwa, weil sie nur pauschale Vorwürfe enthält) ist sie rechtswidrig.[4]

---

3 BAG v. 18.1.1980 – 7 AZR 75/78.
4 LAG Düsseldorf v. 24.7.2009 – 9 Sa 194/09; LAG Köln v. 15.6.2007 – 11 Sa 243/07; LAG Hamm v. 25.5.2007 – 13 Sa 1117/06.

Grundwissen »Abmahnung«

> **Beispiele unwirksamer Formulierungen in »Abmahnungen«:**
> - »... beanstanden wir Ihr häufiges Zuspätkommen.«
> - »... störten Sie den Betriebsfrieden.«
> - »... haben Sie eine mangelhafte Arbeitsleistung erbracht.«
> - »... haben Sie schludrig gearbeitet.«
> - »... waren Sie unangemessen gekleidet.«
> - »... haben Sie einen Kunden/Kollegen/Vorgesetzten beleidigt.«
> - »... haben Sie Ihren Arbeitsplatz vor Arbeitsende verlassen.«
> - »... haben Sie die Betriebsordnung verletzt.«

Diese Beispiele erfüllen nicht die von der Rechtsprechung in einer Abmahnung geforderte Dokumentationsfunktion. Das hat zur Folge, dass diese Abmahnungen insgesamt unwirksam sind.

b) Hinweisfunktion

Im Rahmen der Hinweisfunktion hat der Arbeitgeber auf die konkrete arbeitsvertragliche Pflichtverletzung hinzuweisen. Mithin hat der Arbeitgeber die konkreten Pflichten des Arbeitnehmers zu benennen, gegen die dieser mit dem vorgeworfenen Verhalten verstoßen hat. Der Arbeitnehmer soll damit in die Lage versetzt werden, die Erwartungen des Arbeitgebers hinsichtlich seines künftigen Verhaltens zu kennen.

> **Beispiele:**
> »Dadurch, dass Sie Ihre Arbeitsunfähigkeit am Montag, dem ..., trotz des vertraglich vereinbarten Arbeitsbeginns um 8:00 Uhr, der Personalabteilung – ohne Angaben von Entschuldigungsgründen – erst um 12:30 Uhr angezeigt haben, haben Sie gegen Ihre arbeitsvertragliche Nebenpflicht, eine Arbeitsunfähigkeit unverzüglich mitzuteilen, verstoßen.«
>
> »In der Teambesprechung am Mittwoch, dem ..., haben Sie Ihre Teamleiterin, Frau ..., als eine unfähige Idiotin bezeichnet. Ihr Verhalten stellt eine Missachtung der Person der Frau ... und damit zugleich auch ein nicht akzeptables Verhalten gegenüber Ihrem Arbeitgeber dar. In Ihrem Verhalten liegt eine arbeitsvertragliche Pflichtverletzung, denn aus der Ihnen als Arbeitnehmer obliegenden Treuepflicht ergibt sich die Pflicht zu loyalem und korrektem Verhalten im Rahmen der allgemeinen Anstandsregeln.«

Nicht ausreichend ist daher die bloße Mitteilung:

> »... dadurch haben Sie gegen Ihre arbeitsvertragliche Pflicht verstoßen.«

Hier ist nicht dargelegt, welche konkrete arbeitsvertragliche Pflicht verletzt wurde. Das Ziel, den Arbeitnehmer in Zukunft zu vertragsgemäßem Verhalten anzuhalten, kann so nicht erfüllt werden.

Voraussetzung für den Hinweis auf die konkrete Vertragsverletzung ist, dass dem Arbeitnehmer die konkrete arbeitsvertragliche Pflicht, die in der Abmahnung genannt ist, überhaupt obliegt. Viele Abmahnungen sind schon deshalb unwirksam, weil sie ein Verhalten beanstanden, für welches es bisher keine konkrete Regelung gab. In der Abmahnung wird dann zum ersten Mal die konkrete Verhaltenspflicht des Arbeitnehmers festgelegt; die Verhaltenspflicht des Arbeitnehmers muss also durch den Arbeitgeber in Form einer genauen Arbeitsanweisung festgelegt werden, soweit dies im Rahmen seines Weisungsrechts möglich ist, vorher ist eine Abmahnung nicht möglich.

Beispiele:
- Abmahnung wegen privater Internetnutzung des dienstlichen Internetzugangs in der Arbeitspause für Urlaubsrecherche, obwohl die private Internetnutzung am Arbeitsplatz nicht gänzlich untersagt war.
- Abmahnung, weil die Arbeitsunfähigkeitsbescheinigung nicht am ersten Tag der Arbeitsunfähigkeit vorgelegt wurde, obwohl eine derartige Verpflichtung des Arbeitsnehmers arbeitsvertraglich nicht geregelt ist und es bisher keine dahingehende Weisung des Arbeitgebers gab.

Darlegungs- und beweisbelastet für das Vorliegen bestimmter arbeitsvertraglicher Pflichten des Arbeitnehmers ist der Arbeitgeber. Bestehen insoweit Zweifel, gehen diese zulasten des Arbeitgebers und die Abmahnung ist unwirksam.

c) Warn-/Androhungsfunktion

Nach der Rechtsprechung des BAG gehört zu den weiteren unverzichtbaren Voraussetzungen einer ordnungsgemäßen Abmahnung der Hinweis auf die Bestands- oder Inhaltsgefährdung des Arbeitsverhältnisses für den Wiederholungsfall (kündigungsrechtliche Warnfunktion).[5] Auch hier ist der Bestimmtheitsgrundsatz zu beachten: Der Arbeitgeber muss in einer für den Arbeitnehmer hinreichend deutlich erkennbaren Art und Weise seine Beanstandungen vorbringen und damit deutlich – wenn auch nicht expressis verbis – den Hinweis verbinden, im Wiederholungsfall sei der

---

5 BAG v. 18.11.1986 – 7 AZR 674/84.

Inhalt oder der Bestand des Arbeitsverhältnisses gefährdet.[6] Dabei ist nicht erforderlich, dass bestimmte kündigungsrechtliche Maßnahmen (etwa eine ordentliche oder außerordentliche Beendigungskündigung bzw. eine Änderungskündigung) angedroht werden.[7] Die Ankündigung »*kündigungsrechtlicher Konsequenzen*« ist deshalb ausreichend.

In einer Einzelfallentscheidung hat das BAG[8] auch die Androhung »*arbeitsrechtlicher Schritte*« als ausreichend zur Erfüllung der Warnfunktion angesehen. Mit einer solchen Formulierung wird nach der Auffassung des BAG ausgedrückt, dass der Arbeitnehmer im Wiederholungsfall mit allen denkbaren arbeitsrechtlichen Folgen – bis hin zu einer Beendigung des Arbeitsverhältnisses – rechnen muss. Es ist ausreichend, wenn der Beschäftigte erkennen kann, der Arbeitgeber wird im Wiederholungsfall möglicherweise auch mit einer Kündigung reagieren. Auch der Hinweis auf »*arbeitsrechtliche Konsequenzen*« kann nach Auffassung des BAG[9] eine hinreichende Warnung vor einer Bestandsgefährdung des Arbeitsverhältnisses sein. Mit einer solchen Formulierung werde nämlich ausgedrückt, dass der Arbeitnehmer im Wiederholungsfall mit allen denkbaren arbeitsrechtlichen Folgen – bis hin zu einer Beendigung des Arbeitsverhältnisses – rechnen muss. Eine ausdrückliche Kündigungsandrohung ist dafür nicht erforderlich. Es ist ausreichend, wenn der Arbeitnehmer erkennen kann, der Arbeitgeber wird im Wiederholungsfall möglicherweise auch mit einer Kündigung reagieren. Gleiches gilt wohl auch für die Androhung »*individualrechtlicher Konsequenzen*«.[10]

Da als »individualrechtliche« bzw. »arbeitsrechtliche Konsequenz« oder »arbeitsrechtliche Schritte« aber auch eine Versetzung, eine Umsetzung oder Änderungskündigung in Betracht kommen kann und dem Arbeitnehmer daher nicht hinreichend deutlich gemacht wird, dass der Bestand des Arbeitsverhältnisses als solcher auf dem Spiel steht, ist – entgegen der Auffassung des BAG – die Warnfunktion jedenfalls dann nicht erfüllt, wenn die Abmahnung der Vorbereitung einer verhaltensbedingten Kündigung dienen soll.

Um keine Zweifel über die Warnfunktion aufkommen zu lassen, um Missverständnisse zu vermeiden und Auslegungsschwierigkeiten auszuschließen, ist dem Arbeitgeber folgende Formulierung zu empfehlen: »*Im Wiederholungsfall müssen Sie mit einer Kündigung rechnen.*« Mit dieser

---

6 BAG v. 17.2.1994 – 2 AZR 616/93.
7 BAG v. 18.1.1980 – 7 AZR 75/78.
8 BAG v. 31.1.1985 – 2 AZR 486/83.
9 BAG v. 19.4.2012 – 2 AZR 258/11.
10 BAG v. 30.5.1996 – 6 AZR 537/95.

Inhalt/Funktion der Abmahnung

Formulierung macht der Arbeitgeber deutlich, mit welcher arbeitsrechtlichen Folge der Arbeitnehmer bei einem gleichartigen Verstoß gegen seine arbeitsvertraglichen Pflichten zu rechnen hat.
Nachfolgende Formulierungen sind jedenfalls **nicht ausreichend**, um dem Beschäftigten die Gefährdung seines Arbeitsplatzes vor Augen zu führen und genügen damit der Warn-/Androhungsfunktion nicht:

- »Wir machen Sie darauf aufmerksam, dass wir dieses Fehlverhalten nicht hinnehmen werden.«
- »Bitte bemühen Sie sich, künftig pünktlich am Arbeitsplatz zu erscheinen.«
- »Wir sind nicht mehr bereit, die vorgenannten Pflichtverletzungen länger zu dulden.«
- »Wir erwarten, dass Sie Ihre Pflichten in Zukunft beachten.«
- »Für den Wiederholungsfall müssen Sie mit weiteren rechtlichen Schritten rechnen.«

Zu beachten ist, dass der Arbeitgeber an die in der Abmahnung angedrohte Sanktion gebunden ist. Wenn also z. B. der Arbeitgeber für den Wiederholungsfall mit einer Versetzung in einen anderen Betriebsteil droht, darf er bei einem nachfolgenden gleichartigen Pflichtverstoß keine verhaltensbedingte Kündigung aussprechen. Hierdurch würde er nämlich den angedrohten Sanktionsrahmen in unzulässiger Weise überschreiten. Mithin wäre der Ausspruch der Beendigungskündigung unverhältnismäßig und damit unwirksam.

Das BAG[11] hat entschieden, dass eine Abmahnung, die zwar formell unwirksam ist, trotzdem ihre Warnfunktion erfüllen kann, wenn sie sachlich berechtigt war und der Arbeitnehmer ihr den Hinweis entnehmen konnte, der Arbeitgeber erwägt für den Wiederholungsfall die Kündigung des Arbeitsverhältnisses. Aus der formellen Unwirksamkeit einer Abmahnung könne der Arbeitnehmer nicht entnehmen, der Arbeitgeber billige das abgemahnte Verhalten. Der Arbeitnehmer bleibe deshalb auch dann gewarnt, wenn die Abmahnung an einem Formfehler leide, so das BAG. Ebenso wenig sei der Verhältnismäßigkeitsgrundsatz beeinträchtigt, wenn die formell unwirksame Abmahnung ihre kündigungsrechtliche Wirkung behalte. Der Formfehler ändere nichts daran, dass der Arbeitgeber eine Pflichtverletzung zunächst nicht mit der Lösung des Arbeitsverhältnisses beantwortet, sondern dieses zu erhalten versuche, indem er dem Arbeitnehmer Rückkehr zur Vertragstreue empfiehlt.[12] Für Arbeitnehmer bedeutet dies, dass es in rechtlicher Hinsicht wenig Sinn macht,

---
11 BAG v. 19.2.2009 – 2 AZR 603/07.
12 BAG v. 19.2.2009 – 2 AZR 603/07.

Grundwissen »Abmahnung«

die Entfernung einer formell unwirksamen Abmahnung aus der Personalakte zu fordern. Denn selbst wenn der Einwand der formellen Unwirksamkeit durchgreift und die Abmahnung aus der Personalakte zu entfernen ist, bleibt es doch bei der Warnfunktion in der Abmahnung und auch dabei, dass bei einem wiederholten Verstoß das Arbeitsverhältnis gekündigt werden kann.

d) Beispiele für Abmahnungen mit Fehleranalyse

aa) Zuspätkommen

> **Falsche bzw. unwirksame Formulierung:**
> *»Sehr geehrter Arbeitnehmer,*
> *Sie kamen gestern zu spät zur Arbeit. Sollten Sie noch einmal zu spät zur Arbeit kommen, haben Sie mit arbeitsrechtlichen Konsequenzen zu rechnen.*
>
> *Mit freundlichen Grüßen*
> *Arbeitgeber«*

Hier ist zunächst nicht hinreichend dokumentiert, welches Fehlverhalten dem Arbeitnehmer genau vorgeworfen wird (Tag, Datum, Uhrzeit). Auch wird nicht darauf hingewiesen, welche arbeitsvertragliche Pflicht der Arbeitnehmer durch sein Verhalten verletzt haben soll. Der Hinweis auf »arbeitsrechtliche« Konsequenzen genügt nach Auffassung des BAG der Warn- bzw. Androhungsfunktion, weil der Arbeitnehmer erkennen könne, dass er im Wiederholungsfall mit allen denkbaren arbeitsrechtlichen Folgen bis hin zu einer Beendigung des Arbeitsverhältnisses rechnen müsse. In einem Rechtsstreit sollte dies allerdings bestritten werden, wenn der Arbeitnehmer im konkreten Fall nicht erkennen kann, dass der Arbeitgeber ausdrücken wollte, dass im Wiederholungsfall der Bestand des Arbeitsverhältnisses gefährdet ist (z. B. wenn andere Arbeitnehmer bei ähnlichen Pflichtverstößen lediglich versetzt wurden).

> **Richtig:**
> *»Sehr geehrter Arbeitnehmer,*
> *gemäß Arbeitsvertrag ist Ihr Arbeitsbeginn wochentags montags bis freitags 9:00 Uhr. Am Montag, dem ... sind Sie erst um 10:30 Uhr an Ihrem Arbeitsplatz erschienen. Sie kamen mithin 1,5 Stunden zu spät. Hierdurch haben Sie Ihre arbeitsvertraglichen Pflichten, pünktlich zum Dienstbeginn um 9:00 Uhr Ihre Arbeit aufzunehmen, erheblich verletzt. Wir mahnen Sie hiermit ausdrücklich ab und fordern Sie auf, künftig pünktlich zu der im Arbeitsvertrag vereinbarten*

Zeit an Ihrem Arbeitsplatz zu erscheinen. Sollten Sie nochmals zu spät zur Arbeit erscheinen, müssen Sie mit weiteren arbeitsrechtlichen Konsequenzen bis hin zum Ausspruch einer Kündigung rechnen.

Mit freundlichen Grüßen
Arbeitgeber«

bb) Unfreundlichkeit gegenüber Kunden
Falsche bzw. unwirksame Formulierung:
»Sehr geehrter Arbeitnehmer,
leider waren Sie in dem gestrigen Telefonat zu dem Kunden ... sehr unfreundlich. Dieser hat sich massiv bei der Geschäftsleitung über Ihre patzige Beantwortung seiner Frage nach den Lieferzeiten beschwert. Bedenken Sie, dass Ihr Verhalten geschäftsschädigend ist. Aus diesem Grund werden wir ein weiteres unfreundliches Verhalten Ihrerseits nicht dulden. Wir fordern Sie auf, sich künftig freundlich zu verhalten, sowohl in der Korrespondenz als auch persönlichen Umgang.

Mit freundlichen Grüßen
Arbeitgeber«

Hier ist das Fehlverhalten zu pauschal dargestellt. Es fehlen Angaben zur Uhrzeit, wann der Arbeitnehmer unfreundlich gewesen war, mit welcher Äußerung bzw. welchem Verhalten genau der Arbeitnehmer unfreundlich war und in welcher Situation die unfreundliche Äußerung erfolgt ist. Auch wird nicht auf die Vertragswidrigkeit des Handelns hingewiesen. Der Hinweis auf die Geschäftsschädigung reicht nicht aus. Auch die Mitteilung, man werde ein weiteres unfreundliches Verhalten nicht dulden, genügt nicht als Warnung. Der Arbeitnehmer kann hierdurch nicht erkennen, dass eine konkrete Gefährdung seines Arbeitsverhältnisses vorliegt.

Richtig:
»Sehr geehrter Arbeitnehmer,
auf telefonische Anfrage unseres Kunden, Herrn ..., am ..., gegen ... Uhr, wann mit der Lieferung der von ihm unter Auftragsnummer ... bestellten Waren zu rechnen sei, haben Sie ihm geantwortet:
»Herr ..., ich habe keine Zeit, jede Kundenanfrage bezüglich der Lieferzeiten zu beantworten. Diese ergeben sich aus unserer Auftragsbestätigung. Wenn es Zustellungsverzögerungen durch den Poststreik gibt, ist das nicht unser Verschulden. Ich bitte Sie, in Zukunft von solchen unnötigen Anfragen abzusehen.«

Grundwissen »Abmahnung«

> Diese Antwort war sehr unfreundlich. Sie haben dadurch gegen Ihre arbeitsvertragliche Nebenpflichten verstoßen, gegenüber beruflichen Kontakten, vor allem auch Kunden, ein höfliches und freundliches Verhalten an den Tag zu legen. Diese Pflicht beinhaltet nicht nur die Korrespondenz, sondern auch den persönlichen Umgang mit Kunden.
> *Sollten Sie noch einmal zu dem Kunden ... oder zu anderen Kunden unfreundlich sein, müssen Sie mit arbeitsrechtlichen Konsequenzen bis hin zum Ausspruch einer, ggf. auch fristlosen, Kündigung rechnen.*
>
> *Mit freundlichen Grüßen*
> Arbeitgeber«

cc) Arbeitsverweigerung
Falsche bzw. unwirksame Formulierung:
> »*Sehr geehrter Arbeitnehmer,*
> *Ihr Vorgesetzter, Herr ..., hat Ihnen am Montag, dem ..., eine Arbeitsanweisung erteilt. Dieser sind Sie nicht nachgekommen. Sollten Sie sich noch einmal der Anweisung Ihres Vorgesetzten widersetzen, werden wir arbeitsrechtliche Schritte einleiten.*
>
> *Mit freundlichen Grüßen*
> Arbeitgeber«

Auch hier ist das Fehlverhalten zu pauschal dargestellt. Dies gilt sowohl hinsichtlich der konkreten Arbeitsanweisung als auch hinsichtlich der konkreten Verweigerungssituation. Die arbeitsvertragliche Pflicht, die verletzt worden sein soll, wird nicht benannt. Der Hinweis darauf, dass eine Anweisung durch einen Vorgesetzten erfolgte, genügt nicht. Es muss klargestellt werden, dass gerade die geforderte Leistung geschuldet ist und der Arbeitnehmer durch die Nichtbefolgung der Weisung gegen seine arbeitsvertragliche Pflicht verstößt. Die Androhung arbeitsrechtlicher Schritte kann im Zweifel ebenfalls nicht ausreichen, wenn der Arbeitnehmer nicht erkennen kann, dass im Wiederholungsfall der Bestand des Arbeitsverhältnisses gefährdet ist.

Richtig:
> »*Sehr geehrter Arbeitnehmer,*
> *am Montag, dem ..., hat Ihr Vorgesetzter, Herr ..., Ihnen die Anweisung erteilt, die Ausgangsrechnungen für den Monat November 2015 zu schreiben und auf den Postweg zu bringen. Dieser Anweisung sind Sie bis zum Ende Ihrer Arbeitszeit am Montag nicht nachgekommen. Darauf von Ihrem Vorgesetzten, Herrn ..., am folgenden Dienstag, dem ..., um 9:00 Uhr angesprochen erklär-*

ten Sie, dass Sie im Moment andere Dinge zu erledigen hätten und im Übrigen nicht bereit seien, ständig nur Rechnungen zu schreiben. Dieses könne auch eine Auszubildende erledigen.

Nach Ihrem Arbeitsvertrag und der Stellenbeschreibung, die dem Arbeitsvertrag beigefügt ist, ergibt sich, dass das Schreiben von Ausgangsrechnungen zu Ihrem Aufgabengebiet gehört. Herr ... ist Ihr Vorgesetzter und hat insofern ein Weisungsrecht Ihnen gegenüber. Sollten Sie noch einmal eine verbindliche Arbeitsanweisung Ihres Vorgesetzten, Herrn ..., missachten, haben Sie mit weiteren arbeitsrechtlichen Schritten bis hin zu einer, ggf. auch fristlosen, Kündigung zu rechnen.

Mit freundlichen Grüßen
Arbeitgeber«

e) **Fazit**

Eine Abmahnung hat Dokumentations-, Hinweis- und Warn- bzw. Androhungsfunktion. Fehlt auch nur einer der vorstehenden Bestandteile, handelt es sich nicht um eine Abmahnung im arbeitsrechtlichen Sinne. Entsprechend kann die Erklärung auch nicht zur Vorbereitung einer Kündigung oder zu sonstigen arbeitsrechtlichen Konsequenzen dienen. Dies ist unproblematisch, wenn der Arbeitgeber solche gar nicht beabsichtigt und dem Arbeitnehmer nur einen »Warnschuss verpassen« will. Dient die Abmahnung hingegen zur Vorbereitung einer Kündigung, bleibt sie wirkungslos. In der Praxis scheitern viele Abmahnungen daran, dass eine der drei Funktionen nicht hinreichend erfüllt wird.

Praxistipp Arbeitnehmer:
Auch wenn die vom Arbeitgeber abgegebene Erklärung eindeutig nicht die Voraussetzungen einer wirksamen Abmahnung erfüllt, kann es sinnvoll sein, hiergegen nicht vorzugehen. Lässt man die Abmahnung vom Arbeitsgericht überprüfen und stellt sich die Unwirksamkeit heraus, wird der Arbeitgeber u. U. diese durch eine nunmehr wirksame Abmahnung ersetzen wollen und bekommt aus dem Urteil des Arbeitsgerichts hierfür auch noch eine Anleitung geliefert.

Grundwissen »Abmahnung«

f) Checkliste: Aufbau und Inhalt einer Abmahnung

Funktion der Abmahnung	Inhalt
Dokumentationsfunktion	= Sachverhaltsdarstellung: beanstandetes Verhalten tatbestandsmäßig darstellen • Die Pflichtverletzung muss sich aus der Schilderung des Sachverhalts erkennen lassen • Genaue Angaben zum (Fehl-)Verhalten, Ort, Datum etc.

Hinweisfunktion	= Pflichtverletzung:
	Benennung der konkreten arbeitsvertraglichen Pflichtverletzung
	• Verletzte Pflichten aufführen
	• Verstöße gegen
	  – Gesetz
	  – Rechtsverordnung
	  – Arbeitsvertrag
	  – arbeitsvertragliche Nebenpflichten
	  – Betriebsvereinbarung
	  – Arbeitsanweisung
	  – Tarifvertrag etc.

Warn-/Androhungsfunktion	= Gefährdung aufzeigen: Hinweis auf Gefährdung von Bestand oder Inhalt des Arbeitsverhältnisses • Auffordern zu künftig korrektem Verhalten • Drohung mit »arbeitsrechtlichen Konsequenzen«, konkreter Drohung mit Kündigung

5. Abgrenzung zu anderen Maßnahmen

a) Ermahnung/Verwarnung/Rüge

Durch die Ermahnung, Verwarnung oder Rüge bringt der Arbeitgeber ebenfalls zum Ausdruck, dass in einem bestimmten Verhalten des Arbeitnehmers eine Vertragspflichtverletzung gesehen und dass dieses Verhalten beanstandet wird. Im Unterschied zur Abmahnung kündigt er aber für den Wiederholungsfall nicht an, dass das Arbeitsverhältnis im Bestand oder Inhalt gefährdet ist. Bei der Ermahnung, Verwarnung oder Rüge fehlt also die sog. Warn- bzw. Androhungsfunktion. Die Ermahnung, Verwarnung oder Rüge erfüllt somit allein die Dokumentations- und Hinweisfunktion. Um diese Funktionen zu erfüllen, muss die Ermahnung, Verwarnung oder Rüge das dem Arbeitnehmer vorgeworfene Fehlverhalten genau bezeichnen, sodass er in der Lage ist, sein Verhalten künftig zu ändern.

Beispiele:
»Ihr Verhalten gibt uns Anlass, Sie auf die ordnungsgemäße Erfüllung Ihrer arbeitsvertraglichen Verpflichtungen hinzuweisen. Am Montag, dem …, und Mittwoch, dem …, sind Sie gegen 9:30 Uhr, d. h. ca. 30 Minuten zu spät am Arbeitsplatz erschienen. Wir fordern Sie daher auf, in Zukunft pünktlich zur Arbeit zu erscheinen.«

»In der Teambesprechung am Mittwoch, dem …, haben Sie Ihre Teamleiterin, Frau …, als eine unfähige Idiotin bezeichnet. Ihr Verhalten stellt eine Missachtung der Person der Frau … und damit zugleich auch ein nicht akzeptables Verhalten gegenüber Ihrem Arbeitgeber dar. In Ihrem Verhalten liegt eine arbeitsvertragliche Pflichtverletzung. Wir erwarten, dass Sie in Zukunft die Pflicht zu loyalem und korrektem Verhalten im Rahmen der allgemeinen Anstandsregeln erfüllen.«

»Am Freitag, dem …, haben Sie in Ihrer Arbeitspause gegen … Uhr den dienstlichen Internetzugang zu privaten Zwecken, nämlich zur Recherche von Hotelunterkünften für Ihren Sommerurlaub, benutzt. Die private Internetnutzung des dienstlichen Internetzugangs ist durch Betriebsvereinbarung vom … untersagt. Wir fordern Sie daher nachdrücklich auf, die Betriebsvereinbarung künftig zu beachten.«

Die Ermahnung, Verwarnung oder Rüge kann als milderes Mittel eingesetzt werden, wenn der Arbeitgeber bei leichten Verstößen des Arbeitnehmers diesen darauf hinweisen und zu einer Änderung des Verhaltens bewegen, aber nicht gleich eine Kündigung androhen möchte. Sie ist als Belehrung zu verstehen und kann schriftlich oder mündlich erfolgen.
Aufgrund der fehlenden Warn- bzw. Androhungsfunktion kann die Ermahnung, Verwarnung oder Rüge eine Kündigung weder vorbereiten noch eine diesbezüglich erforderliche Abmahnung ersetzen. Dem Arbeitnehmer droht deshalb auch im Wiederholungsfall grundsätzlich keine Kündigung. Dennoch ist auch eine Ermahnung, Verwarnung oder eine Rüge als mögliche Vorstufe zu einer Abmahnung ernst zu nehmen
Falls die schriftliche Ermahnung, Verwarnung oder Rüge zu Unrecht ausgesprochen wurde, besteht ein Anspruch auf Entfernung aus der Personalakte, weil auch hierdurch die weitere berufliche Entwicklung des Ar-

Grundwissen »Abmahnung«

beitnehmers nachteilig beeinflusst werden könnte. Auch unberechtigte formelle Rügen können Grundlage für eine falsche Beurteilung sein und dadurch das berufliche Fortkommen behindern. Sie können den Arbeitnehmer darüber hinaus auch in seiner Ehre berühren und damit sein Persönlichkeitsrecht verletzen.[13]

Ob die Ermahnung, Verwarnung oder Rüge zu Unrecht ausgesprochen wurde, ist nach denselben Kriterien zu prüfen, wie bei einer Abmahnung.

b) Vertragsstrafe

Ein »Versprechen einer Vertragsstrafe« ist eine vertragliche Vereinbarung, bei der sich derjenige Vertragspartner, der das Strafversprechen abgab, zur Zahlung eines bestimmten Geldbetrags, der Vertragsstrafe, verpflichtet, falls er bestimmte Vertragspflichten schuldhaft, also vorsätzlich oder fahrlässig verletzt.

Die Vertragsstrafe ist im Gesetze in den §§ 339 ff. BGB geregelt. Sie wird – anders als die Abmahnung, die einseitig vom Arbeitgeber ausgesprochen wird – vielfach im Arbeitsvertrag vereinbart. Vertragsstrafen haben den Zweck,

- den Vertragspartner, der sie versprochen hat – meistens den Arbeitnehmer –, unter Druck zu setzen, sich vertragsgemäß zu verhalten. Denn verhält er sich nicht vertragstreu, muss er für seinen Vertragsbruch (im wahrsten Sinne des Wortes) bezahlen und
- dem Vertragspartner, zu dessen Gunsten sie vereinbart wurde – meist zugunsten des Arbeitgebers –, die Durchsetzung seines Schadensersatzanspruchs wegen einer Vertragsverletzung zu erleichtern, da sie diesem den Schadensbeweis ersparen.

Das BAG geht von der grundsätzlichen Zulässigkeit von Vereinbarungen zu Vertragsstrafen aus, wenn der Arbeitgeber mit ihnen die Einhaltung der vertraglichen Verpflichtung durch den Arbeitnehmer sichern will. Voraussetzung ist also, dass der Arbeitgeber ein berechtigtes Interesse an einer solchen Vereinbarung hat. Eine Ausnahme ist das Berufsausbildungsverhältnis. Hier sind Vertragsstrafen von vornherein nichtig, vgl. § 9 Abs. 2 Nr. 2 BBiG.

---

13 Ständige Rechtsprechung des BAG: BAG v. 22. 5. 1978 – 5 AZR 801/76 (Aktennotiz); BAG v. 30. 1. 1979 – 1 AZR 342/76 (Vermerk über eine Ermahnung); BAG v. 7. 11. 1979 – 5 AZR 962/77 (Verweis); BAG v. 18. 8. 1982 – 5 AZR 310/80 (Aktennotiz) sowie auch ArbG Braunschweig v. 9. 12. 2004 – 8 Ca 351/04; LAG Hamm v. 25. 9. 2009 – 19 Sa 383/09.

Vertragsstrafen müssen also besonders vereinbart werden. Sie unterliegen als Allgemeine Geschäftsbedingungen der Kontrolle der §§ 305 ff. BGB (AGB-Kontrolle), sofern sie nicht ausgehandelt wurden – was aber nur ganz selten der Fall ist. Die Vertragsstrafenregelung ist mithin gerichtlich überprüfbar. Unwirksam ist eine Vertragsstrafenvereinbarung, wenn der Arbeitnehmer durch sie unangemessen benachteiligt wird. Die Unangemessenheit kann sich aus der Höhe der Strafe oder aus der Beschreibung der strafbewährten Pflichtverletzung ergeben. So ist die Höhe der vereinbarten Vertragsstrafe nur angemessen, wenn sie auch in einem angemessenen Verhältnis zum Arbeitseinkommen, zur Dauer des Arbeitsverhältnisses bzw. der Kündigungsfrist sowie zur Tätigkeitsart und der Bedeutung des Schadens für den Arbeitgeber steht. Die sozialen und wirtschaftlichen Interessen des Arbeitnehmers sind dabei zu berücksichtigen. Die Vertragsstrafenregelung muss aber nicht nur exakt die richtige und angemessene Höhe beinhalten, sondern sie muss die Pflichtverletzung, die die Vertragsstrafe auslöst, so klar und verständlich bezeichnen, dass sich derjenige, der die Vertragsstrafe verspricht, in seinem Verhalten darauf einstellen kann.[14]

Eine Vertragsstrafe, die etwa wegen ihrer Höhe unangemessen ist, ist unwirksam gem. § 307 Abs. 1 BGB. Sie kann nicht auf den noch angemessenen Betrag herabgesetzt werden. Deshalb scheidet in der Regel auch eine ergänzende Vertragsauslegung aus. Ansonsten wäre der Verwender vom Risiko der unzulässig zu weit gefassten Klausel vollständig befreit und es fände eine Vertragshilfe zu seinen Gunsten statt.[15] Eine Vertragsstrafenklausel, die sich gem. § 307 BGB in typisierender Betrachtungsweise als angemessen und damit wirksam darstellt, kann aber gleichwohl im konkreten Einzelfall »unverhältnismäßig hoch« und deshalb gem. § 343 BGB auf Antrag des Arbeitnehmers vom Arbeitsgericht herabzusetzen sein.[16] Das Gericht führt eine individuelle Billigkeitskontrolle durch und entscheidet unter Berücksichtigung der Schwere und der Dauer der Vertragsverletzung, des Verschuldensgrades sowie der wirtschaftlichen Lage und der Einkommensverhältnisse des Arbeitnehmers, welcher Betrag als »angemessen« anzusehen ist.[17]

Vertragsstrafen können für alle abmahnungsfähigen Verstöße vereinbart werden. Sie werden in Arbeitsverträgen aber hauptsächlich für den Fall vereinbart, dass der Arbeitnehmer

---

14 BAG v. 21.4.2005 – 8 AZR 425/04.
15 BAG v. 23.9.2010 – 8 AZR 987/08.
16 ErfK/Müller-Glöge, §§ 339–345 BGB Rn. 30.
17 ErfK/Müller-Glöge, §§ 339–245 BGB Rn. 30a f.

- das Arbeitsverhältnis kündigt, ohne die vereinbarte Kündigungsfrist einzuhalten,
- die Arbeit gar nicht erst aufnimmt,
- es schuldhaft unterlässt, seine Arbeitsunfähigkeit unverzüglich anzuzeigen,
- gegen die Verschwiegenheitspflicht oder gegen ein Wettbewerbsverbot verstößt.

Neben der vertraglich vereinbarten Vertragsstrafe kommt der Ausspruch einer Abmahnung nicht in Betracht. Dies gilt jedenfalls dann, wenn die Vereinbarung der Vertragsstrafe einen allumfassenden Sanktionskatalog enthält, z. B.

- unentschuldigtes Fehlen: Strafrahmen 50,00 €
- keine oder verspätete Vorlage der Arbeitsunfähigkeitsbescheinigung: Strafrahmen 25,00 €

c) Betriebsbuße

Eine Betriebsbuße dient der Ahndung von Verstößen gegen die betriebliche Ordnung. Das bedeutet zweierlei: Zum einen kommt die Betriebsbuße nur für Verstöße in Betracht, die sich gegen die betriebliche Ordnung richten, d. h., die mithin ein gemeinschaftswidriges Verhalten darstellen. Es muss immer ein kollektiver Bezug vorhanden sein. Zum anderen hat die Betriebsbuße Strafcharakter. Sie soll nicht nur ein pflichtgemäßes Verhalten des Arbeitnehmers bewirken, sondern sie soll auch ein begangenes Unrecht sanktionieren.[18]

Betriebsbußen können nur aufgrund einer zwischen den Betriebspartnern vereinbarten Betriebsbußordnung und nur für Verstöße gegen die Regeln über das Ordnungsverhalten verhängt werden. Meist wird die Betriebsbußordnung in eine Arbeitsordnung eingebettet die regelt, welches Ordnungsverhalten in welcher konkreten Situation vom Arbeitnehmer verlangt wird. Sie wird zwischen Arbeitgeber und Betriebsrat als Betriebsvereinbarung abgeschlossen und gilt im Betrieb unmittelbar und zwingend.

Das Mitbestimmungsrecht des Betriebsrats bei der Aufstellung der Bußordnung ergibt sich aus § 87 Abs. 1 BetrVG. Hiernach hat der Betriebsrat – soweit eine gesetzliche oder tarifliche Regelung nicht besteht – mitzubestimmen bei »Fragen der Ordnung des Betriebs und des Verhaltens der Arbeitnehmer im Betrieb«. Zweck der Mitbestimmung ist die gleichbe-

---

[18] Ständige Rechtsprechung, vgl. nur BAG v. 7.11.1979 – 5 AZR 962/77.

rechtigte Beteiligung der Arbeitnehmer bei der Gestaltung der wichtigsten Arbeitsbedingungen über ihre Interessenvertreter. Mitbestimmungspflichtig sind z. B. folgende Regelungen:[19]
- Abfallvermeidung
- Einsatz von arbeitsbegleitenden Papieren (Tätigkeitsbericht, Tagesnotiz, Arbeitsberichte, handschriftliches Erfassung von den Bewegungsdaten/Aufenthaltsorten)
- Festlegung und Überwachung von Alkohol- und Rauchverboten
- Anwesenheitskontrollen
- Einführung, Ausgestaltung und Nutzung von Betriebsausweisen und Passierscheinen
- Aus Sicherheitsgründen Einrichtung von Sperrzonen
- Tor- und Taschenkontrolle einschließlich Durchleuchten von Taschen
- Erlass von Kleiderordnungen und Tragen von Namensschildern an der Dienstkleidung
- Ausgabe und Verwendung von vom Arbeitgeber ausgegebenem Werkzeug
- Benutzung von Wasch- und Umkleideräumen
- Kantinenbenutzung
- Aufenthaltspflicht im Geschäftslokal
- Radiohören im Betrieb
- Einführen von Stechuhren
- Nutzung von PC mit Internetzugang bzw. allgemein zur Nutzung der elektronischen Kommunikationsmittel für vom Arbeitgeber gestattete private Zwecke
- Umgang mit sozialen Medien, Internetforen und Blogs
- Abgabe inhaltlich standardisierter Verschwiegenheitserklärungen, die das Ordnungsverhalten betreffen
- Mitnahme von Arbeitsunterlagen nach Hause
- Festlegung von Krankenkontrollen und Regeln für Krankheits-/Rückkehrgespräche und Krankheitsnachforschungen
- Anzeige und Nachweispflicht für Erkrankungen
- Anordnung genereller ärztlicher Eignungsuntersuchung und Untersuchung durch den Vertrauensarzt

Der Betriebsrat hat ein Mitbestimmungsrecht nicht nur bei der Aufstellung der Bußordnung als solcher, sondern auch bei der Verhängung der Buße im Einzelfall. Besteht kein Betriebsrat, kann die Betriebsbuße nicht einseitig vom Arbeitgeber aufgrund seines Direktionsrechts eingeführt

---

19 Beispiele sind entnommen aus DKKW-Klebe, § 87 BetrVG Rn. 62 ff.

Grundwissen »Abmahnung«

werden. Hier ist lediglich eine Vertragsstrafenvereinbarung möglich. Die rechtswirksame Verhängung einer Betriebsbuße setzt außerdem voraus, dass
- die Bußordnung rechtswirksam erstellt und allen Arbeitnehmern im Betrieb durch geeignete Maßnahmen bekannt gemacht wurde,
- die Tatbestände, die die Verhängung von Bußen bedingen, konkret benannt werden und festgelegt ist, welche Verfehlungen mit welchen Bußen belegt werden sollen,
- ein rechtsstaatliches ordnungsgemäßes Verfahren durchgeführt wird,
- dem Arbeitnehmer rechtliches Gehör gewährt und eine Vertretung zugelassen wird,
- der Betriebsrat vor der Verhängung jeder einzelnen Betriebsbuße mitbestimmt hat.

Mögliche Sanktionen können sein:
- Rügen, Verwarnungen, Verweise, strenge Verweise
- zeitweiliger Ausschluss von Begünstigungen
- Entzug von Vergünstigungen
- zeitweiliger Entzug der übertariflichen Zulage
- Geldbußen (Einnahmen aus Geldbußen müssen einem sozialen Zweck zugeführt werden)
- Umsetzung

Keine zulässigen Sanktionen sind:
- Maßnahmen, die das Persönlichkeitsrecht verletzen könnten (z. B. Aushang des Verstoßes mit Namensnennung am Schwarzen Brett)
- Kündigung des Arbeitsverhältnisses
- Rückgruppierung in eine niedrigere Vergütungsgruppe

Betriebsbußen können zur Personalakte genommen werden, müssen aber entfernt werden, wenn sich der Arbeitnehmer längere Zeit betriebsordnungsgemäß verhalten hat. Die Sanktion sollte zeitlich begrenzt werden. In die Betriebsbußordnung sollte daher eine entsprechende Tilgungsfrist, die nicht länger als zwei Jahre sein sollte, aufgenommen werden.

Stellt der Arbeitgeber eine Betriebsbußordnung auf, ohne den Betriebsrat zu beteiligen, verstößt er gegen § 87 Abs. 1 Nr. 1 BetrVG. Der Betriebsrat kann im arbeitsgerichtlichen Beschlussverfahren die Aufhebung der mitbestimmungswidrig umgesetzten Maßnahme beantragen. Bei Streitigkeiten über den Inhalt einer Bußordnung entscheidet die Einigungsstelle. Gemäß § 87 Abs. 2 BetrVG ersetzt ihr Spruch die Einigung zwischen Arbeitgeber und Betriebsrat.

Ein von der Betriebsbuße betroffener Arbeitnehmer kann vor dem Arbeitsgericht vollumfänglich nachprüfen, ob die Verhängung rechtmäßig war. Das gilt sowohl hinsichtlich der Wirksamkeit der Bußordnung selbst, als auch hinsichtlich der Ordnungsmäßigkeit des Verfahrens und auch hinsichtlich der Frage, ob der Bußtatbestand verwirkt und die im Einzelfall verhängte Buße angemessen ist.[20] Ein Ausschluss des Rechtswegs kann in der Betriebsbußordnung nicht wirksam vorgenommen werden.

6. Erforderlichkeit

Aus der Definition der Abmahnung, ihrer Funktion als kündigungsvorbereitende Maßnahme sowie aus ihrer Zielrichtung (»letzte Chance«, »gelbe Karte«) ergibt sich, dass sie grundsätzlich immer dann sinnvoll und damit erforderlich ist, wenn ein Verhalten gerügt wird, das der Arbeitnehmer steuern kann. Das bedeutet im Umkehrschluss, dass bei Vertragsverletzungen, die nicht auf steuerbarem Verhalten beruhen, sondern auf personenbedingten Gründen (z. B. Krankheit), oder bei Kündigungsgründen, die nicht aus der Sphäre des Arbeitnehmers, sondern des Arbeitgebers (betriebsbedingte Kündigung) herrühren und daher vom Arbeitnehmer gar nicht beeinflusst werden können, eine vorherige Abmahnung entbehrlich ist bzw. keinen Sinn macht.

Hinweis:
Eine Abmahnung ist grundsätzlich nur vor verhaltensbedingten Kündigungen erforderlich.

a) Abgrenzung zwischen personen-, verhaltens- und betriebsbedingter Kündigung

In § 1 Abs. 2 KSchG sind für eine Kündigung drei Gründe genannt, nämlich solche, die in der Person (personenbedingter Kündigungsgrund) oder in dem Verhalten des Arbeitnehmers liegen (verhaltensbedingter Kündigungsgrund) oder die durch dringende betriebliche Erfordernisse, die einer Weiterbeschäftigung des Arbeitnehmers in dem Betrieb entgegenstehen (betriebsbedingter Kündigungsgrund), bedingt sind.

---

20 BAG v. 12. 9. 1967 – 1 AZR 34/66.

aa) Personenbedingte Kündigung

Als Gründe in der Person, die eine ordentliche Kündigung nach § 1 Abs. 2 Satz 1 KSchG sozial rechtfertigen können, kommen Umstände in Betracht, die auf den persönlichen Verhältnissen, Fähigkeiten oder Eigenschaften des Arbeitnehmers beruhen. Eine auf sie gestützte Kündigung kann sozial gerechtfertigt sein, wenn der Arbeitnehmer aus Gründen in seiner Person – die nicht von ihm verschuldet sein müssen – ganz oder teilweise nicht mehr in der Lage ist, künftig eine vertragsgerechte Leistung zu erbringen.[21] In diesen Fällen liegt in der Regel eine erhebliche und dauerhafte Störung des vertraglichen Austauschverhältnisses vor, der der Arbeitgeber, wenn keine andere Beschäftigung mehr möglich ist, mit einer Beendigungs- oder Änderungskündigung begegnen kann.[22] Häufigster Fall der personenbedingten Kündigung ist die Kündigung wegen einer lang anhaltenden Krankheit oder wegen häufigen Kurzerkrankungen, die zur Arbeitsunfähigkeit führen und auch in Zukunft führen werden. Im Unterschied zur verhaltensbedingten Kündigung hat die Pflichtverletzung seine Ursache in der Person des Arbeitnehmers, ohne dass er diese beeinflussen kann. Es fehlt an einem steuerbaren Verhalten, weshalb eine Abmahnung zwecklos ist.[23] Deshalb ist eine Abmahnung des Arbeitnehmers wegen dessen krankheitsbedingter Fehlzeiten nicht gerechtfertigt. Auch in Fällen von unbehebbaren Leistungsmängeln infolge einer dauernden gesundheitlichen Beeinträchtigung der Leistungsfähigkeit kommt eine Abmahnung nicht in Betracht.

Sozial gerechtfertigt ist die personenbedingte Kündigung unter folgenden Voraussetzungen:

- Eine vom Arbeitnehmer verschuldete Nicht- oder Schlechterfüllung der arbeitsvertraglich geschuldeten Leistung,
- der Arbeitnehmer wird auch in Zukunft nicht mehr in der Lage sein, seinen arbeitsvertraglichen Pflichten nachzukommen (negative Zukunftsprognose),
- dadurch sind wesentliche betriebliche Interessen und wirtschaftlichen Belange des Arbeitgebers beeinträchtigt und
- eine Interessenabwägung ergibt, dass die berechtigten Interessen des Arbeitgebers schützenswerter sind als die Interessen des Arbeitnehmers.

---

21 ErfK/Oetker, § 1 KSchG Rn. 99 m. w. N.
22 BAG v. 10. 4. 2014 – 2 AZR 812/12.
23 So auch Gallner/Mestwerdt/Nägele, § 1 Rn. 255.

Hinweis:
Die Abgrenzung zwischen personen- und verhaltensbedingtem Fehlverhalten kann zum Teil schwierig sein, z.B. wenn der Arbeitgeber nicht weiß oder erkennen kann, ob eine Krankheit (z.B. Alkoholabhängigkeit) bzw. eine Behinderung oder ein Verhaltensmangel vorliegt. Arbeitgebern wird in solchen Zweifelsfällen empfohlen, vorsorglich eine Abmahnung auszusprechen. Für Arbeitnehmer gilt hier genau zu prüfen, ob tatsächlich ein verhaltensbedingtes Fehlverhalten abgemahnt wird.

bb) Verhaltensbedingte Kündigung

Bei der verhaltensbedingten Kündigung ist der Grund für die Kündigung ein Fehlverhalten des Arbeitnehmers. Der Arbeitnehmer hat seine vertraglichen Haupt- oder Nebenpflichten erheblich und in der Regel schuldhaft verletzt. In Abgrenzung zu Kündigungsgründen, die in der Person des Arbeitnehmers liegen, ist unter kündigungsrelevantem »Verhalten« nur eine solche Handlungsweise zu verstehen, die dem Arbeitnehmer vorwerfbar und von ihm steuerbar ist. Die verhaltensbedingte Kündigung setzt damit – anders als die personenbedingten Kündigung – ein steuerbares Verhalten voraus, und dass dem Arbeitnehmer vorgeworfen werden kann, er hätte nach freiem Willensentschluss auch anders handeln können.[24] Dies ist nicht der Fall, wenn dem Arbeitnehmer die Pflichterfüllung aus von ihm nicht zu vertretenden Gründen subjektiv nicht möglich ist. Ist eine Pflichterfüllung vorübergehend nicht möglich, ist der Arbeitnehmer für diese Zeit von der Pflichterfüllung befreit.[25] Beispiele für eine verhaltensbedingte Kündigung sind Straftaten gegenüber dem Arbeitgeber, die Nichtmitteilung oder der fehlende Nachweis der Arbeitsunfähigkeit, häufiges Zuspätkommen, eigenmächtiger Urlaubsantritt, beharrliche Arbeitsverweigerung oder vorwerfbare Schlechtleistung. Bei Alkohol- und Drogenkonsum ist zu differenzieren: Ist der Arbeitnehmer suchtkrank und kann er deshalb sein Verhalten nicht steuern, kommt nur eine personenbedingte Kündigung in Betracht.

Sozial gerechtfertigt gem. § 1 Abs. 2 Satz 1 Alt. 2 KSchG ist die verhaltensbedingte Kündigung unter folgenden Voraussetzungen:
- der Arbeitnehmer hat seine Vertragspflicht erheblich – in der Regel schuldhaft – verletzt,
- es gibt keine für den Arbeitgeber zumutbare Möglichkeit, den Arbeitnehmer auf einen anderen Arbeitsplatz zu beschäftigen, um künftige Störungen zuverlässig auszuschließen,

---

24 ErfK/Oetker, § 1 KSchG Rn. 188 ff., jeweils m.w.N.
25 BAG v. 3.11.2011 – 2 AZR 748/10.

Grundwissen »Abmahnung«

- die Annahme, dass der Arbeitnehmer auch in der Zukunft seine arbeitsvertraglichen Pflichten nicht ordnungsgemäß erfüllen wird (negative Zukunftsprognose),
- vorherige gleichartige Abmahnungen sind ausgesprochen und
- die Auflösung des Arbeitsverhältnisses erscheint in Abwägung der Interessen von Arbeitgeber und Arbeitnehmer billigenswert und angemessen.

cc) Betriebsbedingte Kündigung

Bei der betriebsbedingten Kündigung liegen – in Abgrenzung zu der personen- und verhaltensbedingten Kündigung – die Kündigungsgründe in der Sphäre des Arbeitgebers. Von einer betriebsbedingten Kündigung spricht man, wenn sachliche Gründe zu einer Unternehmensentscheidung führen, die ihrerseits den Wegfall des Arbeitsplatzes des betroffenen Arbeitnehmers oder den Wegfall einer Mehrzahl von Arbeitsplätzen zur Folge hat und keine Möglichkeit der Weiterbeschäftigung besteht. Bei betriebsbedingten Gründen ist die Sozialauswahl gem. § 1 Abs. 3 KSchG zu beachten.

b) Abmahnung bei verhaltensbedingten Pflichtverstößen

Wie eingangs dargelegt, ist eine Abmahnung nur dann erforderlich, wenn das Fehlverhalten im Verhalten des Arbeitnehmers zu finden ist. Die Pflichtverstöße, die zu einer verhaltensbedingten Kündigung führen können, lassen sich in folgende Fallgruppen einteilen:
- Pflichtverstöße im Leistungsbereich
  Beispiele: unentschuldigte Verspätungen, Arbeitsverweigerung, zu langsame oder fehlerhafte Arbeit
- Verstöße gegen die betriebliche Ordnung
  Beispiele: Verstöße gegen ein im Betrieb geltendes Rauch- oder Alkoholverbot oder das Verbot der privaten Internetnutzung des Firmencomputers
- Störungen im Vertrauensbereich
  Beispiele: Diebstahl, Unterschlagung, Reisekostenbetrug zum Nachteil des Arbeitgebers oder Manipulation der Zeiterfassung
- Verletzung von Nebenpflichten aus dem Arbeitsvertrag
  Beispiel: Verrat von Betriebsgeheimnissen an einen Konkurrenten

Eine Abgrenzung der Fallgruppen hinsichtlich der Frage, ob eine Abmahnung erforderlich ist, ist nicht notwendig. Die früher vom BAG getroffene Differenzierung zwischen Störungen im Leistungsbereich (Abmahnung erforderlich) einerseits und Störungen im Vertrauensbereich und betrieblichem Bereich (Abmahnung nicht erforderlich) andererseits, ist überholt. Nach der **neueren Rechtsprechung** ist vor jeder verhaltensbedingten Kündigung zu prüfen, ob eine Abmahnung erforderlich ist, also auch bei Störungen im Vertrauensbereich. Das BAG spricht insoweit vom Prognoseprinzip, das für eine verhaltensbedingte Kündigung gilt, und verlangt vom Arbeitgeber die konkrete Prüfung, ob nicht objektiv die Prognose berechtigt ist, der Arbeitnehmer werde sich jedenfalls nach einer Abmahnung künftig wieder vertragstreu verhalten.[26] Dabei ist grundsätzlich davon auszugehen, dass das künftige Verhalten des Arbeitnehmers schon dadurch positiv beeinflusst werden kann, dass Folgen für den Bestand des Arbeitsverhältnisses angedroht werden. Dies gelte – so das BAG – selbst bei Störungen des Vertrauensbereichs durch Straftaten gegen Vermögen oder Eigentum des Arbeitgebers, denn auch in diesem Bereich gäbe es keine »absoluten« Kündigungsgründe.[27]

Die Abmahnung dient insoweit der Objektivierung der negativen Prognose: Ist der Arbeitnehmer ordnungsgemäß abgemahnt worden, verletzt er aber dennoch seine arbeitsvertraglichen Pflichten erneut, kann regelmäßig davon ausgegangen werden, es werde auch künftig zu weiteren Vertragsstörungen kommen. Maßgeblicher Zeitpunkt für die Beurteilung ist grundsätzlich (ebenso wie bei der ordentlichen Kündigung) der Zeitpunkt des Ausspruchs bzw. Zugangs der Kündigung.[28]

7. Entbehrlichkeit der Abmahnung

a) Außerhalb des Künigungsschutzgesetzes

Befindet sich der Arbeitnehmer in der Wartezeit (§ 1 Abs. 1 KSchG) oder ist er in einem Kleinbetrieb (§ 23 KSchG) beschäftigt, findet das KSchG keine Anwendung. In diesen Fällen ist eine Abmahnung vor Ausspruch einer ordentlichen Kündigung nicht erforderlich, da der Verhältnismäßigkeitsgrundsatz nur zu beachten ist, wenn das Arbeitsverhältnis Bestandsschutz genießt (siehe hierzu auch Kapitel III. 4. und 5. jeweils m.w.N.). Eine Abmahnung könnte aber nach Treu und Glauben gem. § 242 BGB dann erforderlich sein, wenn der Arbeitgeber sich ohne Aus-

---

26 BAG v. 10.6.2012 – 2 AZR 541/09; BAG v. 25.10.2012 – 2 AZR 495/11.
27 BAG v. 9.6.2011 – 2 AZR 381/10, BAG v. 12.5.2010 – AZR 845/08.
28 BAG v. 19.4.2012 – 2 AZR 258/11; BAG v. 12.1.2006 – 2 AZR 179/05; LAG Rheinland-Pfalz v. 26.3.2015 – 3 Sa 707/14; ArbG Hamburg v. 1.7.2015 – 27 Ca 87/15.

spruch einer vorherigen Abmahnung mit der Kündigung in Widerspruch zu seinem bisherigen Verhalten setzen würde.

b) Außerordentliche Kündigung

Grundsätzlich muss auch vor Ausspruch einer außerordentlichen Kündigung zuerst abgemahnt werden. Eine Abmahnung ist nach Maßgabe des auch in § 314 Abs. 2 i. V. m. § 323 Abs. 2 BGB zum Ausdruck kommenden Verhältnismäßigkeitsgrundsatzes nach der neuesten Rechtsprechung des BAG und der Instanzgerichte – auch bei Störungen im Vertrauensbereich – nur in zwei Fällen nicht erforderlich:

1. Es ist bereits erkennbar, dass eine Verhaltensänderung in Zukunft selbst nach einer Abmahnung nicht zu erwarten ist. Dies ist anzunehmen, wenn der Arbeitnehmer sein erkennbar pflichtwidriges Verhalten hartnäckig und uneinsichtig bzw. rücksichtslos fortsetzt oder dem Arbeitgeber gegenüber mitteilt, dass er sein Verhalten auch zukünftig nicht ändern werde.[29]
2. Es handelt sich um eine so schwere Pflichtverletzung, dass eine Hinnahme durch den Arbeitgeber offensichtlich – auch für den Arbeitnehmer erkennbar – ausgeschlossen ist.[30] In diesem Fall kommt es auf eine Wiederholungsgefahr nicht an, da das Vertrauensverhältnis so stark belastet ist, dass sich der Pflichtverstoß selbst als fortdauernde Störung auswirkt und eine Wiederherstellung des vertragsnotwendigen Vertrauens nicht erwartet werden kann.[31]

c) Vorweggenommene Abmahnung

Eine vorweggenommene Abmahnung enthält einen generellen Hinweis des Arbeitgebers darauf, dass er ein bestimmtes, i. d. R. genau bezeichnetes Verhalten nicht duldet und Verstöße zu arbeitsrechtlichen Konsequenzen bis hin zur Kündigung führen können. Dieser Hinweis erfolgt z. B. im Arbeitsvertrag, in einer vom Arbeitnehmer zu unterzeichnenden Verpflichtungserklärung zur Einhaltung bestimmter Pflichten und Verbote, durch Aushang oder Rundschreiben. Die vorweggenommene Abmahnung ist keine Reaktion auf ein vergangenes konkretes Fehlverhalten des Arbeitnehmers und kann daher nach der Rechtsprechung des LAG

---

29 Gallner/Mestwerdt/Nägele, Kündigungsschutzrecht, KSchG § 1 Rn. 257 m. w. N.
30 BAG v. 25. 10. 2012 – 2 AZR 495/11; BAG v. 19. 4. 2012 – 2 AZR 258/11; LAG Rheinland-Pfalz v. 26. 3. 2015 – 3 Sa 707/14.
31 Gallner/Mestwerdt/Nägele, Kündigungsschutzrecht, KSchG § 1 Rn. 258.

Schleswig-Holstein nur dann eine konkrete Abmahnung nach vorheriger Tatbegehung entbehrlich machen, wenn der Arbeitgeber diese bereits in Ansehung einer möglicherweise bevorstehenden Pflichtverletzung ausspricht, sodass die dann tatsächlich zeitnah folgende Pflichtverletzung des Arbeitnehmers aus Sicht eines besonnenen Arbeitgebers als beharrliche Arbeitsverweigerung angesehen werden kann.[32]

d) Bagatellverstöße

In der Rechtsprechung ist umstritten, ob eine Abmahnungen wegen geringfügiger Verstöße gegen arbeitsrechtliche Pflichten zulässig ist. Solche Bagatellverstöße liegen z. B. vor:
- bei Verspätung von 5 Minuten, Überschreitung der Pausenzeit um 5 Minuten
- bei Betreten des Rasens trotz Verbotsschildes
- bei verspätetem postalischen Zugang einer Arbeitsunfähigkeitsbescheinigung, weil der Arbeitnehmer eine falsche Postleitzahl angibt
- Entwendung geringwertiger Sachen (streitig)

Zum Teil wird die Auffassung vertreten, nur arbeitsvertragliche Pflichtverletzungen von einigem Gewicht können zum Anlass einer Abmahnung gemacht werden.[33] Als Begründung kann die Rechtsprechung des BAG zum Grundsatz der Verhältnismäßigkeit[34] herangezogen werden, wonach die Ausübung eines Rechts unzulässig ist, wenn sie der Gegenseite unverhältnismäßig große Nachteile zufügt und andere weniger schwerwiegende Maßnahmen möglich gewesen wären, die den Interessen des Berechtigten ebenso gut Rechnung getragen hätten oder ihm zumindest zumutbar gewesen wären. Dadurch sollen schwerwiegende Rechtsfolgen bei nur geringfügigen Rechtsverstößen vermieden werden (Übermaßverbot).

Nach anderer Auffassung[35] liegt es in der Direktions- und Meinungsfreiheit des Arbeitgebers, ob er wegen eines Pflichtverstoßes lediglich eine mündliche Ermahnung oder aber die Hereinnahme einer schriftlichen Abmahnung in die Personalakte für erforderlich hält. Die Abmahnung sei für den Arbeitgeber möglicherweise auch zu Beweiszwecken von Bedeutung, wenn er aufgrund wiederholter Verstöße zu einem späteren Zeit-

---

32 LAG Schleswig-Holstein v. 29.06.2017 – 5 Sa 5/17; Mandalka, Kündigung nach vorweggenommener Abmahnung, ArbR 2017, 493.
33 Z.B. ArbG Frankfurt v. 31.1.2001 – 7 Ca 5655/00.
34 Vgl. dazu vor allem BAG v. 13.11.1991 – 5 AZR 74/91.
35 Z.B. LAG Köln v. 18.11.2011 – 4 Sa 711/11.

punkt tatsächliche weitreichendere Konsequenzen, wie eine Kündigung, in Erwägung ziehe. Das Übermaßverbot komme hier nicht zum Tragen, weil die Abmahnung selbst keine unmittelbare Rechtsfolge hat. Die Folgen zeigten sich erst mittelbar im Rahmen einer etwaigen späteren Kündigung. Hier könne die Geringfügigkeit des Verschuldens dann immer noch hinreichend gewichtet werden.

e) Fazit

Eine Abmahnung ist stets erforderlich, wenn
- die Pflichtverletzung auf steuerbarem Verhalten des Arbeitnehmers beruht und
- zu erwarten ist, dass der Arbeitnehmer sich nach einer Abmahnung künftig wieder vertragstreu verhalten wird und
- es sich nicht um eine so schwere Pflichtverletzung handelt, dass eine Hinnahme durch den Arbeitgeber offensichtlich – auch für den Arbeitnehmer erkennbar – ausgeschlossen ist.

8. Formalien

a) Form

Die Abmahnung ist an keine Form gebunden, sie muss also nicht schriftlich erfolgen, sondern kann wirksam mündlich ausgesprochen werden. Auch muss die Abmahnung nicht ausdrücklich als »Abmahnung« bezeichnet werden. Allerdings ist es ratsam – für den Arbeitgeber aus Gründen der Beweissicherung und um Missverständnisse zu vermeiden –, eine Abmahnung schriftlich auszusprechen und als solche zu bezeichnen. Im Übrigen hat eine schriftliche Abmahnung aus psychologischer Sicht eine stärkere Wirkung als eine mündliche.
Wenn die Abmahnung im Rahmen eines Gesprächs ausgesprochen wird, sollte aus Gründen der Beweissicherung eine Notiz zur Personalakte genommen werden, aus der sich Datum, Inhalt und Verlauf des Gesprächs ergeben. Hier sollten die im Gespräch genannten Pflichtverstöße im Einzelnen benannt werden; ebenso, dass für den Wiederholungsfall die Gefährdung des Arbeitsverhältnisses angedroht wurde. Nach Möglichkeit sollte diese Notiz vom Arbeitgeber und Arbeitnehmer unterzeichnet werden. So wird zumindest festgehalten, dass über Datum, Inhalt und Ver-

b) Fristen

aa) Gesetzliche Ausschlussfristen

Eine gesetzliche Frist für den Ausspruch einer Abmahnung gibt es nicht. Bei der vom Arbeitgeber ausgesprochenen Abmahnung des Arbeitnehmers wegen Verletzung seiner arbeitsvertraglichen Pflichten handelt es sich um die Ausübung eines vertraglichen Rügerechts. Das BAG hat klargestellt, dass es keine gesetzlichen Vorschriften gibt, die dieses vertragliche Rügerecht des Arbeitgebers in irgendeiner Form an eine Ausschlussfrist bindet. Auch können die im Gesetz für andere Rechtsinstitute vorgesehenen Ausschlussfristen nicht in entsprechender Anwendung auf die Abmahnung ausgedehnt werden. Das BAG weist auch darauf hin, dass eine zeitliche Begrenzung, innerhalb der die Abmahnung auszusprechen sei, sich auch nicht aus der Zweckbestimmung der Abmahnung ableitet.[36] Dennoch sollte keine zu große Zeitspanne zwischen dem Fehlverhalten des Arbeitnehmers und dem Ausspruch der Abmahnung liegen. Je länger es dauert, bis die Abmahnung nach dem beanstandeten Vorfall ausgesprochen wird, desto schwächer wird sie in ihrer Wirkung. Das Fehlverhalten des Arbeitnehmers wirkt durch die Zwischenzeit, in der er sich vertragstreu verhalten hat, nicht mehr so gravierend, dass es etwa im Falle einer Kündigung überhaupt noch beachtlich wäre. Insofern scheidet auch ein »Aufspareffekt« aus.[37]

bb) Tarifliche Ausschlussfristen

Nach der Rechtsprechung des BAG unterliegt das Recht des Arbeitgebers, dem Arbeitnehmer eine schriftliche Abmahnung zu erteilen und diese zur Personalakte zu nehmen, nicht der Ausschlussfrist des § 70 Abs. 1 BAT.[38] Nach § 70 Abs. 1 BAT verfallen Ansprüche aus dem Arbeitsverhältnis,»wenn sie nicht innerhalb einer Ausschlussfrist von sechs Monaten nach Fälligkeit vom Arbeitnehmer oder vom Arbeitgeber schriftlich geltend gemacht werden, soweit tarifvertraglich nichts anderes bestimmt ist«. Das BAG begründet seine Entscheidung damit, dass das Recht des Arbeitgebers, dem Arbeitnehmer eine Abmahnung zu erteilen und diese

---

36 Vgl. schon BAG v. 15. 1. 1986 – 5 AZR 70/84; bestätigt BAG v. 15. 8. 2001 – 2 AZR 514/01.
37 Vgl. schon BAG v. 15. 1. 1986 – 5 AZR 70/84.
38 BAG v. 14. 12. 1994 – 5 AZR 137/94.

Grundwissen »Abmahnung«

zur Personalakte zu nehmen, kein Anspruch sei. Vielmehr übe der Arbeitgeber mit der Abmahnung ein vertragliches Rügerecht aus. § 70 BAT sei auch deshalb nicht anwendbar, weil der Arbeitgeber den Arbeitnehmer mit der Abmahnung regelmäßig auch zu vertragsgerechtem Verhalten auffordere. Das »Recht«, vom Vertragspartner eines Dauerschuldverhältnisses für die Zukunft ein vertragstreues Verhalten (Tun oder Unterlassen) zu verlangen, sei eine – selbstverständliche – dauernde Befugnis des Gläubigers und kein Anspruch im Sinne des § 194 Abs. 1 BGB und des § 70 Abs. 1 BAT.[39]

Der BAT trat am 1.10.2005 (für Bund und Gemeinden) bzw. am 1.11.2006 (für Länder) außer Kraft, wobei jeweils die Weitergeltung der BAT-Vergütungsordnung vereinbart wurde. Die Nachfolgetarifverträge sind TVöD und TV-L. Die aufgeführte Rechtsprechung des BAG zu § 70 BAT gilt auch für die inhaltsgleichen Nachfolgeregelungen § 37 TVöD und § 37 TV-L.

cc) Verwirkung

Auch wenn der Arbeitgeber bei Ausspruch keine Frist einzuhalten hat, kann das Recht des Arbeitgebers, dem Arbeitnehmer eine schriftliche Abmahnung zu erteilen und diese zur Personalakte zu nehmen, – ebenso wie der Anspruch des Arbeitnehmers auf Entfernung einer Abmahnung aus der Personalakte – verwirken.[40]

Die Verwirkung ist ein Sonderfall der unzulässigen Rechtsausübung (§ 242 BGB). Mit ihr wird die illoyal verspätete Geltendmachung von Rechten ausgeschlossen. Sie beruht auf dem Gedanken des Vertrauensschutzes und dient – wie die Verjährung – dem Bedürfnis nach Rechtssicherheit und Rechtsklarheit. Mit der Verwirkung soll das Auseinanderfallen zwischen rechtlicher und sozialer Wirklichkeit beseitigt werden; die Rechtslage wird der sozialen Wirklichkeit angeglichen. Als verwirkt gilt ein Recht aber immer nur dann, wenn der Berechtigte es längere Zeit nicht geltend gemacht hat *und* der Verpflichtete sich nach dem gesamten Verhalten des Berechtigten auch darauf einrichten durfte, dass dieser das Recht auch in Zukunft nicht geltend machen werde und er sich darauf eingestellt hat.[41] Die Verwirkung bedarf mithin nach ständiger Rechtsprechung zwei Voraussetzungen: Zeit- und Umstandsmoment.

Zeitmoment: Seit der Möglichkeit, das Recht geltend zu machen, muss ein längerer Zeitraum verstrichen sein. Das Zeitmoment beginnt schon

---

39 BAG v. 14.12.1994 – 5 AZR 137/94.
40 Ständige Rechtsprechung, so schon BAG v. 14.12.1994 a.a.O.
41 BAG v. 11.12.2014 – 8 AZR 838/13 m.w.N.

dann, wenn der Anspruchsberechtigte positive Kenntnis von den tatsächlichen Umständen hat, die seine Berechtigung auslösen könnten.[42] Zur Zeitdauer, die zur Zeitverwirklichung des Zeitmoments erforderlich ist, lassen sich nur schwer allgemeine Feststellungen treffen; eine fest bemessene »Verwirkungsfrist« lässt sich nicht bestimmen. Vielmehr ergibt sich der jeweilige Zeitraum aus der Gesamtwürdigung der Umstände des Einzelfalls.[43]

Umstandsmoment: Der Verpflichtete durfte bei objektiver Betrachtung aus dem Verhalten des Berechtigten entnehmen, dass dieser sein Recht nicht mehr geltend machen wird. Ferner muss sich der Verpflichtete im Vertrauen auf das Verhalten des Berechtigten in seinen Maßnahmen so eingerichtet haben, dass ihm durch die verspätete Durchsetzung des Rechts ein unzumutbarer Nachteil entstehen würde.[44] Das Umstandsmoment liegt mithin vor, wenn der Berechtigte unter solchen Umständen untätig geblieben ist, die den Eindruck erwecken, dass er sein Recht nicht mehr geltend machen wird. Hierbei muss das Erfordernis des Vertrauensschutzes aufseiten des Verpflichteten das Interesse des Berechtigten derart überwiegen, dass ihm die Erfüllung des Anspruchs nicht mehr zuzumuten ist.[45]

Das LAG Köln[46] hat in einem Urteil das Recht des Arbeitgebers, ein nicht vertragsgemäßes Verhalten des Arbeitnehmers abzumahnen, bereits nach einem Warten von lediglich dreieinhalb Monaten als verwirkt angesehen, weil die Klärung von Fragen im Zusammenhang mit dem Bestand des Arbeitsverhältnisses besonders eilbedürftig sind. Ausschlaggebend für die Verwirkung war aber, so das LAG, dass der Arbeitgeber unmittelbar nach Kenntnisnahme des Vertragsverstoßes durch eine allgemein gehaltene Äußerung bei dem Arbeitnehmer den Eindruck erweckt hat, dass die Angelegenheit für ihn damit abgeschlossen sei. Weil Zeit- und Umstandsmoment in einer Wechselbeziehung zueinander stünden, sei an das zeitliche Element umso geringere Anforderungen zu stellen, je deutlicher das Umstandsmoment ausgeprägt sei.

Hinweis:
Je länger das mit der Abmahnung beanstandete Fehlverhalten zurückliegt, desto eher kann im Arbeitsgerichtsprozess die Frage nach der Wirksamkeit

---

42 BAG v. 27.1.2000 – 8 AZR 106/99.
43 Vgl. schon BGH v. 22.3.1995 – XII ZR 20/94.
44 Vgl. schon BGH v. 6.3.1986 – III ZR 195/84.
45 BAG v. 11.12.2014 a.a.O.
46 LAG Köln v. 23.9.2003 – 13 (12) Sa 1137/02.

der Abmahnung aufkommen. Dieses kann sich wiederum auf die Wirksamkeit einer nachfolgend ausgesprochenen Kündigung auswirken. Wenn der Arbeitgeber zu lange wartet bis er das Fehlverhalten abmahnt, hat der Arbeitnehmer einen Vorteil: Das Arbeitsgericht hat die Verwirkung als rechtsvernichtende Einwendung in einem etwaigen Arbeitsgerichtsprozess von Amts wegen zu berücksichtigen.

c) Aussteller/Abmahnungsberechtigte Person

Nach ständiger Rechtsprechung des BAG sind zur Abmahnung nicht nur kündigungsberechtigte Mitarbeiter befugt, sondern alle Mitarbeiter, die ermächtigt sind, verbindliche Anweisungen hinsichtlich des Ortes, der Zeit sowie der Art und Weise der arbeitsvertraglich geschuldeten Arbeitsleistung zu erteilen.[47] Abmahnen dürfen also nicht nur die kündigungsberechtigten Firmeninhaber, Geschäftsführer oder Personalleiter, sondern auch Dienst- und Fachvorgesetzte oder Ausbilder sowie leitende Angestellte im Sinne des § 5 Abs. 3 BetrVG, Abteilungs-, Personal-, Filial- und Zweigstellenleiter. Bei Leiharbeitnehmern ist demnach auch der Fachvorgesetzten im Entleihunternehmen abmahnungsberechtigt. Entscheidend ist stets, dass das Direktionsrecht an die betreffenden Personen aufgrund ihrer Stellung innerhalb der Hierarchie des Betriebs vom kündigungsberechtigten Arbeitgeber delegiert worden ist. Die von der Rechtsprechung gebilligte breite Streuung der Abmahnungsbefugnis kann aber auch für den Arbeitnehmer vorteilhaft sein, weil Abmahnungen erteilt werden, ohne dass der Arbeitgeber dies weiß oder weil inhaltlich oder formell fehlerhafte und damit unwirksame Abmahnungen ausgesprochen werden.

Der Arbeitgeber kann auch einen Rechtsanwalt damit beauftragen, für ihn Abmahnungen auszusprechen. Bei einem Rechtsanwalt handelt es sich gerade nicht um einen Mitarbeiter, der verbindliche Anweisungen hinsichtlich des Ortes, der Zeit sowie der Art und Weise der arbeitsvertraglich geschuldeten Arbeitsleistung geben kann. Nach § 174 BGB muss man ein einseitiges Rechtsgeschäft nur gegen sich gelten lassen, wenn der Vertreter eine Vollmachtsurkunde vorlegt oder der Vollmachtgeber den Dritten zuvor von der Bevollmächtigung unterrichtet hat. Die Regelung betrifft einseitige Rechtsgeschäfte eines Bevollmächtigten. Hierzu gehört etwa die Kündigung eines Arbeitsvertrags. Auf geschäftsähnliche Handlungen ist die Regelung entsprechend anwendbar und gilt damit auch für

---

47 Ständige Rechtsprechung des BAG seit Urteil v. 18.1.1980 – 7 AZR 75/78.

Abmahnungen.[48] Daher muss der Rechtsanwalt dem abgemahnten Arbeitnehmer gegenüber seine Bevollmächtigung nachweisen, wenn dieser die Abmahnung unverzüglich mit der Begründung zurückweist, dass die Vollmacht nicht vorliege, § 174 Satz 1 BGB. Wenn allerdings in der Belegschaft bekannt ist, dass der Rechtsanwalt zum Ausspruch von Abmahnungen bevollmächtigt wurde, ist eine Zurückweisung gem. § 174 Satz 2 BGB ausgeschlossen.

d) Zugang

Die Abmahnung ist eine empfangsbedürftige geschäftsähnliche Handlung, auf die die Regelungen über Willenserklärungen entsprechende Anwendung finden. Sie wird daher erst in dem Zeitpunkt wirksam, in welchem sie dem Arbeitnehmer/Abmahnungsempfänger tatsächlich zugeht. Darüber hinaus ist grundsätzlich auch die Kenntnis des Empfängers vom Inhalt der Abmahnung erforderlich.[49] Im Einzelnen gilt:

aa) Zugang unter Anwesenden

Für den Zugang bei Erklärungen unter Anwesenden, also bei einem unmittelbar hergestellten Sprech- oder Sichtkontakt, auch per Telefon oder Videokonferenz, ist zwischen einer mündlichen und einer schriftlichen Abmahnung zu unterscheiden:

Die **mündlich ausgesprochene Abmahnung** ist in dem Zeitpunkt zugegangen, in welchem der Empfänger sie akustisch wahrgenommen hat und der Erklärende keinen vernünftigen Zweifel daran haben konnte, dass der Empfänger sie verstanden hat. Einschränkungen müssen jedoch in den Fällen gelten, bei denen Personen aufgrund mangelnder Einsichtsfähigkeit oder wegen physischer Mängel (z.B. Gehörlose) die Erklärung überhaupt nicht verstehen können.

Das BAG hat für die Abmahnung die Besonderheit gefordert, dass über den Zugang hinaus auch die Kenntnis des Empfängers von ihrem Inhalt erforderlich ist.[50] Damit weicht das BAG von dem allgemeinen Grundsatz ab, dass die Möglichkeit der Kenntnisnahme sich nicht nach den individuellen Verhältnisse des Empfängers – wie z.B. mangelhafte oder fehlende Deutschkenntnisse – beurteilt, sondern im Interesse der Rechtssicherheit zu generalisieren ist.[51] Diese abweichende Rechtsprechung hat

---
48 ArbG Berlin v. 9.9.2009 – 17 Ca 6635/09.
49 Vgl. schon BAG v. 9.8.1984 – 2 AZR 400/83.
50 BAG v. 9.8.1984 – 2 AZR 400/83.
51 Siehe hierzu BAG v. 19.3.2014 – 5 AZR 252/12 (B).

zur Folge, dass gegenüber einem ausländischen Arbeitnehmer, der der deutschen Sprache in Wort und Schrift nicht mächtig ist, nur dann eine wirksame Abmahnung vorliegt, wenn sie ihm in seine Muttersprache übersetzt wird. Damit trägt bei der Abmahnung der Arbeitgeber das Sprachrisiko, soweit er nicht seine Sprache als »Vertragssprache« im Arbeitsverhältnis vereinbart hat. Die Entscheidung des BAG aus dem Jahr 1984 ist nicht unumstritten, wir aber aktuell von den Instanzengerichten bestätigt. So hat das LAG München[52] entschieden: Allein die Feststellung des Zeitpunkts; zu dem eine Abmahnung zugegangen ist, genügt nach allgemeinen Grundsätzen nicht für die Beantwortung der Frage, ob der Arbeitnehmer das abgemahnte Verhalten fortgesetzt oder wiederholt und somit die Warnfunktion der Abmahnung missachtet hat.

Lediglich dann, wenn es dem Arbeitnehmer nach Treu und Glauben verwehrt ist, sich auf die fehlende Kenntnis zu berufen – z. B. bei Zugangsvereitelung oder wenn er dem Arbeitgeber nicht mitteilt, dass er mangels ausreichender Sprachkenntnisse die Abmahnung nicht versteht – ist eine Kenntnis vom Inhalt der Abmahnung nicht erforderlich und der Arbeitnehmer muss sich so behandeln lassen, als sei ihm der Inhalt bekannt.[53]

Die **schriftliche Abmahnung** gilt gegenüber einem Anwesenden als zugegangen, sobald sie in den Machtbereich des Empfängers geraten ist, § 130 Abs. 1 BGB gilt entsprechend. Erforderlich ist also, dass der Arbeitnehmer die Verfügungsmacht über die schriftliche Erklärung erhält. Der Arbeitnehmer als Adressat der persönlich übergebenen schriftlichen Abmahnung kann den Zugang aber nicht dadurch hinauszögern oder verhindern, dass er den Brief ungeöffnet zurückgibt. Nach der Rechtsprechung des BAG[54] genügt es, dass der Empfänger ohne Weiteres Kenntnis vom Inhalt des Schreibens hätte erlangen können. Nicht erforderlich ist, dass der Empfänger dauerhaft die Verfügungsgewalt über das Schriftstück erlangt. Maßgeblich ist vielmehr nur, dass der Empfänger in der Lage ist, vom Inhalt der Erklärung Kenntnis zu nehmen. Es ist für den Zugang unter Anwesenden folglich ausreichend, wenn dem Adressaten das Schriftstück nur zum Durchlesen überlassen wird, es sei denn, dem Empfänger ist die für ein Verständnis nötige Zeit nicht verblieben.[55] Da bei der Abmahnung zusätzlich gilt, dass Kenntnis vom Inhalt gegeben sein muss, ist bei mangelhaften Sprachkenntnissen des Arbeitnehmers eine Übersetzung beizu-

---

52 V. 16. 11. 2006 – 3 Sa 783/06.
53 BAG v. 9. 8. 1984 und LAG München v. 16. 11. 2006 a. a. O.
54 BAG v. 4. 11. 2004 – 2 AZR 17/04.
55 BAG v. 4. 11. 2004 a. a. O.

fügen oder die schriftliche Abmahnung von einem Dolmetscher mündlich zu übersetzen.

bb) Zugang unter Abwesenden

Das Wirksamwerden einer empfangsbedürftigen Willenserklärung, die einem Abwesenden gegenüber abgegeben wird, richtet sich nach § 130 BGB. Dieser gilt entsprechend für die Abmahnung als empfangsbedürftige geschäftsähnliche Handlung. Somit ist eine schriftliche Abmahnung zugegangen, sobald sie nach der Verkehrsanschauung derart in den Machtbereich des Adressaten (Briefkasten, Postfach etc.) gelangt ist, dass bei Annahme eines gewöhnlichen Verlaufs damit zu rechnen ist, er könne von ihrem Inhalt Kenntnis erlangen. Auf die tatsächliche Kenntnisnahme kommt es damit nicht an, sondern auf die Möglichkeit zur Kenntnisnahme. Die Möglichkeit der Kenntnisnahme beurteilt sich nach den »gewöhnlichen Verhältnissen« und den »Gepflogenheiten des Verkehrs«. Dabei ist nicht auf die individuellen Verhältnisse des Empfängers abzustellen, sondern im Interesse der Rechtssicherheit zu generalisieren.[56] Beim Einwurf eines Schreibens in den Briefkasten bzw. in ein Postfach ist daher für die Möglichkeit der Kenntnisnahme auf den Zeitpunkt der nächsten üblichen Leerung abzustellen. Nimmt der Arbeitnehmer allerdings die Erklärung tatsächlich früher zur Kenntnis als nach den gewöhnlichen Umständen zu erwarten (z. B. weil er seinen Briefkasten auch am Sonntag leert statt erst am Montag), ist Zugang mit Kenntnisnahme zu bejahen.
Auch hier gilt, dass zusätzlich zum Zugang die Kenntnis erforderlich ist. Damit ist auch bei ausländischen Arbeitnehmern, die der deutschen Schriftsprache nicht ausreichend mächtig sind, eine Übersetzung in der Landessprache beizufügen.

cc) Zugangsnachweis und Zugangsvereitelung

Der Zugang ist von demjenigen, der sich auf die Abmahnung beruft, im Falle des Bestreitens zu beweisen. Als Beweis genügt es nicht, das Schreiben bei der Post aufgegeben zu haben, weil dadurch allenfalls die Abgabe der Erklärung nachgewiesen werden kann, aber nicht, dass das Abmahnschreiben auch wirklich mit dem vom Aussteller behaupteten Inhalt dem Adressaten zugegangen ist.
Wichtige Schriftstücke, für die es auf den Nachweis des Zugangs ankommt, werden oft per Einschreiben verschickt. Bei Einschreiben ist jedoch nach der Einschreibeart zu differenzieren:

---

56 BAG v. 19.3.2014 – 5 AZR 252/12 (B).

Grundwissen »Abmahnung«

Das **Übergabe-Einschreiben** und das **Einschreiben mit Rückschein** werden dem Empfänger persönlich übergeben und sind damit zugegangen. Selbiges gilt bei unberechtigter Annahmeverweigerung. Wird der Empfänger jedoch nicht angetroffen, wirft der Postzusteller lediglich eine Benachrichtigung in den Briefkasten ein, wonach die Briefsendung in einer bestimmten Postfiliale zur Abholung bereitgehalten werde. Weil die Abmahnung selbst nicht in den Machtbereich des Empfängers gelangt, ist ein Zugang nicht erfolgt. Der Zugang des Benachrichtigungsscheins ersetzt vor allem nicht den Zugang des Einschreibebriefes.[57] Der Adressat ist nicht verpflichtet, das Schreiben bei der Post abzuholen. Nach Ablauf einer Wartefrist von sieben Tagen wird das Einschreiben an den Absender mit dem Vermerk »unzustellbar« zurückgesandt. Eine Zugangsfiktion nach Treu und Glauben kommt hier nur unter ganz bestimmten Voraussetzungen in Betracht, die kumulativ vorliegen müssen: 1. Es muss ein Benachrichtigungsschein in den Machtbereich des Empfängers gelangt sein. 2. Der Empfänger musste ausnahmsweise mit dem Zugang einer schriftlichen Willenserklärung rechnen und deshalb Empfangsvorkehrungen treffen. 3. Nach Kenntnis des nicht erfolgten Zugangs muss der Erklärende unverzüglich einen erneuten Versuch unternehmen, die Erklärung zuzustellen.[58] Bei befürchteter Zugangsvereitelung wird der Arbeitgeber also begleitende Maßnahmen einleiten (z. B. Ankündigung, dass eine schriftliche Abmahnung per Post erfolgen wird).

Bei einem **Einwurf-Einschreiben** dokumentiert der Postzusteller auf dem Auslieferungsbeleg lediglich den Einwurf des Umschlags in den Briefkasten des Adressaten. Hinsichtlich des Nachweises des Zugangs gilt damit dasselbe wie für einen normalen Brief.

Weil in der Praxis häufig bestritten wird, dass das Abmahnschreiben zugegangen ist oder aber behauptet wird, dass zwar ein Briefumschlag in der Post war, aber eben ohne das Abmahnschreiben, übergeben viele Arbeitgeber das Abmahnungsschreiben persönlich oder lassen es durch einen Boten zustellen. Nimmt der Arbeitnehmer das Abmahnschreiben dann nicht entgegen, liegt eine unberechtigte Annahmeverweigerung vor und der Zugang wird über § 242 BGB nach Treu und Glauben fingiert. Der Adressat einer schriftlichen Abmahnung kann also nicht dadurch, dass er das Schreiben nicht entgegennimmt oder ungeöffnet zurückgibt oder vernichtet, verhindern, dass diese als zugegangen gilt.

---

57 Ständige Rechtsprechung, vgl. nur LAG Hamburg v. 8.4.2015 – 5 Sa 61/14 m.w.N.
58 LAG Hamburg v. 8.4.2015 a.a.O.

Formalien

dd) Aushang am Schwarzen Brett

Mit der Veröffentlichung einer Abmahnung am Schwarzen Brett bezweckt der Arbeitgeber zum einen die zusätzliche Abstrafung des betroffenen Arbeitnehmers, zum anderen möchte er einen abschreckenden bzw. erzieherischen Effekt auf sämtliche Mitarbeiter seines Unternehmens erreichen. Unabhängig davon, welche Ziele er verfolgt, ist der Aushang einer Abmahnung am Schwarzen Brett unzulässig, da hierdurch das Persönlichkeitsrecht des Adressaten verletzt wird. Die Abmahnung ist eine individualrechtliche Maßnahme. Eine Abmahnung wird regelmäßig zur Personalakte des Arbeitnehmers genommen. Der Inhalt der Personalakte ist jedoch vertraulich. Dritte haben ohne Einwilligung des Arbeitnehmers kein Recht, auch nur teilweise Kenntnis vom Inhalt der Personalakte zu erlangen. Der betroffene Arbeitnehmer hat daher einen Anspruch auf Entfernung der Abmahnung vom Informationsbrett. Der Betriebsrat kann vom Arbeitgeber unter Androhung von Ordnungsgeld verlangen, dass dieser den Aushang von Abmahnungsschreiben unterlässt.[59]

Dem Arbeitgeber bleibt es hingegen unbenommen, das aktuelle Fehlverhalten eines Arbeitnehmers zum Anlass zu nehmen, um in einem allgemeinen Schreiben am Schwarzen Brett darauf hinzuweisen, dass bestimmte Verhaltensweisen ausdrücklich unerwünscht sind und er kann für den Fall des Zuwiderhandelns arbeitsrechtliche Konsequenzen bis hin zur Kündigung androhen.

Eine andere, für die Praxis interessante Frage ist, ob ein Aushang am Schwarzen Brett selbst schon eine Abmahnung sein kann. Wäre dies der Fall, würde damit ein Verhalten, welches gegen einen Aushang am Schwarzen Brett verstößt, den Arbeitgeber zur Kündigung ohne weitere, zusätzliche Abmahnung berechtigen. Nach Auffassung des LAG Köln[60] ist ein solches Vorgehen zulässig, weil Abmahnungen nicht persönlich adressiert sein müssen; sie können ebenso in Arbeitsverträgen, Rundschreiben oder gerade auch in einem betriebsöffentlichen Aushang (»Abmahnung an den, den es angeht«) enthalten sein. Erforderlich sei aber, dass alle Wesensmerkmale einer Abmahnung – nämlich den Ausdruck der Missbilligung eines Verhaltens unter Androhung von Rechtsfolgen für die Zukunft im Wiederholungsfall – enthalten sind. Eine (nochmalige) Abmahnung ist daher nicht erforderlich, wenn der Arbeitgeber in einem Aushang am Schwarzen Brett unmissverständlich deutlich gemacht hat, er werde bei einem bestimmten Pflichtverstoß (z. B. unerlaubter Alkohol- oder Dro-

---

59 LAG Niedersachsen v. 24. 2. 1984 – 3 TaBV 9/83.
60 v. 6. 8. 1999 – 11 Sa 1085/98.

Grundwissen »Abmahnung«

genkonsum im Betrieb, bei Straftaten, vor allem Diebstähle oder sonstige Vermögensdelikte) personelle Maßnahmen bis hin zur Kündigung ergreifen.

e) Anhörungsrecht des Arbeitnehmers

Im Zusammenhang mit der Erteilung einer Abmahnung stellt sich für den Arbeitnehmer die Frage, ob ihm vor Ausspruch der Abmahnung bzw. vor Aufnahme der Abmahnung in seine Personalakte ein Anhörungsrecht zusteht.

Nach § 82 Abs. 1 BetrVG hat der Arbeitnehmer das Recht, in betrieblichen Angelegenheiten, die seine Person betreffen, von den hierfür zuständigen Personen gehört zu werden. Er ist berechtigt, zu den betreffenden Maßnahmen des Arbeitgebers Stellung zu nehmen. Darüber hinaus kann er verlangen, dass mit ihm die Möglichkeiten seiner beruflichen Entwicklung im Betrieb erörtert werden, § 82 Abs. 2 Satz 1 BetrVG. Zum Teil wird deshalb die Ansicht vertreten, aus diesem Anhörungs- und Erörterungsrecht könne eine entsprechende Verpflichtung des Arbeitgebers vor Ausspruch der Abmahnung abgeleitet werden.[61] Nach überwiegender Ansicht besteht jedoch keine Verpflichtung des Arbeitgebers, den Arbeitnehmer vor Ausspruch einer Abmahnung bzw. vor Aufnahme der Abmahnung in die Personalakte anzuhören, sofern dies nicht durch eine entsprechende tarifliche Regelung vorgesehen ist.[62] Der herrschenden Auffassung ist zu folgen. Denn anders als in § 13 Abs. 2 BAT, der ausdrücklich eine vorherige Anhörung des Angestellten vor Aufnahme nachteiliger oder ungünstiger Behauptungen in die Personalakte fordert, ergibt sich aus dem Gesetzeswortlaut des § 82 BetrVG nicht, dass diese Rechte vor der mündlichen oder schriftlichen Erteilung einer Abmahnung gewahrt sein müssten. Zweck der Anhörungspflicht ist es, den Arbeitgeber zu veranlassen, sich mit der Gegendarstellung des Arbeitnehmers auseinanderzusetzen. Diese Auseinandersetzung muss der Arbeitgeber aber ggf. auch dann vornehmen, wenn eine Abmahnung bereits zur Personalakte genommen wurde. Auf den Zeitpunkt der Auseinandersetzung kommt es daher überhaupt nicht an. Aufgrund der Möglichkeit des Arbeitnehmers, sowohl eine Gegendarstellung zur Personalakte zu reichen, als auch der Möglichkeit, die Abmahnung gerichtlich prüfen zu las-

---

61 DDZ-Deinert § 314 BGB Rn. 98 m. w. N.; Schaub NJW 1990, 872, 876.
62 ArbG Frankfurt/Oder v. 20.2.2003 – 8 Ca 3568/02; Grobys/Panzer-Heemeier, StichwortKommentar Arbeitsrecht, Abmahnung Rn. 18.

sen, entfällt eine Anhörungspflicht des Arbeitgebers.[63] Auch aus dem vom Arbeitgeber zu beachtenden Persönlichkeitsrecht des Arbeitnehmers kann eine vorherige Anhörung als Wirksamkeitsvoraussetzung der Abmahnung nicht abgeleitet werden. Das Persönlichkeitsrecht des Arbeitnehmers wird nicht durch eine fehlende vorherige Anhörung verletzt, sondern nur dann, wenn die mit der Abmahnung erhobenen Vorwürfe sachlich unberechtigt sind. Auch hier hat der Arbeitnehmer die Möglichkeit der gerichtlichen Überprüfung. Schließlich folgt dies aus dem Umstand, dass das BAG die Anhörung des Arbeitnehmers vor einer Kündigung – mit Ausnahme des Sonderfalls einer Verdachtskündigung – nicht als Voraussetzung für die Wirksamkeit der Kündigung ansieht. Für die außerordentliche Kündigung ergibt sich dies bereits aus dem Wortlaut des § 626 Abs. 2 Satz 2 BGB, wonach der Kündigende dem anderen Teil auf Verlangen den Kündigungsgrund unverzüglich schriftlich mitteilen muss. Es wäre systemwidrig, bei der Abmahnung als Vorstufe zur Kündigung höhere Anforderungen an die Anhörungspflicht des Arbeitgebers zu stellen als bei der Kündigung selbst.[64]

Im Bereich des öffentlichen Dienstes bestand ein besonderes Anhörungsrecht des Beschäftigten vor der Aufnahme für ihn ungünstiger oder nachteiliger Beschwerden und Behauptungen in die Personalakte (vgl. § 13 Abs. 2 BAT; § 13a Abs. 2 MTArb; § 11a Abs. 2 BMT-G II). Diese Regelung hatte zur Folge, dass, wenn die vorgeschriebene Anhörung nicht stattfand, der Angestellte einen Anspruch auf Entfernung der Abmahnung aus der Personalakte hatte, selbst wenn diese inhaltlich ansonsten nicht zu beanstanden war.[65] In § 3 Abs. 6 TV-L ist diese Regelung übernommen worden. Da sich nach dem Tarifwortlaut keine materiellen Änderungen zur bisherigen Rechtslage ergeben, ist davon auszugehen, dass es für Beschäftigte im Geltungsbereich des TV-L bei der oben dargestellten Rechtslage bleibt.[66] Selbiges gilt für andere an den früheren BAT angelehnte kollektivrechtliche Regelungen, die den Arbeitgeber verpflichten, dem Arbeitnehmer vor Aufnahme von ungünstigen Beschwerden oder Behauptungen in die Personalakte die Möglichkeit zur Stellungnahme zu geben (z. B. § 3 Abs. 5 BAT-KF, § 6 Abs. 3 AVR, § 13 Abs. 2 BAT/BAT-O). Wird der Arbeitnehmer vor der Erteilung einer Abmahnung nicht ordnungsgemäß

---

63 ArbG Frankfurt/Oder v. 20. 2. 2003 – 8 Ca 3568/02.
64 Gallner/Mestwerdt/Nägele, § 1 KSchG Rn. 287.
65 BAG v. 16. 11. 1989 – 6 AZR 64/88, NZA 1990, 477.
66 Zum Streitstand: Brierley, Die Anhörung des Beschäftigten vor Ausspruch einer Abmahnung nach TVöD in: öAT 2013, 95; Grobys/Panzer-Heemeier, Stichwort-Kommentar Arbeitsrecht, Abmahnung Rn. 18 m. w. N.

angehört, so hat er aus § 241 Abs. 2 BGB i. V. m. der tariflichen Regelung einen Anspruch auf Entfernung der Abmahnung aus seiner Personalakte.[67] § 3 Abs. 5 TVöD enthält eine solche Verpflichtung zur Anhörung hingegen nicht mehr. Dennoch geht die wohl h. M. davon aus, dass im originären Anwendungsbereich des TVöD eine Anhörungspflicht aus dem Grundsatz der Selbstbindung der Verwaltung[68] oder aus allgemeinen Rechtsgrundsätzen besteht. Eine Anhörung soll aber dann nicht erforderlich sein, wenn der TVöD nur aufgrund arbeitsvertraglicher Bezugnahme oder sonstiger Vereinbarung (z. B. Anerkennungstarifvertrag) Anwendung findet.[69]

9. Verhältnis zur Kündigung/Kündigungsrechtliche Bedeutung der Abmahnung

Wie oben unter 6. dargestellt, ist eine verhaltensbedingte Kündigung – mit ganz wenigen Ausnahmen – nur dann rechtmäßig, wenn der Arbeitnehmer bereits vorher wegen eines gleichartigen Pflichtverstoßes abgemahnt wurde. Dabei spielt es grundsätzlich keine Rolle, ob die Kündigung fristlos oder fristgemäß ausgesprochen wird. Hierbei stellt sich die Frage, ob jede vorherige Abmahnung – ganz gleich, wann sie für welchen Pflichtverstoß erteilt wurde – ausreicht und wie oft ein Verhalten abgemahnt werden muss, bis eine Kündigung gerechtfertigt ist.

a)   Gleichartigkeit der Verstöße/Einschlägige Abmahnung

Wurde der Arbeitnehmer wegen eines bestimmten Verhaltens schon einmal abgemahnt, gilt das sog. Prognoseprinzip: Verletzt der Arbeitnehmer erneut seine vertraglichen Pflichten, kann regelmäßig davon ausgegangen werden, es werde auch künftig zu weiteren Vertragsstörungen kommen. Eine negative Prognose liegt vor, wenn aus der konkreten Vertragspflichtverletzung und der daraus resultierenden Vertragsstörung geschlossen werden kann, der Arbeitnehmer werde auch künftig den Arbeitsvertrag nach einer Kündigungsandrohung erneut in gleicher oder ähnli-

---

67 LAG Hamm v. 19. 1. 2017 – 18 Sa 915/16, öAT 2017, 240 zum BAT-KF.
68 So Brierley, a. a. O.
69 Brierley, a. a. O.; Notzon, Die Abmahnung im öffentlichen Dienst in: öAT 2016, 4; Grobys/Panzer-Heemeier, StichwortKommentar Arbeitsrecht, Abmahnung Rn. 18 m. w. N.

cher Weise verletzen. Deshalb setzt eine Kündigung wegen einer Vertragspflichtverletzung regelmäßig eine vorausgegangene einschlägige Abmahnung voraus. Diese dient der Objektivierung der negativen Prognose.[70]
Mit dem Erfordernis einer einschlägigen Abmahnung vor Kündigungsausspruch soll vor allem dem Einwand des Arbeitnehmers begegnet werden, er sei nicht hinreichend gewarnt gewesen, denn er habe die Pflichtwidrigkeit seines Verhaltens nicht erkennen bzw. nicht damit rechnen können, der Arbeitgeber werde sein vertragswidriges Verhalten als so schwerwiegend ansehen.
Nach der Rechtsprechung des BAG[71] ist eine vorherige Abmahnung einschlägig, wenn die jeweiligen Pflichtwidrigkeiten aus demselben Bereich stammen und somit Abmahnungs- und Kündigungsgründe in einem inneren Zusammenhang stehen. Ansonsten würde es an der Wiederholung des gerügten Verhaltens mangeln. Die Pflichtverletzung muss nicht identisch sein. Entscheidend ist letztlich, ob der Arbeitnehmer aufgrund der Abmahnung erkennen konnte, der Arbeitgeber werde weiteres Fehlverhalten nicht hinnehmen, sondern ggf. mit einer Kündigung reagieren.
Dass die Abgrenzung oft nicht einfach ist, zeigt auch ein Fall, den das LAG Berlin-Brandenburg zu entscheiden hatte. Im Ergebnis hat das Gericht dabei offengelassen, ob die Pflicht zur unverzüglichen Krankmeldung als gleichartiger Wiederholungsfall zu sehen ist, wenn der Arbeitnehmer zuvor wegen einer falschen Angabe über die voraussichtliche Dauer seiner Arbeitsunfähigkeit abgemahnt wurde.[72]

Hinweis:
In der Praxis ist es oft nicht leicht zu beurteilen, ob eine vorangegangene Abmahnung »einschlägig« ist, d.h., wann das Verhalten, auf das die Kündigung gestützt wird, als Wiederholung schon abgemahnten Verhaltens gelten kann. Da sich hier ein guter Ansatzpunkt bietet, um eine Kündigung aus verhaltensbedingten Gründen zu Fall zu bringen, sollte der Arbeitnehmer stets prüfen, ob die vorangegangenen Abmahnungen denselben Pflichtenbereich wie den Kündigungssachverhalt betreffen. Hilfreich ist dabei zu klären, ob die abgemahnten Verstöße einer bestimmten Fallgruppe zugeordnet werden können, d.h., ob es sich jeweils um Pflichtverstöße im Leistungsbereich, um Verstöße gegen die betriebliche Ordnung, um Störungen im Vertrauensbereich oder um Verletzung von Nebenpflichten aus dem Arbeitsvertrag handelt (vgl. hierzu Kapital I. 6. b.). Kein innerer Zusam-

---

70 BAG v. 9.6.2011 – 2 AZR 381/10; LAG Rheinland-Pfalz v. 26.3.2015 – 3 Sa 707/14.
71 Z.B. BAG v. 9.6.2011 – 2 AZR 323/10.
72 LAG Berlin-Brandenburg v. 18.12.2009 – 6 Sa 1239/09.

Grundwissen »Abmahnung«

menhang (also keine Vergleichbarkeit) besteht jedenfalls bei Leistungsmängeln einerseits und Verstößen gegen die betriebliche Ordnung andererseits.

b) Anzahl der Abmahnungen

Die weit verbreitete Ansicht, der Arbeitgeber dürfe erst nach drei Abmahnungen kündigen, ist falsch. Die Zahl der erforderlichen Abmahnungen hängt jeweils vom Einzelfall ab. Das BAG hat dazu festgestellt, dass angesichts der im Arbeitsleben verbreiteten Praxis, bei als leichter empfundenen Vertragsverstößen einer Kündigung mehrere – häufig drei – Abmahnungen vorausgehen zu lassen, in aller Regel nicht bereits die dritte Abmahnung als »entwertet« angesehen werden kann.[73] Allerdings gibt es keine allgemeingültige Regel, wie viele einschlägige Abmahnungen erforderlich sind, bevor eine Kündigung ausgesprochen werden darf. Es kommt – wie so oft – auf die Umstände des Einzelfalls an. Von erheblicher Bedeutung sind dabei zum einen die Schwere des Pflichtverstoßes, zum anderen der Grad des Bestandschutzes des Arbeitnehmers, also die Dauer der Betriebszugehörigkeit und der Störungsfreiheit des Arbeitsverhältnisses sowie die Möglichkeit, das Arbeitsverhältnis ordentlich zu kündigen (z. B. ordentliche Unkündbarkeit aufgrund Tarifvertrags).

Es gilt der **Grundsatz der Verhältnismäßigkeit**: Dem Arbeitgeber wird eine zweite Abmahnung nicht zuzumuten sein, je schwerwiegender die Pflichtverletzung war. Andererseits wird bei einem leichten Pflichtverstoß eine einmalige vorherige Abmahnung nicht ausreichend sein. Auch die Länge des bestehenden Arbeitsverhältnisses spielt eine Rolle. Je länger das Arbeitsverhältnis störungsfrei abgelaufen ist, umso mehr ist dem Arbeitgeber eine zweite Abmahnung zuzumuten.

Das BAG[74] hat klargestellt, dass mehrere einschlägige Abmahnungen die Warnfunktion einer Abmahnung erheblich abschwächen können. Wenn der Arbeitgeber bei ständig neuen Pflichtverletzungen des Arbeitnehmers stets nur mit einer Kündigung droht, ohne jemals arbeitsrechtliche Konsequenzen folgen zu lassen, könne dies beim Arbeitnehmer den Eindruck erwecken, es handle sich bloß um eine »leere« Drohung. Eine Abmahnung kann nur dann die Funktion erfüllen, den Arbeitnehmer zu warnen, dass ihm bei der nächsten gleichartigen Pflichtverletzung die Kündigung droht, wenn der Arbeitnehmer diese Drohung ernst nehmen muss. Dies könne je nach den Umständen nicht mehr der Fall sein, wenn jahrelang

---

73 BAG v. 16.9.2004 – 2 AZR 406/03.
74 BAG v. 16.9.2004 – 2 AZR 406/03; BAG v. 15.11.2001 – 2 AZR 609/00.

die Kündigung stets nur angedroht werde. Der Arbeitgeber müsse in einem solchen Fall die letzte Abmahnung vor Ausspruch einer Kündigung besonders eindringlich gestalten, um dem Arbeitnehmer klar zu machen, dass ein weiterer derartiger Pflichtverstoß zum Ausspruch einer Kündigung führen werde.[75]

Hinweis:
Ist der Arbeitnehmer bereits einschlägig abgemahnt, kann der Arbeitgeber die Warnfunktion dadurch verdeutlichen, dass er weitere Abmahnungen sprachlich verschärft bzw. inhaltlich an Intensität steigert. Er kann in den nachfolgenden Abmahnungen ausdrücklich Bezug auf den Inhalt der vorher ergangenen Abmahnung nehmen und den Arbeitnehmer im Anschluss an die Beschreibung seines Fehlverhaltens »nochmals« oder »letztmalig« auffordern, sich pflichtgemäß zu verhalten. Vor allem die letzte Abmahnung vor der Kündigung sollte so formuliert sein, dass der Arbeitnehmer klar erkennen kann, dass beim nächsten Mal wirklich ernsthaft die Kündigung bevorsteht. So kann diese Abmahnung z. B. mit »letztmalige Abmahnung« oder Ähnlich überschrieben sein.

Beispiel: Letzte Abmahnung
»Letzte Abmahnung

Sehr geehrte/r Frau/Herr,
Sie sind am ... (Datum) unentschuldigt erst um 12:45 Uhr an Ihrem Arbeitsplatz erschienen, obwohl Ihre Arbeitszeit um 12:00 Uhr beginnt. Diese Unpünktlichkeit stellt einen Verstoß gegen Ihre arbeitsvertraglichen Verpflichtungen dar. Im Zeitraum vom ... bis heute sind Sie bereits drei Mal unentschuldigt zu spät zur Arbeit erschienen, weshalb wir Sie bereits mit Schreiben vom ... (Datum), vom ... (Datum) und vom ... (Datum) wegen verspätetem Erscheinens am Arbeitsplatz abgemahnt haben. In den genannten Schreiben haben wir Sie bereits darauf hingewiesen, dass Sie bei erneuten Pflichtverletzungen mit einer Kündigung Ihres Arbeitsverhältnisses rechnen müssen.
Wir sind nicht mehr bereit, Ihre Verspätungen weiter hinzunehmen. Ausschließlich aus sozialen Gründen sehen wir zum jetzigen Zeitpunkt von einer Kündigung ab. Wir mahnen Sie hiermit letztmalig ab. Wenn Sie noch einmal unpünktlich zur Arbeit erscheinen, werden wir nicht mehr nur mit einer Abmahnung reagieren, sondern das Arbeitsverhältnis kündigen. Seien Sie also künftig pünktlich, da Sie ansonsten Ihren Arbeitsplatz verlieren.

Mit freundlichen Grüßen
Arbeitgeber«

---
75 BAG v. 15.11.2001 – 2 AZR 609/00.

c) Verzicht auf das Recht zur Kündigung durch Abmahnung

Wie bereits oben dargestellt, ist Zweck einer verhaltensbedingten Kündigung nicht die Sanktion für die begangene Pflichtverletzung, sondern die Vermeidung künftiger Pflichtverstöße. Die fragliche Pflichtverletzung muss sich deshalb noch für die Zukunft belastend auswirken. Eine entsprechende negative Prognose ist berechtigt, wenn sich der Arbeitnehmer auch in Zukunft pflichtwidrig verhält. Eine vorangegangene einschlägige Abmahnung dient der Objektivierung der negativen Prognose. Regelmäßig liegt im Ausspruch einer Abmahnung daher der konkludente Verzicht auf das Recht zur Kündigung aus den in der Abmahnung gerügten Gründen. Der Arbeitgeber gibt mit einer Abmahnung zu erkennen, dass er das Arbeitsverhältnis noch nicht als so gestört ansieht, als dass er es nicht mehr fortsetzen könnte.[76] Mit dem Verzicht erlischt das Recht zur Kündigung. Dieser Verzicht bezieht sich auf den mit der Abmahnung gerügten Sachverhalt. Der Arbeitgeber kann daher eine spätere Kündigung nicht allein auf die abgemahnten Gründe stützen, sondern hierauf nur unterstützend zurückgreifen, wenn weitere kündigungsrechtlich erhebliche Umstände eintreten oder ihm nachträglich bekannt werden.[77]

Diese Grundsätze gelten auch bei schwerwiegenden Pflichtverletzungen und außerhalb des Geltungsbereichs des Kündigungsschutzgesetzes (z. B. für Abmahnungen, die in der Wartezeit des § 1 Abs. 1 KSchG ausgesprochen werden). Letzteres wird damit begründet, dass diese Abmahnungen nicht auf spezifischen kündigungsschutzrechtlichen Erwägungen beruhen. Auch wenn das Kündigungsschutzgesetz auf das Arbeitsverhältnis keine Anwendung findet, kann der Arbeitgeber auf eine Kündigung aus einem bestimmten Grund verzichten. In diesem Fall erlischt das Kündigungsrecht.[78]

> **Hinweis:**
> Dieser Kündigungsverzicht, bezogen auf das in der Abmahnung gerügte Fehlverhalten gilt nicht, wenn der Abmahnung aus Sicht des Arbeitnehmers zu entnehmen ist, dass sich der Arbeitgeber das Recht zur Kündigung wegen des gerügten Fehlverhaltens unter bestimmte Voraussetzungen doch noch vorbehält. In diesem Fall liegt nämlich keine Verzichtserklärung des Arbeitgebers vor.[79]

---

76 BAG v. 12.5.2011 – 2 AZR 479/09 und BAG v. 26.9.2009 – 2 AZR 751/08, jeweils m.w.N.
77 BAG v. 12.5.2011, a.a.O.; ErfK/Niemann, § 626 BGB Rn. 33.
78 BAG v. 13.12.2007 – 6 AZR 145/07.
79 LAG Schleswig-Holstein v. 19.10.2004 – 5 Sa 279/04.

Verhältnis zur Kündigung

In dem vom LAG Schleswig-Holstein zu entscheidenden Fall hatte der Arbeitnehmer aus betrieblichen Gründen lediglich drei und nicht die von ihm beantragten fünf Wochen Urlaub erhalten. Daraufhin kündigte dieser an, sich vier bis sechs Wochen krankschreiben zu lassen und verließ den Arbeitsplatz mit den Worten, er würde nunmehr fünf Wochen in Urlaub gehen. Kurz vor Ende des dreiwöchigen Urlaubs meldete sich der Arbeitnehmer krank. Daraufhin mahnte der Arbeitgeber den Arbeitgeber ab und machte den mit der Abmahnung regelmäßig verbundenen Kündigungsverzicht davon abhängig, dass der Arbeitnehmer ordnungsgemäß zum Ende des gewährten Urlaubszeitraums seine Arbeit wieder aufnimmt. Wörtlich hieß es: »Daher mahnen wir Sie hiermit ab und weisen Sie darauf hin, dass Sie bei einem erneuten Verstoß gegen Ihre arbeitsvertraglichen Pflichten mit arbeitsvertraglichen Konsequenzen, bis hin zur Kündigung rechnen müssen. Dies gilt insbesondere für den Fall, dass Sie Ihre Drohung wahr machen und Ihre Arbeit am 5.8.2002 nicht wieder aufnehmen.« Das LAG sah hierin eine Ausnahme vom Kündigungsverzicht. Aus dem eindeutigen Wortlaut des letzten Absatzes des Abmahnungsschreibens ergebe sich, dass der Arbeitgeber den mit der Abmahnung regelmäßig verbundenen Kündigungsverzicht vorliegend davon abhängig gemacht habe, dass der Kläger ordnungsgemäß nach Urlaubsende eine Arbeit wieder aufnimmt. Nur beim zeitgerechten Wiederantritt der Arbeit sollte der gerügte Vertragsverstoß (Drohung mit künftiger Arbeitsunfähigkeit) durch die Abmahnung ausreichend sanktioniert sein. Demgegenüber habe sich der Arbeitgeber wegen der Drohung mit Arbeitsunfähigkeit weiterhin das Kündigungsrecht vorbehalten, falls der Arbeitnehmer – gleich aus welchem Grund – nicht zeitgerecht zur Arbeit erscheine. Für den Arbeitgeber war der Vorfall der angedrohten Arbeitsunfähigkeit bei Ausspruch der Abmahnung somit noch nicht »erledigt«. Da es nicht zu einem zeitgerechten Wiederantritt der Arbeit kam, war der Kündigungsgrund durch die ausgesprochene Abmahnung nicht »verbraucht«. Er konnte als Grundlage für eine fristlose Kündigung herangezogen werden.

Will sich also der Arbeitgeber das Kündigungsrecht wegen des in der Abmahnung gerügten Verhaltens vorbehalten, muss dies ausdrücklich im Abmahnungsschreiben festgehalten sein, ansonsten enthält die Abmahnung einen konkludenten Kündigungsverzicht.

Formulierung einer Abmahnung mit Vorbehalt:
»Daher mahnen wir Sie hiermit ab und weisen Sie darauf hin, dass Sie bei einem erneuten Verstoß gegen Ihre arbeitsvertraglichen Pflichten mit arbeitsvertraglichen Konsequenzen, bis hin zur Kündigung rechnen müssen. Wir weisen aus-

drücklich darauf hin, dass wir durch diese Abmahnung die vorliegende Angelegenheit nicht als erledigt betrachten und uns weiterhin für folgenden Fall die Kündigung des Arbeitsverhältnisses vorbehalten:...«

d) Unwirksame Kündigung als Abmahnung

Das BAG hat bereits entschieden, dass eine frühere, unwirksame Kündigung die Funktion einer Abmahnung dann erfüllen kann, wenn der Kündigungssachverhalt feststeht und die Kündigung aus anderen Gründen – z. B. wegen fehlender Abmahnung – für unwirksam erachtet worden ist.[80] Das BAG begründet wie folgt: Durch das Erfordernis einer Abmahnung vor Ausspruch einer verhaltensbedingten Kündigung soll der mögliche Einwand des Arbeitnehmers ausgeräumt werden, er habe die Pflichtwidrigkeit seines Verhaltens nicht gekannt oder jedenfalls nicht damit rechnen müssen, dass der Arbeitgeber dieses Verhalten als so schwerwiegend ansehe, dass er zu kündigungsrechtlichen Konsequenzen greifen werde. Diese Hinweis- und Warnfunktion werde auch durch eine unwirksame Kündigung erfüllt, weil der Arbeitnehmer durch die vorherige unwirksame Kündigung ausreichend gewarnt werde und erkennen könne, dass der Arbeitgeber ein weiteres Fehlverhalten in dieser Hinsicht nicht hinnehmen werde.

e) Zeitliche Wirkung der Abmahnung

Wurde eine Abmahnung ausgesprochen, stellt sich für den Arbeitnehmer die Frage, ob und wie lange sich der Arbeitgeber bei einer beabsichtigten Kündigung auf diese Abmahnung berufen kann und wie lange die Abmahnung noch eine Wirkung entfaltet und ab wann er deren Entfernung aus der Personalakte (vgl. Kapitel IV.) verlangen kann.

Grundsätzlich gilt: Eine Abmahnung kann durch Zeitablauf wirkungslos werden. Das bedeutet, dass der Arbeitgeber im Falle einer verhaltensbedingten Kündigung eine vorangegangene einschlägige Abmahnung nur für eine beschränkte Dauer heranziehen kann. Der einschlägigen Rechtsprechung lässt sich jedoch kein fester Zeitraum entnehmen, wie lange sich der Arbeitgeber auf die Abmahnung berufen kann. Die Wirkungsdauer der Abmahnung ist nach allen Umständen des Einzelfalles zu beurteilen. Hauptkriterien sind hier die Schwere der abgemahnten Pflichtverletzung und das anschließende Verhalten des Arbeitnehmers. Eine Abmahnung wegen schwerer Pflichtverletzungen kann durchaus über meh-

---

80 BAG v. 31.8.1989 – 2 AZR 13/89; BAG v. 19.4.2007 – 2 AZR 180/06.

Verhältnis zur Kündigung

rere Jahre ihre Wirkung behalten, während leichtere Pflichtverstöße schon nach ein bis zwei Jahren keine Wirkung mehr entfalten. Zum Teil wird bei der Wirkungsdauer eine Abmahnung wie folgt differenziert:
- schwere Pflichtverletzungen des Arbeitnehmers – bis zu 5 Jahre
- mittlere Pflichtverletzungen – bis zu 3 Jahre
- leichte Pflichtverletzungen – bis zu 1 Jahr

Hinweis:
Der Arbeitnehmer sollte nach Erhalt einer verhaltensbedingten Kündigung prüfen, ob er wegen eines vergleichbaren Pflichtverstoßes zuvor schon einmal abgemahnt wurde. Falls ja, ist zu klären, ob der Vorfall, der der Abmahnung zugrunde gelegen hat, schon so lange zurückliegt, dass diese Abmahnung bereits durch Zeitablauf erloschen sein könnte.

f) Checkliste: Abmahnung und Kündigung

Abmahnung oder Kündigung	• bei **schuldhafter Verletzung arbeitsrechtlicher Pflichten** sind Abmahnung oder verhaltensbedingte Kündigung möglich – Abmahnung ist konkludenter Kündigungsverzicht – nach rechtswidriger Kündigung ist Ausspruch einer Abmahnung möglich – unwirksame Kündigung erfüllt die Funktion einer Abmahnung
Voraussetzung für Kündigung	**Ultima-Ratio-Prinzip:** • Ausspruch einer verhaltensbedingten Kündigung ist immer letztes Mittel • Eine vorherige Abmahnung ist stets erforderlich, wenn: – Pflichtverletzung auf steuerbarem Verhalten beruht – Verhaltensänderung für die Zukunft zu erwarten ist – eine Wiederherstellung der Vertragstreue wahrscheinlich ist – keine schwerwiegende Pflichtverletzung vorliegt

Grundwissen »Abmahnung«

Kündigung ohne Abmahnung	ausnahmsweise möglich, wenn
	• **Verhaltensänderung in Zukunft – trotz Abmahnung – nicht erwartet werden kann**
	z. B. wenn Arbeitnehmer sein Verhalten nicht ändern will und eine Abmahnung offensichtlich erfolglos wäre **oder**
	• **ein schwerwiegendes Fehlverhalten vorliegt, deren Rechtswidrigkeit dem Arbeitnehmer ohne Weiteres erkennbar ist und bei der eine Hinnahme des Verhaltens durch den Arbeitgeber offensichtlich ausgeschlossen werden kann**
	  – Fortsetzung des Arbeitsverhältnisses ist wegen Pflichtverletzung für den Arbeitgeber unzumutbar
	  – Arbeitnehmer durfte von Anfang an nicht mit Billigung seines Verhaltens rechnen
	z. B. bei Straftaten zum Nachteil des Arbeitgebers, Beleidigungen oder Tätlichkeiten, Fälschen eines ärztlichen Attests als Krankheitsnachweis oder
	• **ohnehin kein Kündigungsschutz gegeben ist**
	  – Kündigung in Probezeit
	  – Kleinbetrieb

Kündigung nach Abmahnung	**einschlägige Abmahnung erforderlich** • Abmahnung ist einschlägig, wenn erneut **derselbe Pflichtenkreis betroffen ist** (Pflichtverstöße im Leistungsbereich, Verstöße gegen betriebliche Ordnung, Störung im Vertrauensbereich, Verletzung von Nebenpflichten aus Arbeitsvertrag) • **negative Prognose** bzgl. künftiger Verhaltensänderung
Anzahl der einschlägigen Abmahnungen	• keine allgemein gültige Regel • Abwägung nach dem Grundsatz der Verhältnismäßigkeit (Schwere des Pflichtverstoßes, Grad des Bestandsschutzes, Möglichkeit zur ordentlichen Kündigung) • Faustformel: Je schwerer die Vertragsverletzung, desto weniger Abmahnungen sind erforderlich • Höchstgrenze: 3 Abmahnungen bei leichten Pflichtverletzungen

Wirkungsdauer der Abmahnung	• keine Regelfrist nach Gesetz und Rechtsprechung
	• Kriterium ist die Schwere des Pflichtverstoßes
	• In der Regel wie folgt:
	  – schwere Pflichtverletzungen des Arbeitnehmers – bis zu 5 Jahre
	  – mittlere Pflichtverletzungen – bis zu 3 Jahre
	  – leichte Pflichtverletzungen – 1 bis 2 Jahre
	• in der Praxis verbleibt die Abmahnung für mind. 2 Jahre in der Personalakte. Bei beanstandungsfreiem Verhalten des Arbeitnehmers während dieser Zeit gilt die Abmahnung als erledigt.

Bagatellverstöße	**geringfügige Pflichtverletzung** (z. B. Verspätung von 5 Minuten, Überschreitung der Pausenzeit um 5 Minuten) • streitig, ob Abmahnung ein Verstoß gegen das Übermaßverbot darstellt oder unter die Direktions- und Meinungsfreiheit des Arbeitgebers fällt
Vorweggenommene Abmahnung	**Abmahnung erfolgte bereits vor Fehlverhalten** • bei angekündigtem Fehlverhalten des Arbeitnehmers • bei vorweggenommener Abmahnung durch Aushang am Schwarzen Brett oder Aufnahme in den Arbeitsvertrag oder in eine Betriebsvereinbarung, wenn Pflicht bzw. Pflichtverstoß genau benannt wird Folge: Sofortige Kündigung bei arbeitsvertraglicher Pflichtverletzung

10. Erwähnung im Zeugnis

Nach § 109 GewO haben alle Arbeitnehmer bei Beendigung des Arbeitsverhältnisses Anspruch auf ein schriftliches Arbeitszeugnis, und zwar unabhängig von der Art der Tätigkeit, dem individuellen Beschäftigungsumfang und der Dauer des Arbeitsverhältnisses. Ein einfaches Zeugnis enthält gem. § 109 Abs. 1 Satz 2 GewO neben den stets notwendigen Angaben zur Person des Arbeitnehmers (Vorname, Familienname, akademischer Grad, Geburtsdatum) auch Angaben zu »Art und Dauer der Tätigkeit«. Ein qualifiziertes Zeugnis muss sich gem. § 109 Abs. 1 Satz 3

Grundwissen »Abmahnung«

GewO über die Angaben eines einfachen Zeugnisses hinaus auch auf »Leistung und Verhalten im Arbeitsverhältnis« erstrecken. Unter dem Begriff Leistung sind Umstände wie Leistungsfähigkeit (Können, Wissen, Fertigkeiten usw.), Leistungsbereitschaft und berufliches Engagement sowie erzielte Erfolge (Arbeitsgüte, -tempo und -ökonomie) zu verstehen. Die Angaben zum Verhalten sollen das sog. Sozialverhalten darstellen, nämlich das Verhältnis zu Vorgesetzten, Kollegen, Kunden und Geschäftspartnern oder sonstigen Dritten. Nach § 109 Abs. 2 GewO muss das Zeugnis klar und verständlich formuliert sein. Es darf keine Merkmale oder Formulierungen enthalten, die den Zweck haben, eine andere als eine aus der äußeren Form oder aus dem Wortlaut ersichtliche Aussage über den Arbeitnehmer zu treffen. Weil das Arbeitszeugnis zwei Zwecken gleichzeitig dient[81] – zum einen dem beruflichen Fortkommen des Arbeitnehmers, zum anderen als Grundlage für die Auswahl des potentiellen Arbeitgebers –, muss der Zeugnisinhalt drei Grundsätzen gerecht werden: der »Zeugniswahrheit«, der »Zeugnisklarheit« sowie dem »Grundsatz der wohlwollenden Beurteilung durch den Arbeitgeber«.[82] In der Praxis führt diese Mehrfachfunktion des Zeugnisses häufig zu einem Spannungsfeld, vor allem, wenn das Arbeitsverhältnis aufgrund des Verhaltens des Arbeitnehmers beendet wurde.

Aus dem Grundsatz der Zeugniswahrheit folgt, dass die Tätigkeit des Arbeitnehmers so vollständig und genau beschrieben wird, dass sich ein künftiger Arbeitgeber ein klares Bild machen kann. Und dass die für die Gesamtbeurteilung bedeutsamen und den Arbeitnehmerinteressen wie auch den Interessen des Folgearbeitgebers zu berücksichtigenden Umstände erläutert werden.[83] Vor diesem Hintergrund dürfen im Arbeitszeugnis lediglich ganz schwerwiegende Pflichtverletzungen erwähnt werden – und auch nur dann, wenn sich daraus Zweifel an der grundsätzlichen Eignung des jeweiligen Arbeitnehmers für den ausgeübten Beruf ergeben und ein potentieller Folgearbeitgeber ein berechtigtes Interesse hat, auf die mangelnde Eignung hingewiesen zu werden (so z. B. bei Vermögensdelikten zum Nachteil des Arbeitgebers oder der Kollegen). Darüber hinaus dürfen Abmahnungen im Zeugnis weder angedeutet noch erwähnt werden, weil dies gegen den Grundsatz des Wohlwollens verstoßen würde.

---

81 BAG v. 3. 3. 1993 – 5 AZR 182/92.
82 BAG v. 15. 11. 2011 – 9 AZR 386/10; BAG v. 11. 12. 2012 – 9 AZR 227/11.
83 BAG v. 9. 9. 2011 – 3 AZB 35/11.

II. Abmahnungsgründe von Alkohol bis Zeiterfassung

1. Alkoholmissbrauch/Trunkenheit

Zu unterscheiden ist zwischen Alkoholabhängigkeit und alkoholbedingtem Fehlverhalten ohne das Vorliegen einer Alkoholabhängigkeit: Liegt eine Alkoholabhängigkeit vor, also eine Krankheit im medizinischen Sinne, kommt lediglich eine personenbedingte Kündigung in Betracht.[84] Eine verhaltensbedingte Kündigung sowie eine Abmahnung scheiden mangels Steuerbarkeit des Verhaltens aus.[85]
Ein nicht auf Alkoholabhängigkeit (Krankheit) beruhender Alkoholmissbrauch im Betrieb ist ein abmahnungsfähiges Verhalten, welches im Wiederholungsfall auch geeignet ist, eine verhaltensbedingte Kündigung zu rechtfertigen. Dabei wird bei Tätigkeiten im sicherheitsrelevanten Bereich die Nebenleistungspflicht des Arbeitnehmers, sich nicht in einen Zustand zu versetzen, in dem er sich oder Andere gefährden kann, schon bei sehr geringen Alkoholmengen verletzt.[86]
Alkoholbedingte Schlecht- oder Minderleistungen können abgemahnt werden, wie jede auf anderen Gründen beruhende Schlecht- oder Minderleistung.

2. Alkoholverbot

Die Verletzung eines wirksam erlassenen betrieblichen Alkoholverbots ist ein Abmahnungsgrund. Nach erfolgloser Abmahnung kann eine wieder-

---

84 Vgl. zur personenbedingten Kündigung wegen Alkoholsucht BAG v. 20.12.2012 – 2 AZR 32/911; BAG v. 20.3.2014 – 2 AZR 565/12.
85 Ständige Rechtsprechung, vgl. zuletzt LAG Rheinland-Pfalz v. 5.5.2015 – 7 Sa 641/14.
86 BAG v. 26.1.1995 – 2 AZR 649/94.

holte Verletzung ein wichtiger Kündigungsgrund im Sinne des § 626 BGB sein.[87]
Besteht kein generelles Alkoholverbot, kann der Alkoholkonsum als Verletzung der Arbeitspflicht bedeutsam werden.[88]

3. Androhung von Krankfeiern/vorgetäuschte Erkrankung

Erklärt der Arbeitnehmer, er wird krank, wenn der Arbeitgeber ihm den im bisherigen Umfang bewilligten Urlaub nicht verlängert, obwohl er im Zeitpunkt dieser Ankündigung nicht krank war und sich aufgrund bestimmter Beschwerden auch noch nicht krank fühlen konnte, ist der Arbeitgeber zum Ausspruch einer Abmahnung berechtigt. Ein solches Verhalten des Arbeitnehmers ist sogar – ohne Rücksicht darauf, ob der Arbeitnehmer später tatsächlich erkrankt – an sich geeignet, einen wichtigen Grund zur außerordentlichen Kündigung abzugeben. Die Drohung mit einer Erkrankung, um Urlaub gewährt oder verlängert zu erhalten, erfüllt regelmäßig den *Straftatbestand der versuchten Nötigung* und ist als solche an sich geeignet, einen wichtigen Grund zur fristlosen Kündigung abzugeben.[89]

4. Arbeitsunfähigkeit, Anzeige der

Nach § 5 Abs. 1 EFZG ist der Arbeitnehmer verpflichtet, dem Arbeitgeber die Arbeitsunfähigkeit und deren voraussichtliche Dauer unverzüglich mitzuteilen. Dauert die Arbeitsunfähigkeit länger als drei Kalendertage, hat der Arbeitnehmer eine ärztliche Bescheinigung über das Bestehen der Arbeitsunfähigkeit sowie deren voraussichtliche Dauer spätestens an dem darauf folgenden Arbeitstag vorzulegen. Die unverzügliche Anzeige der Arbeitsunfähigkeit und deren voraussichtliche Dauer durch den Arbeit-

---

87 ErfK/Niemann, § 626 BGB Rn. 63.
88 Z.B. Fahrer eines Krankenwagens, der seinen Dienst alkoholisiert antritt: LAG Sachsen v. 26.5.2000 – 2 Sa 995/99; Busfahrer im Personennahverkehr: LAG Nürnberg v. 17.12.2002 – 6 Sa 480/01; Straßenbahnfahrer: LAG Mecklenburg-Vorpommern 22.10.2013 – 5 Sa 122/13.
89 BAG v. 12.3.2009 – 2 AZR 251/07.

nehmer stellt eine arbeitsvertragliche Nebenpflicht dar. Ein (schuldhafter) Verstoß gegen die vertragliche Nebenpflicht zur unverzüglichen Anzeige der Arbeitsunfähigkeit und deren Fortdauer stellt eine Störung im Leistungsbereich dar und berechtigt zur Abmahnung. Im Wiederholungsfall ist der Arbeitgeber sogar berechtigt, eine ordentliche Kündigung auszusprechen.[90]

5. Arbeitsunfähigkeit, Verhalten während

Der Arbeitnehmer hat eine Pflicht zu gesundheits- und heilungsförderndem Verhalten während der zur Arbeitsunfähigkeit führenden Erkrankung. Er muss alles unterlassen, was die Genesung hinauszögern könnte. Unternimmt der Arbeitnehmer während seiner Arbeitsunfähigkeit Tätigkeiten, die seiner baldigen Genesung hinderlich sind, rechtfertigt dies eine Abmahnung oder eine ordentliche, u. U. sogar eine fristlose, Kündigung. Die Verletzung der arbeitnehmerseitigen Treuepflicht kann nach den Umständen des Einzelfalls die ordentliche arbeitgeberseitige Kündigung rechtfertigen, ohne dass es des Nachweises einer tatsächlichen Verzögerung des Heilungsprozesses bedarf.[91]

6. Arbeitsunfähigkeitsbescheinigung, Fälschen der

Das Fälschen der Arbeitsunfähigkeitsbescheinigung ist eine Straftat zulasten des Arbeitgebers, durch die das Vertrauensverhältnis erheblich gestört, wenn nicht gar zerstört wird. Ein solches Verhalten rechtfertigt grundsätzlich den Ausspruch einer Abmahnung. Nach Auffassung des LAG Hamm soll das Fälschen einer Arbeitsunfähigkeitsbescheinigung den Arbeitgeber sogar zum Ausspruch einer außerordentlichen Kündigung ohne vorherige Abmahnung berechtigen.[92]

---

90 BAG v. 16. 8. 1991 – 2 AZR 604/90.
91 LAG Hamm v. 28. 8. 1991 – *15 Sa 437/91*.
92 LAG Hamm v. 15. 12. 2005 – 4 Sa 1328/05.

7. Arbeitsschutz- und Sicherheitsvorschriften

Hält der Arbeitnehmer Arbeitsschutz- und Sicherheitsvorschriften nicht ein, ist dies ein Grund für eine Abmahnung. Im Wiederholungsfall kann der Arbeitgeber nach erfolgloser Abmahnung kündigen, je nach Gefahrenpotential sogar außerordentlich.[93]

8. Arbeitsverweigerung

Verweigert ein Arbeitnehmer die von ihm vertraglich geschuldete Leistung, kann der Arbeitgeber dies abmahnen und im Wiederholungsfall, je nach den Umständen des Einzelfalls, eine außerordentliche oder ordentliche Kündigung aussprechen. Eine Abmahnung kann schon dann ausgesprochen werden, wenn in der Vergangenheit zwar keine pflichtwidrige Arbeitsverweigerung vorliegt, diese aber zum Zeitpunkt der Abmahnung für die Zukunft ernsthaft angekündigt wird.[94] Hat der Arbeitnehmer die Arbeitsleistung nicht ernsthaft und endgültig verweigert, bedarf es vor einer verhaltensbedingten Kündigung wegen Arbeitsverweigerung einer Abmahnung.[95]

Eine Abmahnung ist unwirksam, wenn die Arbeitsverweigerung durch Rechtfertigungsgründe gedeckt ist. Unter Umständen kann dem Arbeitnehmer ein Leistungsverweigerungsrecht zustehen. Dies kann der Fall sein, wenn die Tätigkeit einen Gewissenskonflikt beim Arbeitnehmer auslöst oder gegen seinen Glauben verstößt. Ferner kann der Arbeitnehmer ein Zurückbehaltungsrecht ausüben, wenn der Arbeitgeber mit der Gehaltszahlung nicht unerheblich in Verzug ist. Gleiches gilt, wenn der Arbeitgeber seiner vertraglichen oder gesetzlichen Schutzpflicht nicht nachkommt, den Arbeitsplatz des Arbeitnehmers gegen Gefahren für Leib und Gesundheit zu sichern.

---

[93] ErfK/Niemann, § 626 BGB Rn. 68.
[94] LAG Nürnberg v. 16.10.2007 – 7 Sa 233/07 zur außerordentlichen Kündigung.
[95] LAG Rheinland-Pfalz v. 23.1.2004 – 3 Sa 941/03.

9. Außerdienstliches Verhalten

Außerdienstliches Verhalten, dass keine Auswirkungen auf das Arbeitsverhältnis und die daraus resultierende Beziehung der Parteien hat, rechtfertigt keine Abmahnung. Anders ist es nur, wenn sich das außerdienstliche Verhalten konkret innerbetrieblich auswirkt.[96] Dies ist dann der Fall, wenn der Arbeitnehmer durch sein außerdienstliches Verhalten die aus § 241 Abs. 2 BGB folgenden Pflichten – also Rücksichtnahme auf die Rechte, Rechtsgüter und Interessen des Arbeitgebers – verletzt.

Nicht vertragswidrig und damit nicht abmahnungsgeeignet sind z. B. Eheschließungen, Partnerbeziehungen, außereheliche Schwangerschaften oder der allgemeine Lebenswandel. Auch eine politische Betätigung in der Freizeit ist kein Grund für eine Abmahnung, sofern sie kein vertragswidriges Verhalten darstellt. Etwas anderes gilt in Tendenzbetrieben, wenn es sich bei dem Arbeitnehmer um einen Tendenzträger handelt. So gelten z. B. für *kirchliche Mitarbeiter*, die zu den sog. Funktionsträgern zählen, gesteigerte sittliche Verhaltensanforderungen im außerdienstlichen Bereich.[97] Den Tendenzschutz rechtlich anzuerkennen bedeutet zugleich, die Rechte und Pflichten der Arbeitnehmer über das ansonsten zulässige Maß hinaus zu beschränken. Letztendlich werden die individuellen Auswirkungen jeweils von der »Tendenznähe« der vom einzelnen Arbeitnehmer zu erfüllenden Aufgaben bestimmt (vgl. hierzu auch Kapitel III. Ziff. 8.).[98]

10. Beleidigung

Beleidigungen zum Nachteil des Arbeitgebers, Beleidigungen anderer Arbeitskollegen und von Kunden oder Patienten des Arbeitgebers können sowohl zur Abmahnung als auch zu einer außerordentlichen Kündigung berechtigen. Es kommt auf den Einzelfall an, z. B. auf die Gesprächssituation oder den Umgangston im Betrieb:

Grobe Beleidigungen des Arbeitgebers oder seiner Vertreter und Repräsentanten oder von Arbeitskollegen, die nach Form und Inhalt eine erhebliche Ehrverletzung für den Betroffenen bedeuten, stellen einen die

---

[96] BAG v. 20.6.2013 – 2 AZR 583/12 bzgl. Kündigung wegen außerdienstlich begangener Straftat.
[97] BAG v. 30.6.1983 – *2 AZR 524/81*.
[98] ErfK/Niemann, § 626 BGB Rn. 84.

fristlose Kündigung des Arbeitsverhältnisses an sich rechtfertigenden Grund dar. Entsprechendes gilt, wenn der Arbeitnehmer bewusst unwahre Tatsachenbehauptungen über seinen Arbeitgeber oder über Vorgesetzte bzw. Kollegen aufstellt, vor allem wenn die Erklärungen den Tatbestand der üblen Nachrede erfüllen.[99]
Beleidigungen im vertraulichen Gespräch rechtfertigen weder Abmahnung noch Kündigung, weil der Arbeitnehmer mit der Vertraulichkeit seines Wortes rechnen durfte.[100]
Dagegen kann eine öffentliche Beleidigung, auch außerhalb der Arbeitszeit – z. B. durch Aushänge, Flugblätter oder im Internet – eine Abmahnung oder auch Kündigung rechtfertigen. Dabei macht es keinen Unterschied, wenn die Beleidigung in einem sozialen Netzwerk (z. B. in einem Xing- oder Facebook-Profil) erfolgt. Bei einer verhaltensbedingten Kündigung wegen Beleidigung des Arbeitgebers in einem Internetforum ist im Rahmen der Interessenabwägung zu berücksichtigen, dass aufgrund der Schnelllebigkeit des Internets und seiner unübersehbaren Größe eine beleidigende Äußerung in ihrer herabwürdigenden Wirkung weniger schwer wiegt als eine Erklärung, die in einem persönlich adressierten Brief oder im Angesicht des Betroffenen getätigt wird und damit als abgegrenzter Einzelakt für sich steht.[101] Entscheidend ist, ob die Äußerung anderen Arbeitskollegen/Vorgesetzten zugänglich ist. Ob diese zu den Kontakten gehören oder ob es sich um einen öffentlichen »Diskussionsbeitrag« handelt, spielt keine Rolle.
Die objektiv nicht besonders schwerwiegende Beleidigung eines Kollegen, der in einer kleineren Gruppe von Sozialarbeitern auch Leitungsfunktion hat, kann selbst dann, wenn sie für den Arbeitgeber erstmalig persönliche, den Arbeitsablauf störende Spannungen auffällig macht, regelmäßig erst nach vergeblicher Abmahnung oder einem vergeblichen Vermittlungsversuch als wichtiger Grund zur außerordentlichen Kündigung geeignet sein. Auch eine schwere verbale Entgleisung (»Du altes Arschloch«) ist nicht ohne Weiteres eine grobe Beleidigung und ein ohne Abmahnung ausreichender Kündigungsgrund; entscheidend ist die Verhältnismäßigkeit und Zumutbarkeit einer Maßnahme im konkreten Fall.[102] Ohne vorherige Abmahnung ist die Kündigung wegen einer Belei-

---

99 BAG v. 18.12.2014 – 2 AZR 265/14; LAG Hamm v. 10.10.2012 – 3 Sa 644/11: Kündigung eines Berufsausbildungsverhältnisses wegen beleidigendem Eintrag auf Facebook.
100 BAG 10.12.2009 – 2 AZR 534/08.
101 LAG Hessen v. 28.1.2013 – 21 Sa 715/12.
102 LAG Köln v. 4.7.1996 – 10 Sa 337/96.

digung in der Regel aber nur möglich, wenn auch durch eine Abmahnung nicht mit einer Besserung gerechnet werden kann, dem Arbeitgeber die Weiterbeschäftigung wegen der besonderen Situation ganz offensichtlich nicht zuzumuten ist, das Betriebsklima massiv beeinträchtigt wird, die Beleidigung besonders kränkend ist oder bewusst und gewollt und aus gehässigen Motiven erfolgt.

11. Datenschutzverletzung

Schuldhafte Verstöße gegen den allgemeinen oder besonderen Datenschutz sind wie schuldhafte Verletzungen der Verschwiegenheitspflicht hinsichtlich Betriebs- und Geschäftsgeheimnissen zu bewerten.[103]

12. Drogenkonsum/Doping

Drogenkonsum sowie auch die Verwendung anderer illegaler Mittel zur Leistungssteigerung während der Arbeitszeit ist pflichtwidrig und berechtigt den Arbeitgeber zur Abmahnung, wenn nicht gar zur Kündigung.[104] Darüber hinaus können Arbeitnehmer in bestimmten Berufen (z. B. Berufssportler) auch verpflichtet sein, außerhalb der Arbeitszeit auf die Einnahme oder Anwendung der von ihrem Verband verbotenen Substanzen (Doping) zu verzichten. Eine Verletzung dieser Pflicht berechtigt den Arbeitgeber, eine Abmahnung auszusprechen.[105]

13. Eigentumsdelikte

Entwendet der Arbeitnehmer Eigentum des Arbeitgebers, ist dieser berechtigt, den Arbeitnehmer abzumahnen. Dieses Verhalten ist an sich auch geeignet, einen wichtigen Grund zur außerordentlichen Kündigung abzugeben. Das Entwenden geringwertiger Güter, z. B. eines Kuchen-

---

103 BAG v. 24. 3. 2011 – 2 AZR 282/10; ErfK/Niemann, § 626 BGB Rn. 154.
104 Vgl. hierzu LAG Nürnberg v. 6. 7. 2015 – 7 SA 124/15: Das Führen eines LKW unter Wirkung einer Droge rechtfertigt grundsätzlich eine außerordentliche Kündigung.
105 Zur Kündigung wegen Dopings: ErfK/Niemann, § 626 BGB Rn. 92.

stücks oder eines kaufmännisch abgeschriebenen Artikels, ist an sich ebenfalls als ein wichtiger Grund zur außerordentlichen Kündigung geeignet. In Fällen dieser Art kommt aber der Interessenabwägung entscheidendes Gewicht zu, sodass eine ohne vorherige Abmahnung ausgesprochene Kündigung unwirksam ist.[106]

Im Falle langjähriger unbeanstandeter Betriebszugehörigkeit und des Fehlens eines messbaren Schadens kann zunächst eine Abmahnung erforderlich sein.[107]

14. Fehlen, unentschuldigtes

Wiederholtes, unentschuldigtes Fehlen kann der Arbeitgeber abmahnen. Es rechtfertigt nach einer einschlägigen Abmahnung in der Regel eine (u. U. auch außerordentliche) verhaltensbedingte Kündigung.[108]

Das Gleiche gilt für Verspätungen[109] und ein unbefugtes Verlassen des Arbeitsplatzes.[110] Von Bedeutung für die Rechtmäßigkeit einer Kündigung ist vor allem, wie oft der Arbeitnehmer in welchem Zeitkorridor zu spät kommt und welchen Zeitraum die Verspätungen umfassen. Von einem wegen seiner Verspätungen abgemahnten Arbeitnehmer ist zu erwarten, dass er besondere Vorkehrungen trifft, nicht erneut zu spät zu kommen.[111]

15. Internetnutzung

Die private Nutzung von Internetanschluss- und E-Mail-Diensten, die im Betrieb zur Verfügung gestellt werden, kann in verschiedener Hinsicht zu einer Verletzung von arbeitsvertraglichen Haupt- und Nebenpflichten führen. So insbesondere durch eine Nutzung entgegen einem ausdrück-

---

106 ErfK/Niemann, § 626 BGB Rn. 94.
107 LAG Berlin-Brandenburg v. 4.6.2015 – 5 Sa 190/15.
108 BAG v. 16.3.2000 – 2 AZR 75/99; BAG v. 17.1.1991 – 2 AZR 375/90 zur verhaltensbedingten Kündigung.
109 BAG v. 13.3.1987 – 7 AZR 601/85.
110 LAG Schleswig-Holstein v. 14.10.2002 – 4 Sa 71/02; LAG Niedersachsen v. 4.2.1982 – 11 Sa 101/81.
111 LAG Schleswig-Holstein v. 14.10.2002 – 4 Sa 71/02; LAG Niedersachsen v. 4.2.1982 – 11 Sa 101/81.

lichen Verbot des Arbeitgebers, durch das Nichterbringen der arbeitsvertraglich geschuldeten Arbeitsleistung während des »Surfens« im Internet zu privaten Zwecken, durch das Herunterladen erheblicher Datenmengen aus dem Internet auf betriebliche Datensysteme (unbefugter download), durch die mit der privaten Nutzung entstehenden zusätzlichen Kosten oder wegen einer Rufschädigung des Arbeitgebers, weil strafbare oder pornografische Darstellungen heruntergeladen werden.[112]

Die Internetnutzung ist, sofern dadurch nicht die Pflicht zur Arbeitsleistung verletzt wird (z. B. bei Nutzung in der Pause), ohne besonderes Verbot nicht pflichtwidrig, wenn etwaige (Mehr-)Kosten vom Arbeitnehmer erstattet werden. Erfolgt die Nutzung allerdings während der Arbeitszeit, soll schon eine private Nutzung von lediglich 30 Sekunden während der Arbeitszeit eine Abmahnung rechtfertigen.[113] Bei einer exzessiven privaten Nutzung im erheblich zeitlichen Umfang, also nicht nur »minutenweise« am Tag, liegt eine schwere Pflichtverletzung des Arbeitsvertrages vor, die den Arbeitgeber ohne vorangegangene Abmahnung zu einer fristgemäßen Kündigung des Arbeitsverhältnisses aus verhaltensbedingten Gründen berechtigen kann.[114] Nutzt der Arbeitnehmer das Internet entgegen einem *ausdrücklichen Verbot* des Arbeitgebers für private Zwecke, stellt dies eine arbeitsvertragliche Pflichtverletzung dar, die den Arbeitgeber zum Ausspruch einer Kündigung ohne vorherige Abmahnung berechtigt. Selbiges gilt wenn der Arbeitnehmer nachweisbar während seiner Arbeitszeit *Dateien mit pornografischen Inhalten* aus dem Netz auf die Festplatte des betrieblichen PC herunterlädt.[115]

Ein Verstoß gegen das vom Arbeitgeber ausgesprochene *Verbot privaten E-Mail-Verkehrs*, das dem *Virenschutz* dienen soll, rechtfertigt grundsätzlich erst nach vorangegangener erfolgloser Abmahnung den Ausspruch einer verhaltensbedingten außerordentlichen oder ordentlichen Kündigung.[116]

Ein Arbeitnehmer, der von zu Hause aus E-Mails mit *Gewerkschaftswerbung* an die Arbeitsplätze von Mitarbeitern während ihrer Arbeitszeit verschickt, verstößt dadurch nicht gegen seine arbeitsvertraglichen Pflich-

---

[112] Vgl. BAG v. 7.7.2005 – 2 AZR 581/04; AP BGB § 626 Nr. 192.
[113] So ArbG Köln v. 28.8.2017 – 20 Ca 7940/16, NZA-RR 2018,18 zum Anschauen eines Fußballspiels für 30 Sekunden auf Dienstcomputer über einen Livestream während der Arbeitszeit, Berufung eingelegt beim LAG Köln Az.: 8 Sa 799/17.
[114] So BAG v. 31.5.2007 – 2 AZR 200/06.
[115] LAG Niedersachsen v. 26.4.2002 – *3 Sa 726/01 B*.
[116] LAG Hessen v. 13.12.2001 – *5 Sa 987/2001*.

ten. Eine aus diesem Grund erteilte Abmahnung ist deshalb zurückzunehmen und zu entfernen.[117]

16. Gewerkschaftliche Werbung

Eine gewerkschaftliche Vertrauensperson ist auch ohne Einwilligung des Arbeitgebers grundsätzlich befugt, im Auftrag der Gewerkschaft E-Mails von ihrem Arbeitsplatz an die betrieblichen E-Mail-Adressen anderer Beschäftigter zu versenden, in denen für die Gewerkschaft geworben, über Streikmaßnahmen der Gewerkschaft informiert und zur Teilnahme am Streik aufgerufen wird. Die Werbung und Information von Mitgliedern und Nichtmitgliedern sowie der Streikaufruf fallen in den Schutzbereich des Art. 9 Abs. 3 GG. Eine Abmahnung wegen Verstoßes gegen den Betriebsfrieden ist daher unzulässig.[118]

17. Kleidung

Der Arbeitnehmer ist verpflichtet, bei der Erfüllung seiner Arbeitspflicht keine Kleidung zu tragen, die den Eintritt des Arbeitserfolgs beeinträchtigen. Weist der Arbeitgeber den Arbeitnehmer wirksam zum Tragen von branchenüblicher Kleidung an, berechtigt ein Verstoß hiergegen zur Abmahnung. Bei religiös motivierter Kleidung (z. B. Kopftuch oder Kippa) sind die betroffenen Grundrechte gegeneinander abzuwägen, wobei landesrechtliche Vorgaben (z. B. in Schulgesetzen), die ggf. einer verfassungskonformen Auslegung bedürfen, zu beachten sind.[119] Das BVerfG fordert in seinen neueren Entscheidungen zum Thema »islamisches Kopftuch« eine konkrete Gefahr für den Einrichtungsfrieden und die Neutralität des Staates. Eine lediglich abstrakte Gefahr reicht nicht mehr aus, um für Lehrkräfte in öffentlichen Schulen oder für Erzieherinnen in kommunalen Kindertagesstätten ein pauschales Kopftuchverbot zu rechtfertigen.[120]

---

117 LAG Schleswig-Holstein v. 1. 12. 2000 – 6 Sa 562/99.
118 LAG Hessen v. 20. 8. 2010 – 19 Sa 1835/09.
119 ErfK/Niemann, § 626 BGB Rn. 101 m. w. N.
120 BVerfG v. 18. 10. 2016 1 – BvR 354/11, NZA 2016, 1522; BverfG v. 27. 01. 2015 –;.

18. Konkurrenztätigkeit/Wettbewerbsverbot

Während des rechtlichen Bestehens eines Arbeitsverhältnisses ist einem Arbeitnehmer grundsätzlich jede Konkurrenztätigkeit zum Nachteil seines Arbeitgebers untersagt. Die für Handlungsgehilfen geltende Regelung des § 60 Abs. 1 HGB konkretisiert einen allgemeinen Rechtsgedanken. Der Arbeitgeber soll vor Wettbewerbshandlungen seines Arbeitnehmers geschützt werden. Der Arbeitnehmer darf im Marktbereich seines Arbeitgebers Dritten keine Dienste und Leistungen anbieten.

Konkurrenztätigkeit oder der Verstoß gegen das Wettbewerbsverbot können eine Abmahnung oder Kündigung nach sich ziehen.[121] Ein wichtiger Grund zur außerordentlichen Kündigung liegt vor, wenn ein Arbeitnehmer Kunden des Arbeitgebers anbietet, zum Teil auf eigenen Namen und eigene Rechnung zu arbeiten. In diesem Fall der Konkurrenztätigkeit zulasten des Arbeitgebers ist eine Abmahnung entbehrlich, da es sich um eine schwere Pflichtverletzung handelt, deren Rechtswidrigkeit dem Arbeitnehmer ohne Weiteres erkennbar ist und bei der eine Billigung des Verhaltens offensichtlich ausgeschlossen ist.[122]

Entscheidend für das Vorliegen einer Wettbewerbssituation und den Umfang eines Wettbewerbsverbotes ist nicht, in welcher Rechtsform der konkurrierende Arbeitnehmer tätig wird (selbstständig, in einem freien Dienst- oder in einem Arbeitsvertrag). § 60 HGB steht einer – selbstständigen oder unselbstständigen – Nebentätigkeit grundsätzlich insoweit im Wege, als diese den Interessen des Arbeitgebers zuwiderläuft.[123]

19. Mobbing

Die systematische Verletzung des Persönlichkeitsrechts, der Ehre oder der Gesundheit von Mitarbeitern oder Kollegen durch einen Arbeitnehmer berechtigt den Arbeitgeber, diesen abzumahnen. Wenn das allgemeine Persönlichkeitsrecht, die Ehre oder die Gesundheit des Mobbingopfers in schwerwiegender Weise verletzt werden, kann er dem Arbeitnehmer sogar ohne vorherige Abmahnung kündigen und zwar unabhängig davon,

---

121 LAG Rheinland-Pfalz v 26.1.2015 – 2 Sa 367/14; LAG Rheinland-Pfalz v. 9.12.2013 – 5 Sa 412/13.
122 LAG Hessen v. 25.3.2004 – 14 Sa 2043/03.
123 BAG v. 6.10.1988 – 2 AZR 105/88.

ob es in diesem Zusammenhang zu einer Störung des Betriebsfriedens gekommen ist.[124]

20. Nebentätigkeit

Die Ausübung einer Nebentätigkeit außerhalb der Arbeitszeit ist grundsätzlich gestattet. Die arbeitsvertragliche Klausel, eine Nebenbeschäftigung bedürfe der Zustimmung des Arbeitgebers, stellt die Aufnahme einer beruflichen Tätigkeit unter Erlaubnisvorbehalt. Wenn die Aufnahme der Nebentätigkeit betriebliche Interessen nicht beeinträchtigt, hat der Arbeitnehmer Anspruch auf Zustimmung des Arbeitgebers.[125] Die Ausübung einer Nebentätigkeit berechtigt den Arbeitgeber aber zum Ausspruch einer Abmahnung, 1) wenn der Arbeitnehmer seinem Arbeitgeber unerlaubte Konkurrenz macht, 2) sich die Arbeitsleistungen wegen der Nebentätigkeit erheblich verschlechtern, 3) die Arbeitsleistung in der Nebentätigkeit mit dem öffentlichen Ansehen des Arbeitgebers oder mit dem Gemeinwohl nicht zu vereinbaren ist oder 4) einen Interessenwiderstreit beim Arbeitnehmer hervorruft, der das Vertrauen des Arbeitgebers in die Loyalität und Integrität des Arbeitnehmers nachhaltig stört.[126]

21. Nichtanzeige der Arbeitsunfähigkeit

Verletzt der Arbeitnehmer die Pflicht zur Vorlage der ärztlichen Arbeitsunfähigkeitsbescheinigung (§ 5 Abs. 1 Satz 2 EFZG), kann der Arbeitgeber ihn deswegen abmahnen. Die wiederholte Verletzung dieser Pflicht kann ein wichtiger Grund im Sinne von § 626 Abs. 1 BGB sein und den Arbeitgeber zum Ausspruch einer fristlosen Kündigung berechtigen. Dieses gilt ebenso, wenn der Arbeitnehmer auch nach Abmahnung den Nachweis der Erkrankung verweigert.[127]
Nach einer Entscheidung des BAG[128] spräche einiges dafür, dass den Arbeitnehmer im ungekündigtem Arbeitsverhältnis die Pflichten aus § 5 Abs. 1 EFZG auch während solcher Zeiten treffe, für die er nach § 3 Abs. 1

---

124 ErfK/Niemann, § 626 BGB Rn. 117.
125 BAG v. 11.12.2001 – *9 AZR 464/00*.
126 ErfK/Niemann, § 626 BGB Rn. 118.
127 ErfK/Niemann, § 626 BGB Rn. 122.
128 BAG v. 11.7.2013 – 2 AZR 241/12.

EFZG keine Entgeltfortzahlung *(mehr)* beanspruchen kann. Selbiges gelte im Fall der ordentlichen Kündigung auch für Zeiten vor dem Kündigungstermin.[129] Deshalb sollte der Arbeitnehmer auch für die Dauer des Kündigungsschutzprozesses die ihm obliegenden Anzeige- und Nachweispflichten beachten.

22. Nichtbefolgung einer Arbeitsanweisung

Das Nichtbefolgen von Arbeitsanweisungen stellt einen Verstoß gegen die arbeitsvertraglichen Pflichten dar und berechtigt zum Ausspruch einer Abmahnung. Sofern die Anweisung rechtswidrig ist, weil sie gegen Rechtsvorschriften, also gegen Gesetze, Tarif- oder Arbeitsvertrag oder Betriebsvereinbarung verstößt, muss der Arbeitnehmer sie allerdings nicht befolgen. Nach bisheriger Rechtsprechung galt dieses aber nicht, wenn die Weisung des Arbeitgebers lediglich unbillig, also unzumutbar war. Es sollte für die Frage des (fehlenden) Leistungswillens unerheblich sein, ob die Arbeitsanweisung billigem Ermessen entspricht, weil die unbillige Leistungsbestimmung nicht als nichtig, sondern nur unverbindlich i. S. v. § 315 Abs. 3 Satz 1 BGB angesehen wurde. Da bei Streit über die Verbindlichkeit von Arbeitsanweisungen das Gericht nach § 315 Abs. 3 Satz 2 BGB entscheidet, durfte sich nach bisheriger Rechtsprechung der Arbeitnehmer nicht über eine unbillige Ausübung des Direktionsrechts – sofern sie nicht aus anderen Gründen unwirksam war – hinwegsetzen, sondern musste entsprechend § 315 Abs. 3 Satz 2 BGB die Gerichte für Arbeitssachen anrufen. Wegen der das Arbeitsverhältnis prägenden Weisungsgebundenheit war der Arbeitnehmer an die durch die Ausübung des Direktionsrechts erfolgte Konkretisierung von Inhalt, Ort und Zeit der Arbeitsleistung vorläufig gebunden, bis durch ein rechtskräftiges Urteil die Unverbindlichkeit der Leistungsbestimmung festgestellt wurde.[130] Nach neuer, geänderter Rechtsprechung des BAG[131] ist der Arbeitnehmer nun nicht mehr nach § 106 S. 1 GewO, § 315 BGB – auch nicht vorläufig – an eine Weisung des Arbeitgebers gebunden ist, die die Grenzen billigen Ermessens nicht wahrt. Ist eine Arbeitsanweisung unbillig, muss der Arbeitgeber diese nicht befolgen und darf deswegen auch nicht abgemahnt

---

129 BAG v. 11. 7. 2013 a. a. O.
130 So noch BAG v. 22. 2. 2012 – 5 AZR 249/11, BAGE 141, 34.
131 BAG v. 14. 7. 2017 – 10 AZR 330/16, NZA 2017, 1185; BAG 14. 9. 2017 – 5 AS 7/17, NZA 2017, 1452.

werden. Wurde er abgemahnt, hat der Arbeitnehmer einen Anspruch auf Entfernung der Abmahnung aus der Personalakte.

Vor dem Hintergrund, dass es selten eindeutig sein dürfte, ob eine Arbeitsanweisung billigem Ermessen entspricht oder für den Arbeitnehmer unzumutbar ist, sollte der Arbeitnehmer eine Arbeitsanweisung, auch wenn er sie für unbillig hält, zunächst – unter Vorbehalt der Billigkeit – befolgen und gleichzeitig eine Klärung über das Arbeitsgericht herbeiführen. Anderenfalls droht eine Abmahnung oder gar die (fristlose) Kündigung wegen Arbeitsverweigerung.

23. Politische Betätigung

Nach § 74 Abs. 2 Satz 3 BetrVG haben Arbeitgeber und Betriebsrat sowie Mitglieder des Betriebsrats jede parteipolitische Betätigung im Betrieb zu unterlassen. Nicht von diesem Verbot umfasst ist die Behandlung von Angelegenheiten tarifpolitischer, sozialpolitischer, umweltpolitischer und wirtschaftlicher Art, die den Betrieb oder seine Arbeitnehmer unmittelbar betreffen. Ein Verstoß gegen diese Vorschrift berechtigt den Arbeitgeber zur Abmahnung gegenüber Betriebsratsmitgliedern. Die politische Betätigung anderer Arbeitnehmer ist dann pflichtwidrig und kann abgemahnt werden, wenn sie zu einer konkreten Störung im Leistungsbereich führt oder zu einer konkreten Gefährdung des Betriebsfriedens.[132]

24. Rauchverbot

Verletzt der Arbeitnehmer das betriebliche Rauchverbot, kann der Arbeitgeber eine Abmahnung aussprechen, und zwar unabhängig davon, ob durch das Rauchen eine konkrete Gefährdung des Lebens oder der Gesundheit anderer oder erheblicher Sachwerte eingetreten ist. Die wiederholte Verletzung eines betrieblichen Rauchverbots kann nach erfolgloser Abmahnung auch eine fristlose Kündigung rechtfertigen.[133]

---

132 ErfK/Niemann, § 626 BGB Rn. 124.
133 BAG v. 27.9.2012 – 2 AZR 955/11; a.A. LAG Schleswig-Holstein v. 27.8.2013 – 1 Sa 80/13: nur bei konkreter Gefahr eines Brandes/Explosion.

25. Schlecht- und Minderleistungen

Wegen Minder- bzw. Schlechtleistung kommt sowohl eine verhaltensbedingte Kündigung als auch eine personenbedingte Kündigung in Betracht. Eine verhaltensbedingte Kündigung kommt in Betracht, wenn die Schlecht- oder Minderleistung auf Pflichtverletzungen des Arbeitnehmers beruht, vor allem wenn er vorwerfbar nicht unter angemessener Ausschöpfung seiner persönlichen Leistungsfähigkeit arbeitet. Der Arbeitgeber kann abmahnen, wenn der Arbeitnehmer seine arbeitsvertraglichen Pflichten dadurch vorwerfend verletzt, dass er fehlerhaft arbeitet. Zu beachten ist dabei, dass ein Arbeitnehmer seiner Vertragspflicht genügt, wenn er unter *angemessener Ausschöpfung seiner persönlichen Leistungsfähigkeit* arbeitet. Er verstößt gegen seine Arbeitspflicht nicht allein dadurch, dass er die durchschnittliche Fehlerhäufigkeit aller Arbeitnehmer überschreitet. Allerdings kann die *längerfristige deutliche Überschreitung der durchschnittlichen Fehlerquote* je nach tatsächlicher Fehlerzahl, Art, Schwere und Folgen der fehlerhaften Arbeitsleistung ein Anhaltspunkt dafür sein, dass der Arbeitnehmer vorwerfbar seine vertraglichen Pflichten verletzt. Will der Arbeitnehmer gegen die Abmahnung vorgehen, muss er darlegen und beweisen, dass er trotz erheblich unterdurchschnittlicher Leistungen seine Leistungsfähigkeit ausschöpft.[134]

26. Sexuelle Belästigung

Eine sexuelle Belästigung liegt vor, wenn ein unerwünschtes, sexuell bestimmtes Verhalten (wozu auch sexuell bestimmte körperliche Berührungen und Bemerkungen sexuellen Inhalts gehören) bezweckt oder bewirkt, dass die Würde der betreffenden Person verletzt wird, vor allem, wenn ein etwa von Entwürdigungen oder Beleidigungen gekennzeichnetes Umfeld geschaffen wird. Im Unterschied zu § 3 Abs. 3 AGG können auch einmalige sexuell bestimmte Verhaltensweisen den Tatbestand einer sexuelle Belästigung erfüllen.
Eine sexuelle Belästigung am Arbeitsplatz stellt eine Verletzung der arbeitsvertraglichen Pflichten, respektive ein Dienstvergehen dar (vgl. §§ 12, 1, 7 AGG) und rechtfertigt daher bei Verstößen den Ausspruch einer Abmahnung. Dabei ist es von den konkreten Umständen des Einzelfalles abhängig, unter anderem von ihrem Umfang und ihrer Intensität, ob aus-

---

[134] BAG v. 17.1.2008 – *2 AZR 536/06*; LAG Hessen v. 2.6.2014 – 17 Sa 1249/13.

nahmsweise auch eine außerordentliche Kündigung ohne vorherige Abmahnung gerechtfertigt ist. Aus Gründen der Verhältnismäßigkeit ist aber auch im Bereich der sexuellen Belästigung regelmäßig zunächst einmal eine Abmahnung auszusprechen. Lediglich wenn erkennbar ist, dass der Arbeitnehmer sein Verhalten auch in Ansehung einer Abmahnung künftig nicht ändern wird, ist diese entbehrlich.[135] Zur Abmahnung berechtigt auch die falsche Behauptung einer sexuellen Belästigung.

27. Soziale Medien

Ein Arbeitnehmer ist auch in seiner Freizeit verpflichtet, auf die Belange seines Arbeitgebers Rücksicht zu nehmen. Deshalb können private Äußerungen von Arbeitnehmern in sozialen Medien (Social Media) wie Facebook, Twitter, Instagram und Google+ den Arbeitgeber zum Ausspruch einer Abmahnung oder gar einer Kündigung berechtigen, wenn dessen Belange negativ betroffen werden. Dieses ist der Fall, wenn ein Arbeitnehmer sexistische, ausländerfeindliche, menschenverachtende oder andere Beiträge, die die Diffamierung von Personen zum Ausdruck bringen, in sozialen Medien postet und dabei ein Bezug zum Arbeitsverhältnis bzw. Arbeitgeber hergestellt wird. So berechtigt die Veröffentlichung eines Fotos mit einer meckernden Ziege mit der Sprechblase »Achmed, ich bin schwanger« auf einer rechtsradikalen Facebook-Seite den Arbeitgeber zum Ausspruch einer fristlosen Kündigung, wenn der Arbeitnehmer sich auf der Internet-Plattform öffentlich neben dem Ziegenbild in seiner Uniform als Straßenbahnschaffner und unter seinem Namen abbilden ließ. Die Arbeitskleidung schaffte den Bezug zum Arbeitsverhältnis. Die Beeinträchtigung des Arbeitgebers liegt darin, dass er durch diesen Bezug auch in die Nähe der Ausländerfeindlichkeit, wenn nicht gar des Ausländerhasses gesetzt wurde.[136]

28. Spesen

Ein Spesenbetrug berechtigt den Arbeitgeber – selbst wenn es sich um einen einmaligen Vorfall und um einen geringen Betrag handelt – zur frist-

---

135 BAG v. 20.11.2014 – 2 AZR 651/13.
136 LAG Chemnitz v. 27.2.2018 – 1 Sa 515/17.

losen Kündigung),[137] denn bei falscher Abrechnung seiner Reisekosten kann der Arbeitnehmer unter keinen Umständen damit rechnen, dass der Arbeitgeber dies hinnimmt. Vielmehr muss der Arbeitnehmer damit rechnen, dass er seinen Arbeitsplatz aufs Spiel setzt. Eine Abmahnung ist daher entbehrlich.[138]

29. Straftaten

Unterschlagung, Betrug oder Tätlichkeiten rechtfertigen eine Abmahnung, in besonders schwerwiegenden Fällen sogar eine außerordentliche Kündigung.

30. Streikteilnahme

Während eines rechtmäßigen Streiks sind die gegenseitigen Rechte und Pflichten suspendiert, d.h. sie ruhen. Wegen der Teilnahme an einem rechtmäßigen Streik darf der Arbeitgeber keine Abmahnung aussprechen. Dies wäre eine nach § 612a BGB verbotene Maßregelung.

31. Tätlichkeiten

Ein tätlicher Angriff auf einen Arbeitskollegen *stellt eine* schwerwiegende Verletzung der arbeitsvertraglichen Pflichten zur Rücksichtnahme auf die Rechte und Interessen des anderen Arbeitnehmers *dar*.[139] Da der Arbeitgeber gegenüber seinen Arbeitnehmern verpflichtet ist, dafür Sorge zu tragen, dass sie keinen Tätlichkeiten ausgesetzt sind und auch ein eigenes Interesse daran hat, dass die betriebliche Zusammenarbeit nicht durch tätliche Auseinandersetzungen beeinträchtigt wird und nicht durch Verletzungen Arbeitskräfte ausfallen, kann ein solches Verhalten auch einen wichtigen Grund zur außerordentlichen Kündigung darstellen. Bei Tätlichkeiten gegenüber einem Vorgesetzten oder einem Arbeitskollegen be-

---

137 BAG v. 6.9.2007 – 2 AZR 264/06.
138 LAG Rheinland-Pfalz v. 6.11.2014 – 5 Sa 238/14.
139 Ständige Rechtsprechung, vgl. nur BAG v. 18.9.2008 – 2 AZR 1039/06.

darf es vor Ausspruch einer Kündigung regelmäßig keiner Abmahnung, denn der Arbeitnehmer weiß von vornherein, dass der Arbeitgeber ein derartiges Fehlverhalten missbilligt. Dies gilt uneingeschränkt bei schweren Tätlichkeiten. Hier kann schon ein einmaliger Vorfall einen wichtigen Grund zur Kündigung darstellen, ohne dass der Arbeitgeber noch eine Wiederholungsgefahr begründen und den Arbeitnehmer zuvor abmahnen müsste.[140] Im Einzelfall kann der Arbeitnehmer aber auch gehalten sein, lediglich eine Abmahnung auszusprechen. Das hängt sowohl von den *Ursachen des Fehlverhaltens* und dem (ggf. an einem anderen Arbeitsplatz) *zu erwartenden künftigen Verhalten ab*, als auch von der *Schwere des* Pflichtverstoßes, also vor allem von der *Intensität und den Folgen des tätlichen Angriffs*.[141]

32. Telefongespräche

Ähnliche Maßstäbe wie bei der Internetnutzung gelten bei der Nutzung der Telefonanlagen des Arbeitgebers. Liegt kein ausdrückliches Verbot für private Telefonate vor oder ist das private Telefonieren sogar ausdrücklich gestattet bzw. in Form einer betrieblichen Übung über lange Zeit stillschweigend geduldet, darf ein Arbeitnehmer dennoch nicht in beliebigem Umfang von der Möglichkeit privater Telefonate Gebrauch machen. Vielmehr muss sich die *private Nutzung in zumutbaren Grenzen* halten. Bei Verstößen gegen dieses »Übermaßverbot« kann der Arbeitgeber eine Abmahnung aussprechen.[142] Erst im Wiederholungsfall und nach einschlägiger Abmahnung kann das ausschweifende private Telefonieren eine verhaltensbedingte Kündigung rechtfertigen.[143]

33. Terroristische Vereinigung

Der dringende Verdacht, Mitglied oder Unterstützer einer terroristischen Vereinigung zu sein, ist nur dann als Kündigungsgrund geeignet, wenn eine Auswirkung auf das Arbeitsverhältnis durch eine konkrete Beein-

---

140 BAG v. 18.9.2008 – 2 AZR 1039/06; LAG Rheinland Pfalz v. 14.7.2015 – 6 Sa 22/15.
141 BAG v. 6.10.2005 – 2 AZR 280/04.
142 ArbG Niedersachsen v. 13.1.1998 – 13 Sa 1235/97.
143 LAG Nürnberg v. 6.8.2002 – 6 (5) Sa 472/01.

trächtigung im Leistungsbereich, im Bereich der betrieblichen Verbundenheit aller Mitarbeiter, im personalen Vertrauensbereich oder im betrieblichen Aufgabenbereich vorliegt oder die Eignung des Arbeitnehmers für die Arbeitsleistung entfallen ist oder durch greifbare Tatsachen zu belegende berechtigte Sicherheitsbedenken bestehen.[144] Eine konkrete Beeinträchtigung des Arbeitsverhältnisses liegt allerdings nicht schon dann vor, wenn Arbeitsablauf oder Betriebsfrieden abstrakt oder konkret gefährdet sind, sondern nur dann, wenn insoweit eine konkrete Störung tatsächlich eingetreten ist. Wann diese eingetreten ist, ist eine Frage des Einzelfalls. Allerdings muss der Arbeitgeber nicht erst einen Anschlag im Betrieb hinnehmen, um dann kündigungsrechtlich handeln zu dürfen.[145] Wenn nachteilige Auswirkungen im Leistungsbereich, im Bereich der betrieblichen Verbundenheit aller Mitarbeiter (Betriebsordnung, Betriebsfrieden), im personalen Vertrauensbereich der Vertragspartner vorliegen, dürfte vor Ausspruch einer Kündigung eine Abmahnung nicht erforderlich sein. Dieses gilt jedenfalls dann, wenn es im Zusammenhang mit einem aus der vermeintlichen Mitgliedschaft oder der Unterstützung einer terroristischen Vereinigung resultierenden Verhalten zu einem Ansehensverlust oder einem Verlust des Vertrauens der Kunden in die Produkte des Arbeitgebers kommt.

34. Unpünktlichkeit

Wiederholte Unpünktlichkeit kann abgemahnt werden. Eine einmalige Verspätung von wenigen Minuten bei der Arbeitsaufnahme rechtfertigt keine Abmahnung.

35. Urlaubsantritt, eigenmächtiger

Tritt ein Arbeitnehmer eigenmächtig einen vom Arbeitgeber nicht genehmigten Urlaub an, verletzt er seine arbeitsvertraglichen Pflichten. Ein solches Verhalten kann abgemahnt werden und berechtigt den Arbeitgeber

---

144 LAG Niedersachsen v. 12.3.2018 – 15 Sa 319/17, ArbR 2018, 314, Revision beim BAG anhängig unter Az.: 2 AZR 307/18.
145 LAG Niedersachen a.a.O.

u. U. sogar zur außerordentlichen Kündigung.[146] Hat der Arbeitgeber den Urlaubsantrag *ausdrücklich abgelehnt*, liegt regelmäßig sogar eine *beharrliche Arbeitsverweigerung* vor.[147] Eine außerordentliche fristlose Kündigung kommt vor allem dann in Betracht, wenn der Arbeitgeber einen Urlaubsantrag abgelehnt und dem Arbeitnehmer *für den Fall der Selbstbeurlaubung eine Kündigung angedroht* hat. Eine solche *vorweggenommene Abmahnung* kann eine Abmahnung nach Tatbegehung ausnahmsweise ersetzen, weil sich das (nachfolgende) Tun des Arbeitnehmers letztlich unter Berücksichtigung der vorweggenommenen Abmahnung als beharrliche Arbeitsverweigerung herausstellt. Da der Arbeitnehmer in einem solchen Fall erkennbar nicht gewillt ist, von einem bevorstehenden Fehlverhalten Abstand zu nehmen, ist eine weitere Abmahnung entbehrlich.[148]

36. Urlaubsüberschreitung/Selbstbeurlaubung

Eine eigenmächtige Verlängerung des genehmigten Urlaubs berechtigt den Arbeitgeber nicht nur zum Ausspruch einer Abmahnung, sondern sogar zu einer außerordentlichen Kündigung.[149] Dasselbe gilt für die eigenmächtige Verlängerung eines Sonderurlaubs, ohne Genehmigung des Arbeitgebers.

Tritt ein Arbeitnehmer eigenmächtig einen vom Arbeitgeber nicht genehmigten Urlaub an, verletzt er seine arbeitsvertraglichen Pflichten. Ein solches Verhalten rechtfertigt eine Abmahnung.

Hat der Arbeitgeber die *Urlaubsgewährung sogar ausdrücklich abgelehnt*, liegt in der Selbstbeurlaubung eine *beharrliche Arbeitsverweigerung, die den Arbeitgeber zu einer fristlosen Kündigung berechtigt*.[150]

37. Verletzung der Schweigepflicht

Der Arbeitnehmer ist verpflichtet, Betriebs- und Geschäftsgeheimnissen zu wahren und darauf zu achten, dass Dritte nicht unbefugt Kenntnisse

---

146 BAG v. 20. 1. 1994 – 2 AZR 521/93.
147 LAG Baden-Württemberg v. 22. 9. 2003 – 15 Sa 49/03.
148 ArbG Hamm v. 21. 10. 1997 – 4 Sa 707/97.
149 ArbG Frankfurt v. 2. 12. 2002 – 15 Ca 7998/02.
150 LAG Baden-Württemberg v. 22. 9. 2003 – 15 Sa 49/03.

solcher Geheimnisse seines Arbeitsbereichs erlangen. Darüber hinaus hat der Arbeitnehmer Verschwiegenheit über ihm dienstlich bekannt gewordene Tatsachen zu wahren, die die Person des Arbeitgebers oder eines anderen Arbeitnehmers in besonderem Maße berühren. Schuldhafte Verletzung der Verschwiegenheitspflicht durch den Arbeitnehmer können eine Abmahnung, u. U. sogar eine außerordentliche Kündigung rechtfertigen.[151]

38. Verstöße gegen die betriebliche Ordnung

Verstöße gegen die betriebliche Ordnung berechtigen zur Abmahnung.

39. Vortäuschen einer Erkrankung

In dem Vortäuschen einer Erkrankung und die dadurch bewirkte ungerechtfertigte Entgeltfortzahlung im Krankheitsfall liegt ein Betrug oder versuchter Betrug zulasten des Arbeitgebers vor. Hierdurch wird das Vertrauensverhältnis derart verletzt, dass der Arbeitgeber ohne vorherige Abmahnung zum Ausspruch einer außerordentlichen Kündigung berechtigt ist.[152]

40. Zeiterfassung, Manipulation/Missbrauch von Kontrolleinrichtungen

Die vorsätzliche Manipulation von Arbeitszeiterfassungsgeräten oder Datenträgern berechtigen – unabhängig von der strafrechtlichen Bewertung – den Arbeitgeber jedenfalls zum Ausspruch einer Abmahnung. Arbeitszeitbetrug ist eine schwerwiegende Pflichtverletzung, die in der Regel sogar ohne vorherige Abmahnung zur Kündigung berechtigt. Manipulationen im Rahmen der Zeiterfassung sind an sich geeignet, einen wichtigen Grund zur außerordentlichen Kündigung darzustellen, weil hierdurch das Vertrauen des Arbeitgebers in die Integrität des Arbeitnehmers

---

151 ErfK/Niemann, § 626 BGB Rn. 154 f. m. w. N.
152 BAG v. 23. 6. 2009 – 2 AZR 532/08.

schwerwiegend erschüttert wird.[153] Dabei kommt es nicht auf die Form der Arbeitszeiterfassung an.[154]

Überträgt ein Arbeitgeber den Nachweis der täglich bzw. monatlich geleisteten Arbeitszeit dem Arbeitnehmer selbst (*Selbstaufzeichnung der Arbeitszeit*) und füllt der Arbeitnehmer die dafür zur Verfügung gestellten Formulare wissentlich und vorsätzlich falsch aus, stellt dies einen schweren Vertrauensmissbrauch dar, der deshalb – vor allem, wenn damit ein persönlicher Vorteil angestrebt wird – sogar zur fristlosen Kündigung aus wichtigem Grund berechtigen kann.[155]

Dasselbe gilt, wenn der Arbeitnehmer seine Pausen wiederholt erheblich überzieht und seine Arbeitszeit falsch dokumentiert.[156]

---

153 BAG v. 24.11.2005 – 2 AZR 255/04.
154 ErfK/Niemann, § 626 BGB Rn. 116.
155 BAG v. 13.8.1987 – 2 AZR 629/86.
156 ErfK/Niemann, § 626 BGB Rn. 116 m.w.N.

III. Abmahnung in Sonderfällen

1. Abmahnung von Betriebsratsmitgliedern und Personalratsmitgliedern

Das Betriebsrats- bzw. Personalratsmitglied als betrieblicher Funktionsträger hat Sonderkündigungsschutz nach den Vorschriften der §§ 15 KSchG, 103 BetrVG, 47 BPersVG. Danach ist die Kündigung eines Mitgliedes des Betriebs- oder Personalrats im Grundsatz unzulässig. Der Kündigungsschutz gilt für die Dauer der Amtszeit und hält nach Ende der Amtszeit noch weitere zwölf Monate. Eine Kündigung des Betriebsrats- oder Personalratsmitglieds während der Amtszeit ist ausnahmsweise dann zulässig, wenn Tatsachen vorliegen, die den Arbeitgeber zur fristlosen Kündigung nach § 626 BGB berechtigen. In diesen Fällen muss zusätzlich der Betriebsrat oder der Personalrat der Kündigung zugestimmt haben oder es muss die Zustimmung durch eine arbeitsgerichtliche Entscheidung ersetzt worden sein, § 103 BetrVG bzw. § 47 BPersVG.[157] Zu beachten ist, dass sich der wichtige Grund, der dem Arbeitgeber im Sinne von § 626 Abs. 1 BGB die Fortsetzung des Arbeitsverhältnisses unzumutbar macht, aus dem Arbeitsverhältnis ergeben muss. Deshalb ist bei der Kündigung eines Betriebsrats-/Personalratsmitglieds stets danach zu unterscheiden, ob eine Verpflichtung aus dem Amts- oder aus dem Arbeitsverhältnis verletzt wurde oder ob beide Bereiche betroffen sind: Wird z. B. dem Betriebsratsmitglied die Verletzung von rein arbeitsvertraglichen Pflichten vorgeworfen, kann ihm eine außerordentliche Kündigung unter den gleichen Voraussetzungen ausgesprochen werden, unter denen gegenüber anderen Arbeitnehmern eine Kündigung aus wichtigem Grund nach § 626 Abs. 1 BGB möglich ist. Wird einem Betriebsratsmitglied hingegen die Verletzung einer Amtspflicht vorgeworfen, ist die Kündigung unzulässig und nur ein Ausschlussverfahren nach § 23 BetrVG möglich.

---

[157] BAG v. 8. 9. 2011 – 2 AZR 388/10.

Abmahnung in Sonderfällen

Sofern eine Handlung sowohl Amtspflichten als auch arbeitsvertragliche Pflichten verletzt oder aber die Vertragsverletzung nur deshalb eingetreten ist, weil der Arbeitnehmer als Betriebsratsmitglied tätig wurde, kann ein wichtiger Grund zur Kündigung im Sinne des § 626 Abs. 1 BGB zwar vorliegen. Mit Rücksicht auf die besondere Konfliktsituation, in der sich das Betriebsratsmitglied befindet, ist die außerordentliche Kündigung aber nur gerechtfertigt, wenn unter Anlegung eines besonders strengen Maßstabs das pflichtwidrige Verhalten auch als schwerer Verstoß gegen die Pflichten aus dem Arbeitsverhältnis zu werten ist.[158]

Diese Grundsätze für die Kündigung von Betriebsrats- bzw. Personalratsmitgliedern gelten auch für die Abmahnung. Ob z. B. ein einzelnes Betriebsratsmitglied abgemahnt werden kann, richtet sich daher danach, ob die Verletzung arbeitsvertragliche Pflichten gerügt oder die Verletzung von Amtspflichten beanstandet wird – oder beides.

a) Amtspflichtverletzung

Beanstandet der Arbeitgeber allein die Verletzung von Amtspflichten, ist eine Abmahnung oder gar eine Kündigung des Mandatsträgers unzulässig. Eine Amtspflichtverletzung liegt vor, wenn das Betriebsrats- oder Personalratsmitglied objektiv fehlerhaft Rechte und/oder Pflichten missachtet, die aus der Amtsinhaberschaft zu beachten sind. Liegt eine grobe Verletzung der Amtspflichten vor, kann der Arbeitgeber das Ausschlussverfahren nach § 23 Abs. 1 BetrVG bzw. § 28 Abs. 1 BPersVG betreiben.[159] Allerdings zeigen sich in der Praxis oft Schwierigkeiten bei der Abgrenzung von Verstößen gegen arbeitsvertragliche Pflichten und Amtspflichten.

Von einem »groben« Amtspflichtverstoß ist auszugehen, wenn die Pflichtverletzung objektiv erheblich und offensichtlich schwerwiegend ist, sodass dadurch das Vertrauen in eine künftige ordnungsgemäße Amtsführung zerstört oder zumindest schwer erschüttert ist.[160] Das Betriebsratsmitglied muss schuldhaft (vorsätzlich oder grob fahrlässig) gegen seine betriebsverfassungsrechtlichen und sonstigen gesetzlichen und tarifvertraglichen Pflichten verstoßen haben. Eine grobe Verletzung von Amtspflichten kommt u. a. auch in Betracht bei:

- Schweigepflichtverletzung, wenn sie schwerwiegende Folgen hat oder mehrfach erfolgt,

---

158 BAG v. 24. 2. 2015 – 2 TaBV 10/14.
159 BAG v. 31. 8. 1994 – 7 AZR 893/93.
160 BAG v. 22. 6. 1993 – 1 ABR 62/92; BVerwG v. 14. 4. 2004 – 6 PB 1/04.

Abmahnung von Betriebsratsmitgliedern und Personalratsmitgliedern

- wiederholter parteipolitischer Agitation im Betrieb, die eine schwere Störung des Betriebsfriedens zur Folge hat,
- Weitergabe von vertraulichen und betriebsinternen Gehaltslisten an außerbetriebliche Stellen,
- Weitergabe von Bewerbungsunterlagen an Dritte,
- Handgreiflichkeiten eines Betriebsratsmitglieds gegen Kollegen in einer Betriebsratssitzung,
- ständigem, unentschuldigtem Fernbleiben von Betriebsratssitzungen,
- Beschimpfung und Diffamierung des Arbeitgebers oder anderer Betriebsratsmitglieder durch das Betriebsratsmitglied im Rahmen seiner Betriebsratstätigkeit,
- Entgegennahme zugewandter Vorteile, die ausschließlich den Zweck haben, die Amtsführung zu beeinflussen oder zur Belohnung einer vorausgegangenen pflichtwidrigen Amtsführung,
- rücksichtsloser Preisgabe von vertraulichen – unter Ausnutzung oder doch aufgrund der Betriebsratseigenschaft erlangten – Informationen oder Kenntnissen an den Arbeitgeber,
- unsittlicher Belästigung unter Ausnutzung des Betriebsratsamtes,
- Aufruf zu einem wilden Streik unter Ausnutzung des Betriebsratsamtes.[161]

Keine groben Pflichtverletzungen sind hingegen:
- Weigerung eines Betriebsratsmitglieds, sich trotz Mahnung des Betriebsrats nach § 37 Abs. 2 BetrVG freistellen zu lassen,
- Werbung für einen gewerkschaftlichen Beitritt (vgl. § 74 Abs. 3 BetrVG),
- Werbung für eine Gewerkschaft ohne Ausübung von Druck,
- Solidaritätserklärung mit der streikenden Belegschaft eines anderen Betriebs,
- mangelnde Kompromissbereitschaft gegenüber dem Arbeitgeber,
- Kritik an der Geschäftsführung des Arbeitgebers,
- Erstattung einer Strafanzeige gegen den Arbeitgeber, soweit dieser nicht missbräuchlich ist oder absichtlich unwahre Anschuldigungen enthält,
- irrtümliche Verletzung betriebsverfassungsrechtlicher Pflichten,
- Informationen an das Gewerbeaufsichtsamt oder an die Berufsgenossenschaft über sicherheitstechnische Mängel,
- Streitigkeiten innerhalb des Betriebsrats, die auf sachlichen Meinungsverschiedenheiten beruhen.[162]

---

161 Beispiele entnommen aus DKKW-Trittin, § 23 BetrVG Rn. 32 ff.
162 Beispiele entnommen aus DKKW-Trittin, § 23 BetrVG Rn. 56 ff.

Abmahnung in Sonderfällen

b) Arbeitsvertragsverstoß

Nach der Rechtsprechung des BAG kommt eine Pflichtverletzung durch ein Betriebsratsmitglied als Gegenstand einer Abmahnung in Betracht, wenn das Betriebsratsmitglied zumindest auch seine arbeitsvertraglichen Pflichten verletzt hat. Umgekehrt ist, wenn das Verhalten eines Arbeitnehmers zugleich auch eine Verletzung seiner Pflicht als Betriebsratsmitglied darstellt, eine Abmahnung wegen der Verletzung seiner arbeitsvertraglichen Pflichten nicht ausgeschlossen.[163] Für die Frage, ob eine Abmahnung zu Recht erfolgt ist oder nicht, kommt es allein darauf an, ob der erhobene Vorwurf objektiv gerechtfertigt ist. Unbeachtlich ist, ob das beanstandete Verhalten dem Arbeitnehmer auch subjektiv im Sinne eines Verschuldens vorgeworfen werden kann.[164]

Amtspflichtverletzungen, die zugleich einen Verstoß gegen arbeitsvertragliche Pflichten darstellen (sog. Zusammenhangsverstöße), treten überwiegend im Bereich der erforderlichen Arbeitsbefreiung auf.

c) Zusammenhangsverstoß

Abgesehen von den Fällen der Arbeitsbefreiung wegen Betriebsratstätigkeit nach § 37 Abs. 2 BetrVG, ist ein Betriebsratsmitglied ebenso zur Arbeitsleistung verpflichtet, wie jeder andere Arbeitnehmer auch. Damit besteht auch hinsichtlich der Zulässigkeit einer Abmahnung unter diesem Gesichtspunkt kein Unterschied zu Arbeitnehmern, die kein Betriebsratsamt innehaben. Allerdings steht den Betriebsratsmitgliedern für ihre Entscheidung, ob eine Arbeitsbefreiung nach Umfang und Art des Betriebs zur ordnungsgemäßen Ausführung ihrer Aufgaben erforderlich ist, ein Beurteilungsspielraum zu. Dabei ist die Prüfung der Erforderlichkeit nicht allein in das subjektive Ermessen des Betriebsratsmitglieds gestellt. Entscheidend ist vielmehr, ob das Mitglied des Betriebsrats vom Standpunkt eines vernünftigen Dritten aus bei gewissenhafter Überlegung und bei ruhiger, vernünftiger Würdigung aller Umstände und Abwägung der Interessen des Betriebs, des Betriebsrats oder der Belegschaft, die Arbeitsversäumnis für notwendig halten durfte, um den gestellten Aufgaben gerecht zu werden.[165] Der Umfang der Arbeitsbefreiung ist nicht für alle Betriebsratsmitglieder gleich, sondern abhängig von der konkreten Aufgabenstellung und Funktion des einzelnen Betriebsratsmitglieds. Die nach-

---

163 Vgl. schon BAG v. 10.11.1993 – 7 AZR 682/92.
164 Vgl. schon BAG v. 31.8.1994 – 7 AZR 893/93.
165 Vgl. schon BAG v. 16.3.1988 – 7 AZR 557/87.

Abmahnung von Betriebsratsmitgliedern und Personalratsmitgliedern

folgenden Beispiele aus der Rechtsprechung können daher nur eine Orientierungshilfe bieten:

- Besuch von Gerichtsverhandlungen
Der Besuch von Gerichtsverhandlungen gehört in der Regel nicht zu den Aufgaben des Betriebsrats. Eine Teilnahme des Betriebsrats an Kündigungsschutzverfahren kann allenfalls dann zu den Amtsobliegenheiten gehören, wenn das Betriebsratsmitglied davon ausgehen darf, dass er die dort eher zu erwartende Information in weiteren, konkret anstehenden Anhörungsverfahren oder etwa in naher Zukunft für die gezielte Wahrnehmung anderer gesetzlicher oder betriebsverfassungsrechtlicher Aufgaben einsetzen kann.[166]

- Mitgliederwerbung für eine Gewerkschaft im Betrieb während der Arbeitszeit
Dieses Verhalten eines Betriebsratsmitglieds berechtigt den Arbeitgeber nicht zum Ausspruch einer Abmahnung. Das BVerfG hat mit Beschluss vom 14.11.1995[167] klargestellt, dass Mitgliederwerbung durch die Koalition und ihre Mitglieder in den Schutzbereich des *Art. 9 Abs. 3 GG* (Kernbereich der Koalitionsbetätigung) fällt. Hintergrund war ein vom BAG zu entscheidenden Fall:[168] Hier hatte ein freigestelltes Betriebsratsmitglied einem Arbeitskollegen, der ebenfalls für den Betriebsrat kandidierte, während dessen Arbeitszeit einen sog. »Leistungsausweis« der Gewerkschaft Nahrung-Genuss-Gaststätten (NGG) ausgehändigt. Es handelte sich dabei um eine Broschüre, in der die Gewerkschaft einen Überblick über ihr Leistungsangebot gibt und der ein Formular »Beitrittserklärung mit Einzugsermächtigung« beigelegen hat. Der Arbeitgeber hat daraufhin eine Abmahnung erteilt. Das BAG hielt diese für wirksam. Der Arbeitnehmer hat dagegen Verfassungsbeschwerde eingelegt. Das BVerfG hat die Entscheidung des BAG aufgehoben. Das neue Verfahren vor dem BAG mit Aktenzeichen 5 AZR 60/96 hat sich durch Klagerücknahme erledigt.

- Ab- und Rückmeldung beim Arbeitgeber für Betriebsratstätigkeit
Das BAG hat in ständiger Rechtsprechung entschieden, dass die Pflicht eines nicht freigestellten Betriebsratsmitglieds, sich vor Beginn seiner unter § 37 Abs. 2 BetrVG fallenden Betriebsratstätigkeit beim Arbeitgeber abzumelden, wie auch die Verpflichtung, sich nach Beendigung der Betriebsratstätigkeit während der Arbeitszeit zurück zu melden, jedenfalls auch auf dem Arbeitsvertrag beruht und die Verletzung die-

---

166 BAG v. 31.5.1989 – 7 AZR 277/88.
167 BVerfG v. 14.11.1995 – 1 BvR 601/92.
168 BAG v. 13.11.1991 – 5 AZR 74/91.

ser Pflicht Gegenstand und Inhalt einer entsprechenden Abmahnung durch den Arbeitgeber sein kann.[169]
- Freistellungsanspruch gem. § 37 Abs. 2 BetrVG
Die Mitglieder des Betriebsrats sind weiterhin Arbeitnehmer des Betriebs und daher verpflichtet, ihren arbeitsvertraglichen Aufgaben nachzukommen. Die durch die Übernahme des Betriebsratsamts entstehenden, nicht unerheblichen Amtspflichten und Aufgaben führen bei nicht freigestellten Betriebsratsmitgliedern häufig zu einer Kollision von Amts- und Arbeitsvertragspflichten und damit zu einem häufigen Streitpunkt zwischen Arbeitgeber und Betriebsratsmitglied. Jedes Betriebsratsmitglied ist grundsätzlich berechtigt und verpflichtet, an Sitzungen des Betriebsrats, Gesamtbetriebsrats oder Konzernbetriebsrats und seiner Ausschüsse bzw. seiner Arbeitsgruppen sowie an einer Arbeitsgruppe gem. § 28a BetrVG, die nach § 30 BetrVG in der Regel während der Arbeitszeit stattfindet, auch außerhalb der persönlichen Arbeitszeit teilzunehmen, solange es nicht aus rechtlichen oder tatsächlichen Gründen im Sinne des § 25 Abs. 1 BetrVG verhindert ist. Das gilt auch, wenn die Betriebsratssitzung in Räumen außerhalb des Betriebsgeländes stattfindet.[170] Eine Abmahnung des Arbeitgebers wegen Teilnahme an einer Betriebsratssitzung ist daher rechtswidrig.
Im Übrigen gilt: Das Betriebsratsmitglied hat ein Anspruch auf Arbeitsbefreiung, wenn es sich um die Ausführung von Betriebsratsaufgaben handelt und die Arbeitsbefreiung zur ordnungsgemäßen Ausführung dieser Aufgaben erforderlich ist.[171] Steht fest, dass es sich um Betriebsratstätigkeit handelt, muss durch den Betriebsrat bzw. das Betriebsratsmitglied geprüft werden, ob die Arbeitsbefreiung nach Umfang und Art des Betriebs erforderlich ist. Hierbei kommt es auf die konkreten Umstände des Einzelfalls an.[172] Eine Abmahnung wegen nichtberechtigter Arbeitsversäumnis kommt nicht in Betracht, wenn ein Betriebsratsmitglied bei eigener gewissenhafter Überprüfung und bei ruhiger und vernünftiger Würdigung aller Umstände die Versäumung von Arbeitszeit und die Tätigkeit nach gewissenhafter Prüfung für erforderlich ansehen konnte oder wenn das unzulässige Arbeitsversäumnis auf der Verkennung einer schwierigen und unklaren Rechtslage beruht. Eine Abmahnung kann auch nicht darauf gestützt werden,

---

169 Vgl. nur BAG v. 13.5.1997 – 1 ABR 2/97m. w. N.
170 DKKW-Wedde, § 37 BetrVG Rn. 33.
171 DKKW-Wedde, § 37 BetrVG Rn. 15.
172 DKKW-Wedde, § 37 BetrVG Rn. 26.

dass das abgemeldete Betriebsratsmitglied die Art der ausübenden Betriebsratstätigkeit nicht hinreichend dargelegt hat.[173]
- parteipolitische Betätigung im Betrieb
§ 74 Abs. 2 BetrVG verbietet dem Betriebsratsgremium jede parteipolitische Betätigung im Betrieb. Nach der Rechtsprechung des BAG erstreckt sich das Verbot auch auf einzelne Betriebsratsmitglieder. Das BAG hat hierzu festgestellt, dass das Verbot aber nicht jede Äußerung allgemeinpolitischen Inhalts erfasst. Äußerungen allgemeinpolitischer Art, die eine politische Partei, Gruppierung oder Richtung weder unterstützen noch sich gegen sie wenden, fallen nicht unter das Verbot des § 74 Abs. 2 Satz 3 BetrVG. Dieses ergebe sich aus dem Wortlaut der Vorschrift unter Berücksichtigung des Wertegehalts von Art. 5 Abs. 1 GG sowie aus Sinn und Zweck des Neutralitätsgebots. Ob schon das Eintreten für oder gegen eine politische Richtung unabhängig von einem konkreten Bezug zu einer politischen Partei unter das Verbot fällt, hat das BAG allerdings offen gelassen.[174] Nach Auffassung des BAG ist eine Abmahnung gegenüber einem Betriebsratsmitglied wegen Verletzung arbeitsvertraglicher Pflichten infolge parteipolitischer Betätigung im Betrieb dann nicht zulässig, wenn das Betriebsratsmitglied nur in seiner Eigenschaft als Arbeitnehmer und Vertrauensmann seiner Gewerkschaft, nicht aber in seiner Eigenschaft als Betriebsratsmitglied tätig geworden ist und durch sein Verhalten Arbeitsablauf und Betriebsfrieden weder gestört noch gefährdet wurden.[175]
- unzulässiger Eingriff in die Leitungsmacht des Arbeitgebers
Nach dem BetrVG hat der Arbeitgeber die ausschließliche Organisations- und Leitungsmacht. Verstößt der Betriebsrat als Kollektivorgan hiergegen, kann der Arbeitgeber in besonders schweren Fällen einen Auflösungsantrag nach § 23 Abs. 1 BetrVG stellen. Selbiges gilt, wenn ein einzelnes Betriebsratsmitglied in die Leitung des Betriebs eingreift. Das Recht, eine Abmahnung wegen dieses Verhaltens auszusprechen, steht dem Arbeitgeber nicht zu.
- Teilnahme an Schulungsveranstaltungen nach § 37 Abs. 6 BetrVG
Die Teilnahme an einer nicht nach § 37 Abs. 6 BetrVG erforderlichen Schulungsveranstaltung kann eine Abmahnung nach sich ziehen. Dies soll – so das BAG – jedenfalls dann gelten, wenn bei sorgfältiger objektiver Prüfung für jeden Dritten ohne Weiteres erkennbar war, dass die Teilnahme an der Schulungsmaßnahme für dieses Betriebsratsmit-

---
173 DKKW-Wedde, § 37 BetrVG Rn. 32 jeweils m.w.N.
174 BAG v. 17.3.2010 – 7 ABR 95/08.
175 BAG v. 12.6.1986 – 6 ABR 67/84.

glied nicht erforderlich war und sich das Betriebsratsmitglied gleichwohl zur Teilnahme an der Schulungsmaßnahme entschlossen hat.[176]

d) Ansprüche des Betriebsrats auf Entfernung einer einem seiner Mitglieder erteilten Abmahnung aus der Personalakte

Das BAG[177] hat entschieden, dass dem Betriebsrat kein Anspruch auf Entfernung einer einem seiner Mitglieder erteilten Abmahnung aus der Personalakte zusteht, weil es sich bei dem Entfernungsanspruch um ein höchstpersönliches Recht des betroffenen Betriebsratsmitglieds handelt. Auch die Personalakten von Betriebsratsmitgliedern sind eine Sammlung von Urkunden und Vorgängen, die die persönlichen und dienstlichen Verhältnisse eines Mitarbeiters betreffen und in einem inneren Zusammenhang mit dem Arbeitsverhältnis stehen. Würde man dem Betriebsrat ein eigenständiges Recht auf »Bereinigung« der Personalakte zuerkennen, tangierte dies das durch Art. 1 und Art. 2 GG gewährleistete allgemeine Persönlichkeitsrecht des betroffenen Betriebsratsmitglieds. Ein solcher Anspruch kann deshalb nicht auf § 78 Satz 1 BetrVG gestützt werden. Selbst wenn die Abmahnung dem Betriebsratsmitglied (hier: seinem Vorsitzenden) zu Unrecht erteilt worden ist und der Betriebsrat – und sein Vorsitzender – damit in der Ausübung seiner Tätigkeit entgegen § 78 Satz 1 BetrVG gestört oder behindert worden wäre, trägt § 78 Satz 1 BetrVG jedenfalls keinen Anspruch des Betriebsrats auf Entfernung der Abmahnung. Der Betriebsrat ist im Fall einer Störung oder Behinderung seiner Tätigkeit verfahrensrechtlich nicht rechtlos gestellt. Er kann dem mit Unterlassungsbegehren – ggf. auch im Wege des einstweiligen Rechtsschutzes – begegnen.[178]

2. Abmahnung des Betriebsrats als Kollektivorgan

Ein Recht des Arbeitgebers, den Betriebsrat als Kollektivorgan abzumahnen, gibt es nach dem BetrVG nicht. Mahnt der Arbeitgeber den Betriebsrat dennoch ab, kann diese Abmahnung nur so verstanden werden, dass der Betriebsrat zur gesetzeskonformen und vertrauensvollen Zusammenarbeit gem. §§ 2, 74 BetrVG aufgefordert werden soll. Will der Arbeitge-

---

176 BAG v. 10.11.1993 – 7 AZR 682/92.
177 BAG v. 4.12.2013 – 7 ABR 7/12.
178 BAG v. 4.12.2013 a.a.O.

ber Pflichtverletzungen des Betriebsrats als Kollektivorgan sanktionieren, muss er dieses im Rahmen des Auflösungsverfahrens nach § 23 Abs. 1 BetrVG tun. Voraussetzung für die Auflösung des Betriebsrats ist neben einer groben Verletzung der gesetzlichen Pflichten ein ordnungsgemäßer Antrag des Arbeitgebers beim Arbeitsgericht.

3. Abmahnung gegenüber Auszubildenden

Im Berufsausbildungsverhältnis gilt, dass während der Probezeit jederzeit ohne Einhaltung einer Kündigungsfrist von Auszubildenden und Ausbilder gekündigt werden kann. Nach Ende der Probezeit kann das Ausbildungsverhältnis vom Ausbilder nur aus einem wichtigen Grund gekündigt werden (§ 22 Abs. 2 Nr. 1 BBiG). Die Kündigung aus einem wichtigen Grund ist allerdings dann unwirksam, wenn die ihr zugrunde liegenden Tatsachen dem zur Kündigung Berechtigten länger als zwei Wochen bekannt sind (§ 22 Abs. 4 BBiG).

Ob ein wichtiger Grund vorliegt, orientiert sich an § 626 BGB und setzt voraus, dass das Ausbildungsziel erheblich gefährdet und die Fortsetzung des Ausbildungsverhältnisses unzumutbar ist.[179] Dabei sind jedoch nicht die gleichen Maßstäbe wie bei einem erwachsenen Arbeitnehmer anzulegen, vielmehr sind ggf. das jugendliche Alter und die damit verbundene Unreife des Auszubildenden sowie auch der Ausbildungszweck des Vertragsverhältnisses zu berücksichtigen.[180] Die Kündigung des Ausbildungsverhältnisses ist in jedem Fall Ultima Ratio und erst nach Ausschöpfung aller pädagogischen Mittel und ggf. der Einschaltung des gesetzlichen Vertreters zulässig.

Aufgrund dieser hohen Anforderung ist eine Abmahnung erforderlich, wenn ein steuerbares Verhalten des Auszubildenden in Rede steht, weil dann grundsätzlich davon auszugehen ist, dass sein künftiges Verhalten schon durch die Androhung von Folgen für den Bestand des Ausbildungsverhältnisses positiv beeinflusst werden kann und dass das Vertrauen wiederhergestellt wird.[181] Davon ist vor allem dann auszugehen, wenn der Auszubildende mit vertretbaren Gründen annehmen konnte, sein Verhalten sei nicht vertragswidrig oder werde vom Ausbildenden nicht als ein erhebliches, den Bestand des Ausbildungsverhältnisses ge-

---
179 ErfK-Schlachter, § 22 BBiG Rn. 3.
180 LAG Köln v. 22. 1. 2013 – 11 Sa 783/12.
181 LAG Rheinland-Pfalz v. 25. 4. 2013 – 10 Sa 518/12.

Abmahnung in Sonderfällen

fährdendes Fehlverhalten angesehen.[182] Eine Abmahnung ist demnach erforderlich bei mangelnder Lernbereitschaft, unentschuldigtem Fehlen in der Berufsschule[183] oder bei mangelnder Bereitschaft zur Eingliederung in die betriebliche Ordnung.

Das BAG hat aber auch klargestellt, dass eine Abmahnung nicht stets schon dann Vorrang vor einer Kündigung hat, wenn eine Wiederholung des pflichtwidrigen Verhaltens aufgrund der Abmahnung nicht zu erwarten ist. Einer Abmahnung bedarf es nach Maßgabe des auch in § 314 Abs. 2 i. V. m. § 323 Abs. 2 BGB zum Ausdruck kommenden Verhältnismäßigkeitsgrundsatzes dann nicht, wenn bereits ex ante erkennbar ist, dass eine Verhaltensänderung in Zukunft auch nach Abmahnung nicht zu erwarten steht oder es sich um eine so schwere Pflichtverletzung handelt, dass selbst deren erstmalige Hinnahme dem Arbeitgeber nach objektiven Maßstäben unzumutbar und damit offensichtlich – auch für den Auszubildenden erkennbar – ausgeschlossen ist.[184] Daher ist eine Abmahnung bei besonders schwerwiegenden Verstößen des Auszubildenden grundsätzlich entbehrlich, weil in diesen Fällen regelmäßig davon auszugehen ist, dass das pflichtwidrige Verhalten das für ein Ausbildungsverhältnis notwendige Vertrauen auf Dauer zerstört hat.[185] Dies ist z. B. dann der Fall, wenn der Auszubildende, obwohl ihm die Gefährdung des Arbeitsverhältnisses klargemacht wird, jede Einsicht in die Tragweite seines Verhaltens vermissen lässt,[186] wenn die Rechtswidrigkeit für den Auszubildenden ohne Weiteres erkennbar war und eine Hinnahme des Verhaltens durch den Ausbildenden offensichtlich ausgeschlossen ist[187] oder der dringende Tatverdacht einer schwerwiegenden Pflichtverletzung des Auszubildenden vorliegt.[188]

> **Hinweis:**
> Bei minderjährigen Auszubildenden werden Kündigung und Abmahnung nur wirksam, wenn sie dem gesetzlichen Vertreter (in der Regel die Eltern)

---

182 BAG v. 1.7.1999 – 2 AZR 676/98.
183 ArbG Solingen v. 21.1.2014 – 3 Ca 862/13.
184 LAG Rheinland-Pfalz v. 25.4.2013 – 10 Sa 518/12 m.w.N.
185 BAG v. 1.7.1999 – 2 AZR 676/98.
186 LAG Köln v. 11.8.1995 – 12 Sa 426/95 zur Kündigung wegen rechtsradikaler Äußerungen.
187 BAG v. 1.7.1999 – 2 AZR 676/98 zur Kündigung wegen rassistischen Verhaltens, LAG Hamm v. 10.10.2012 – 3 Sa 644/12 zur Kündigung eines Berufsausbildungsverhältnisses wegen beleidigendem Eintrag auf Facebook.
188 BAG v. 12.2.2015 – 6 AZR 845/13 zur Verdachtskündigung eines Banklehrlings wegen Unterschlagung von E 500,–.

zugehen, d. h. entweder den Eltern ausgehändigt oder in deren Briefkasten eingeworfen werden. Der Zugang bei einem Elternteil genügt.

Beispiel für eine Abmahnung eines Auszubildenden:
»Sehr geehrter Auszubildender,
Sie haben am … und am … unentschuldigt in der Berufsschule gefehlt. Am … und am … sind Sie erst um 10:30 Uhr bzw. 10:45 Uhr und damit verspätet in der Ausbildungsstätte erschienen. Wir fordern Sie hiermit nachdrücklich auf, künftig Ihren Pflichten aus dem Ausbildungsverhältnis beanstandungsfrei nachzukommen, vor allem pünktlich zur betrieblichen Ausbildung und zum Berufsschulunterricht zu erscheinen. Sollten sich diese oder ähnliche Pflichtverletzungen wiederholen, müssen Sie mit der Kündigung Ihres Ausbildungsverhältnisses rechnen.

Mit freundlichen Grüßen
Arbeitgeber«

4. Abmahnung vor Änderungskündigung

Eine Abmahnung liegt vor, wenn der Arbeitgeber in einer für den Arbeitnehmer hinreichend deutlich erkennbaren Art und Weise Leistungsmängel beanstandet und damit den Hinweis verbindet, dass im Wiederholungsfalle der Inhalt oder der Bestand des Arbeitsverhältnisses gefährdet ist. Aufgrund der Bezugnahme auf den Inhalt des Arbeitsverhältnisses wird deutlich, dass eine Abmahnung auch vor einer Änderungskündigung auszusprechen ist, also auch dann, wenn nicht die Beendigung des Arbeitsverhältnisses, sondern die Änderung von Arbeitsbedingungen (Inhalt des Arbeitsvertrags) angestrebt wird. Nach ständiger Rechtsprechung des BAG ist daher auch für eine verhaltensbedingte Änderungskündigung grundsätzlich Voraussetzung, dass der Arbeitgeber das entsprechende Verhalten durch eine einschlägige Abmahnung gerügt hat.[189]

5. Abmahnung während der Probezeit

Zumeist wird in Arbeitsverträgen eine Probezeit vereinbart. Die gängigen Klauseln in Arbeitsverträgen lauten:

---

189 BAG v. 29. 5. 1985 – 7 AZR 251/84 m. w. N.

Abmahnung in Sonderfällen

»*Das Arbeitsverhältnis beginnt mit dem ... Die ersten sechs Monate gelten als Probezeit.*«

»*Das Arbeitsverhältnis beginnt mit dem ... Es wird eine Probezeit von sechs Monaten vereinbart.*«

Damit liegt ein unbefristetes Dauerarbeitsverhältnis mit vorgeschalteter Probezeit vor. Das bedeutet, dass bei Ablauf der vereinbarten Probezeit das Arbeitsverhältnis automatisch als unbefristetes Dauerarbeitsverhältnis fortbesteht. Die Dauer der Probezeit kann grundsätzlich frei vereinbart werden, da es keine gesetzliche Regelung gibt. Die Rechtsprechung geht davon aus, dass sich die Dauer der Probezeit nach der Art der Tätigkeit richtet. Ist diese eher einfach gelagert, ist für die Erprobung des Arbeitnehmers nicht so viel Zeit erforderlich. Hier ist eine Probezeit von 3–4 Monaten ausreichend. Bei komplizierteren Tätigkeiten kann eine Probezeit von 6–9 Monaten angemessen sein.

Regelmäßig wird eine Probezeit von sechs Monaten vereinbart. Das hängt mit der Wartezeit nach § 1 Abs. 1 KSchG zusammen. Diese Vorschrift besagt, dass der Schutz des KSchG gegenüber ordentlichen Kündigungen durch den Arbeitgeber erst dann entsteht, wenn das Arbeitsverhältnis in demselben Betrieb oder Unternehmen länger als sechs Monate bestanden hat. Mit anderen Worten: Innerhalb der ersten sechs Monate kann das Arbeitsverhältnis durch den Arbeitgeber ohne Angaben von Gründen gekündigt werden, er ist lediglich durch das Schikane- und Willkürverbot eingeschränkt. Daher wird in der Rechtsprechung die Auffassung vertreten, dass, wenn die sechsmonatige Wartezeit noch nicht abgelaufen ist, eine Abmahnung vor Ausspruch der Kündigung durch den Arbeitgeber nicht notwendig ist.[190] Dies soll nach einer Entscheidung des LAG Berlin-Brandenburg[191] aber nur für den Ausspruch einer ordentlichen, nicht auch für den einer außerordentlichen Kündigung während der Wartezeit des § 1 KSchG gelten. Bei einer außerordentlichen Kündigung wegen steuerbaren Verhaltens während der Probezeit sei – so das LAG – ebenfalls grundsätzlich davon auszugehen, dass sein künftiges Verhalten schon durch die Androhung von Folgen für den Bestand des Arbeitsverhältnisses positiv beeinflusst werden könne. Eine außerordentliche Kündigung wegen einer Vertragspflichtverletzung innerhalb der Wartezeit mach§ 1 KSchG setze deshalb auch regelmäßig eine Abmahnung voraus. Einer solchen bedürfe es lediglich dann nicht, wenn bereits ex ante erkennbar ist, dass eine Verhaltensänderung in Zukunft auch nach Abmahnung nicht zu

---

190 BAG v. 21.2.2001 – 2 AZR 579/99.
191 LAG Berlin-Brandenburg v. 12.3.2015 – 26 Sa 1910/14.

Abmahnung während der Probezeit

erwarten sei oder es sich um eine so schwere Pflichtverletzung handelt, dass selbst deren erstmalige Hinnahme dem Arbeitgeber nach objektiven Maßstäben unzumutbar und damit offensichtlich – auch für den Arbeitnehmer erkennbar – ausgeschlossen sei.[192]

Bei Ausspruch einer ordentlichen Kündigung während der Probezeit ist zu beachten, dass eine Abmahnung nur dann entbehrlich ist, wenn die verhaltensbedingte Kündigung noch innerhalb der Wartezeit des § 1 Abs. 1 KSchG ausgesprochen wird. Wird die verhaltensbedingte Kündigung erst nach Ablauf der Wartezeit ausgesprochen und sind regelmäßig mehr als zehn Arbeitnehmer im Betrieb beschäftigt (vgl. § 23 KSchG), ist die Kündigung auf ihre soziale Rechtfertigung hin zu überprüfen. Nach den oben unter Kapitel I. Ziffer 6 dargestellten Grundsätzen gehört bei einer verhaltensbedingten Kündigung zur sozialen Rechtfertigung eine negative Prognose. Diese ist, soweit ein gravierender Pflichtverstoß nicht vorliegt, regelmäßig dann gegeben, wenn der Arbeitnehmer nach einer Abmahnung seine arbeitsvertraglichen Pflichten gleicher oder ähnlicher Art erneut verletzt hat. Daher kann sich in diesem Fall eine Abmahnung nachträglich als erforderlich herausstellen. Insofern wäre es seitens des Arbeitgebers erforderlich, pflichtwidriges Verhalten auch schon während der Probezeit abzumahnen. Gleiches gilt, wenn eine Probezeit von mehr als sechs Monaten vereinbart ist. Auch hier ist nach sechs Monaten die Wartezeit des § 1 Abs. 1 KSchG abgelaufen und die Kündigung ist – trotz der fortwährenden Probezeit – auf ihre soziale Rechtfertigung hin zu überprüfen.

Hinweis 1:
Ist eine Probezeit vereinbart, gelten während dieser Zeit verkürzte gesetzliche Kündigungsfristen. In § 622 Abs. 3 BGB ist geregelt, dass während einer vereinbarten Probezeit, längstens aber für die Dauer von sechs Monaten, eine zweiwöchige Kündigungsfrist als vereinbart gilt. Diese Abkürzung der Kündigungsfrist tritt automatisch in Kraft; es bedarf insoweit keiner besonderen Vereinbarung. Diese Frist kann einzelvertraglich nicht verkürzt werden, wohl aber durch Tarifvertrag, vgl. § 622 Abs. 4 BGB.

Hinweis 2:
Ist in einem unbefristeten Arbeitsvertrag eine längere Probezeit als sechs Monate vereinbart, kann das Arbeitsverhältnis – nach Ablauf der Wartezeit von sechs Monaten und wenn im Betrieb mindestens elf Arbeitnehmer beschäftigt sind – nur wirksam gekündigt werden, wenn ein Kündigungs-

---
192 LAG Berlin-Brandenburg v. 12. 3. 2015 a. a. O.

grund nach § 1 Abs. 2 KSchG vorliegt. Bei einer verhaltensbedingten Kündigung gelten dann die allgemeinen Grundsätze, wonach grundsätzlich eine vorherige Abmahnung erforderlich ist Gleichzeitig verlängert sich die Kündigungsfrist gem. § 622 Abs. 1 BGB auf vier Wochen zum 15. oder zum Ende eines Kalendermonats.

Hinweis 3:
Obwohl während der Probezeit eine Abmahnung grundsätzlich nicht erforderlich ist, kann es aus Sicht des Arbeitgebers durchaus sinnvoll sein, den zu erprobenden Arbeitnehmer abzumahnen, vor allem dann, wenn die Probezeit kurz davor steht, abzulaufen. Hat der Arbeitnehmer eine solche Abmahnung während der Probezeit erhalten, muss er besonders aufpassen: Begeht er nach Ablauf der Probezeit einen vergleichbaren Verstoß gegen eine Vertragspflicht, kann die in der Probezeit ausgesprochene Abmahnung als Voraussetzung für die verhaltensbedingte Kündigung im Arbeitsverhältnis nach Ablauf der Probezeit genommen werden. Eine weitere Abmahnung ist dann nicht mehr erforderlich.

6. Abmahnung in befristeten Arbeitsverhältnissen

Auch ein befristetes Arbeitsverhältnis kann ordentlich gekündigt werden, wenn die Parteien dies vereinbart haben – was in der Praxis häufig vorkommt. Ist die ordentliche Kündigung im Arbeitsvertrag vereinbart, bedarf es vor Ausspruch einer verhaltensbedingten Kündigung der vorherigen wirksamen Abmahnung, denn das befristete Arbeitsverhältnis unterscheidet sich von einem unbefristeten Arbeitsverhältnis dann nur durch die vereinbarte Laufzeit.

7. Abmahnung in Kleinbetrieben

In einem Kleinbetrieb findet das KSchG keine Anwendung. Daher kann der Arbeitgeber hier unter Einhaltung der Kündigungsfrist und ohne Angabe von Gründen eine ordentliche Kündigung aussprechen, es sei denn, der Arbeitnehmer genießt besonderen Kündigungsschutz (z. B. Schwangere und Wöchnerinnen, § 9 MuSchG, Schwerbehinderte, §§ 168ff. SGB IX, Mitarbeiter in Elternzeit bzw. Elternteilzeit, § 18 BEEG).
Was ein Kleinbetrieb ist, wird in § 23 KSchG definiert. Nach § 23 Abs. 1 Satz 2 KSchG gelten die Bestimmungen des ersten Abschnitts des Kün-

digungsschutzgesetzes (§§ 1–14), die den allgemeinen Kündigungsschutz zum Inhalt haben, nicht für Verwaltungen und Betriebe, in denen in der Regel fünf oder weniger Arbeitnehmer – ohne den Auszubildenden – beschäftigt werden. Nach § 23 Abs. 1 Satz 3 KSchG gelten in Betrieben und Verwaltungen, in denen in der Regel zehn oder weniger Arbeitnehmer ausschließlich der zu ihrer Berufsausbildung Beschäftigten beschäftigt werden, die Vorschriften des ersten Abschnitts mit Ausnahme der §§ 4–7 und des § 13 Abs. 1 Satz 1 und 2 KSchG nicht für Arbeitnehmer, deren Arbeitsverhältnis nach dem 31.12.2003 begonnen hat. Ein Kleinbetrieb liegt also vor

- für Arbeitsverhältnisse, die bis zum 31.12.2003 geschlossen wurde, wenn der Betrieb in der Regel nicht mehr als fünf Mitarbeiter beschäftigt bzw.
- für Arbeitsverhältnisse, die ab dem 1.1.2004 geschlossen wurden, wenn der Betrieb in der Regel nicht mehr als zehn Mitarbeiter beschäftigt.

Bei der Anzahl der beschäftigten Arbeitnehmer werden Teilzeitkräfte mit bis zu 20 Wochenarbeitsstunden nur mit 0,5 und Teilzeitkräfte mit bis zu 30 Wochenarbeitsstunden mit 0,75 berücksichtigt.

In der Literatur wird zum Teil die Auffassung vertreten, dass das Abmahnungserfordernis auch in Kleinbetrieben zu bejahen ist – im Hinblick auf Sinn und Zweck der Abmahnung im Bereich des Kündigungsrechts und vor allem mit Rücksicht auf den vom Arbeitgeber unabhängig vom Eingreifen des KSchG zu wahrenden Grundsatz von Treu und Glauben. Das BAG hat dagegen entschieden, dass außerhalb des Anwendungsbereichs des KSchG die Wirksamkeit einer Kündigung aus Gründen, die in dem Verhalten des Arbeitnehmers liegen, in der Regel nicht voraussetzt, dass dem Arbeitnehmer zuvor eine vergebliche Abmahnung erteilt wurde. Eine vorherige vergebliche Abmahnung kann allenfalls nach Treu und Glauben (§ 242 BGB) dann geboten sein, wenn sich der Arbeitgeber andernfalls mit der Kündigung in Widerspruch zu seinem bisherigen Verhalten setzen würde.[193]

Das BAG hat aber auch klargestellt, dass in Kleinbetrieben ein Mindestkündigungsschutz gilt. Arbeitnehmer eines Kleinbetriebs sind vor einer sittenwidrigen und treuwidrigen Ausübung des Kündigungsrechts geschützt (§§ 138, 242 BGB). Eine Sitten- oder Treuwidrigkeit kann allerdings grundsätzlich nicht auf Tatsachen gestützt werden, die eine (bloße) Sozialwidrigkeit einer Kündigung im Anwendungsbereich des KSchG be-

---

193 BAG v. 23.4.2009 – 6 AZR 533/08; BAG v. 21.2.2001 – 2 AZR 579/99.

gründen würden. Der durch Treu und Glauben vermittelte Schutz darf nicht dazu führen, dass dem Kleinbetriebsinhaber praktisch die im KSchG vorgesehenen Maßstäbe der Sozialwidrigkeit auferlegt werden. In folgenden Fällen ist danach eine Kündigung im Kleinbetrieb unwirksam

- Verstoß gegen die guten Sitten
  z. B. Rachsucht, Kündigung wegen Krankheit, die der Arbeitgeber selbst herbeigeführt hat
- Treuwidrige Kündigung
  z. B. Kündigung, nachdem der Arbeitgeber dem Mitarbeiter ein Fehlverhalten verziehen hat; Kündigung zur Unzeit, etwa am Tag einer schweren Operation;[194] Kündigung in ehrverletzender Form, etwa vor versammelter Belegschaft; Kündigung, die Ihren Mitarbeiter wegen Geschlecht, Abstammung, Rasse oder Glauben diskriminiert; Kündigung als Maßregel, weil ein Mitarbeiter ihm zustehende Rechte geltend gemacht hat (z. B. in einem arbeitsgerichtlichen Verfahren); geringfügige Störung bei langjährigem Arbeitsverhältnis rechtfertigt ohne vorherige Abmahnung keine Kündigung
- Willkürkontrolle bei Auswahlentscheidungen
  Bei einer betriebsbedingten Kündigung ist ein Mindestmaß an sozialer Rücksichtnahme zu wahren. Danach darf der Arbeitgeber einen gemäß der Sozialdaten erheblich schutzwürdigeren Mitarbeiter nicht ohne berechtigte Interessen vor einem weniger schutzwürdigen Mitarbeiter kündigen.[195]

Das LAG Berlin-Brandenburg[196] hat hierzu festgestellt, dass das Erfordernis, vor Ausspruch einer ordentlichen Kündigung eine Abmahnung zu erteilen, im Kleinbetrieb (wie auch während der Wartezeit des § 1 KSchG) in der Regel keine Anwendung fände, dieses aber nur für den Ausspruch einer ordentlichen, nicht auch für den einer außerordentlichen Kündigung gelte. Wenn also die Vertragspflichtverletzung auf steuerbarem Verhalten des Arbeitnehmers beruht, ist auch im Kleinbetrieb der Arbeitnehmer vor Ausspruch der außerordentlichen Kündigung abzumahnen.[197]

> **Fazit:**
> In einem Kleinbetrieb gilt das KSchG nicht. Eine Abmahnung ist daher vor Ausspruch einer ordentlichen verhaltensbedingten Kündigung in aller Re-

---

194 LAG Bremen v. 29.10.1985 – 4 Sa 151/85.
195 BAG v. 21.2.2001 – 2 AZR 15/00; BAG v. 6.2.2003 – 2 AZR 672/01.
196 LAG Berlin-Brandenburg v. 12.3.2015 – 26 Sa 1910/14.
197 LAG Berlin-Brandenburg v. 12.3.2015 a. a. O.

gel nicht erforderlich. Arbeitnehmer eines Kleinbetriebs genießen aber Mindestkündigungsschutz vor willkürlichen, widersprüchlichen oder auf sachfremden Motiven beruhenden Kündigungen. Vor Ausspruch einer außerordentlichen Kündigung ist eine Abmahnung grundsätzlich erforderlich.

8. Abmahnung in Tendenzbetrieben

Tendenzbetriebe sind Unternehmen und Betriebe, dessen geistig-ideelle Zielrichtung unmittelbar und überwiegend politischen, konfessionellen, wissenschaftlichen und ähnlichen Bestimmungen oder Zwecken der Berichterstattung oder Meinungsäußerung dient und auf das die Vorschriften des Betriebsverfassungsgesetzes nur eingeschränkt angewendet werden. Rechtsgrundlage ist § 118 BetrVG. In Tendenzbetrieben gilt das BetrVG nur eingeschränkt. Im Bereich der Religionsgemeinschaften und deren Einrichtungen findet das BetrVG keinerlei Anwendung.
Tendenzbetriebe sind z. B.
- Parteien (politisch),
- Einrichtungen der Gewerkschaften oder Arbeitgeberverbände (koalitionspolitisch),
- Missionsvereine, christliche Jugend-, Frauen- oder Männervereine (konfessionell),
- Einrichtungen des Deutschen Roten Kreuzes, der Arbeiterwohlfahrt (karitativ),
- Privatschulen, Berufsbildungswerke (erzieherisch),
- Forschungsinstitute, wissenschaftliche Bibliotheken (wissenschaftlich),
- Theater, Orchester (künstlerisch),
- Presseunternehmen, Nachrichtenagenturen, Rundfunk- und Fernsehanstalten, Verlage (Berichterstattung/Meinungsäußerung)

Der Begriff des Tendenzträgers ist gesetzlich nicht definiert. Nach der ständigen Rechtsprechung des BAG ist Tendenzträger in einem Tendenzunternehmen ein Arbeitnehmer, der tendenzbezogene Aufgaben wahrnimmt. Nicht zu den sog. Tendenzträgern zählen solche Arbeitnehmer eines Tendenzbetriebs, die keine tendenzbezogenen Aufgaben wahrzunehmen haben. Welche Arbeitnehmer Tendenzträger sind, hängt weitgehend von den Verhältnissen des einzelnen Tendenzbetriebs ab. Der Tendenzträger muss in verantwortlicher Stellung tätig sein und unmittelbar einen maßgeblichen Einfluss auf die Tendenzverwirklichung haben. Daran fehlt es, wenn sein Gestaltungsspielraum stark eingeschränkt ist. Unschädlich ist allerdings, wenn der Tendenzträger im Einzelfall nach vorgegebenen allgemeinen Richtlinien und Weisungen arbeiten muss.[198]

Arbeitnehmer, die bestimmte Tätigkeiten verrichten, die unabhängig von der Eigenart des Tendenzbetriebs in jedem Betrieb anfallen, werden von der Eigenart des Tendenzbetriebs nicht berührt. Dies gilt z. B. für Stenotypistin, Sekretärin, Buchhalter, Bürogehilfin, Registratoren, Lagerarbeiter usw.[199]

Ist ein Arbeitnehmer Tendenzträger, hat das Auswirkungen auf seine arbeitsvertraglichen Rechte und Pflichten. Ein Tendenzträger ist verpflichtet, sowohl bei seiner Arbeitsleistung, als auch im außerbetrieblichen Bereich nicht gegen die Tendenz des Unternehmens zu verstoßen. Von ihm kann vor allem während seiner Tätigkeit eine gewisse Zurückhaltung bei solchen Betätigungen verlangt werden, die der Tendenz des Unternehmens nachhaltig zuwiderlaufen und damit betriebliche Interessen des Unternehmens erheblich berühren. Bei einem Verstoß gegen die aus dem Arbeitsverhältnis fließenden Pflichten kann sowohl eine verhaltensbedingte, als auch eine personenbedingte Kündigung wegen tendenzbezogener Leistungsmängel sozial gerechtfertigt sein.[200] Grundsätzlich bleibt hierbei allerdings die vorherige Abmahnung des Tendenzträgers erforderlich. Nur bei schwerwiegenden Verstößen gegen die Tendenz kann ausnahmsweise auch eine außerordentliche Kündigung aus wichtigem Grund – auch ohne Abmahnung – in Betracht kommen. Dies gilt besonders für Verstöße, bei denen der Tendenzträger offensichtlich und erheblich gegen die der unternehmerischen Betätigung zugrunde liegenden Grundrechts- und Verfassungswerte verstößt und deshalb nicht mit einer entsprechenden Billigung seiner Handlung durch den Tendenzarbeitgeber rechnen kann.[201] Ein solcher schwerwiegender Verstoß liegt z. B. bei einer erneuten Heirat eines nach kirchlichem Verständnis verheirateten katholischen Chefarztes in einem katholischen Krankenhaus vor. Das BAG hat aber festgestellt, dass auch bei einem schweren und ernsten Verstoß gegen die Loyalitätsanforderungen der kirchlichen Einrichtung und bei Ausspruch einer Kündigungen wegen Enttäuschung der berechtigten Loyalitätserwartungen eines kirchlichen Arbeitgebers stets eine Interessenabwägung erforderlich ist, die die Umstände des konkreten Einzelfalls berücksichtigt. Dabei kam das Gericht hier zu dem Ergebnis, dass dem

---

198 BAG v. 28. 8. 2003 – 2 ABR 48/02 m. w. N.
199 Fitting, § 118 BetrVG Rn. 34.
200 Vgl. auch DDZ-Deinert, KSchG Einleitung Rn. 91 ff. und §°1 Rn. 228.
201 BAG v. 28. 8. 2003 – 2 ABR 48/02; BVerfG v. 14. 1. 2008 – 1 BvR 273/03.

Arbeitgeber die Weiterbeschäftigung des Arbeitnehmers zumutbar und die Kündigung deshalb unwirksam ist. Im konkreten Fall überwog nämlich das Recht des Arbeitnehmers auf Achtung seines Privat- und Familienlebens das Selbstverständnis des kirchlichen Arbeitgebers.[202]

Eine Kündigung oder Abmahnung kommt nicht in Betracht, wenn der behauptete Tendenzverstoß weder eine kollektive oder arbeitsvertragliche Regelung noch eine Satzungsbestimmung oder Richtlinie, die den Tendenzträger verpflichten, berührt.

Fazit:
Bei einer verhaltensbedingten Kündigung eines Tendenzträgers bedarf es grundsätzlich einer vorherigen Abmahnung. Nur wenn der Arbeitnehmer offensichtlich und erheblich gegen seine tendenzbezogenen Pflichten verstoßen hat, kann eine außerordentliche Kündigung aus wichtigem Grund auch ohne Abmahnung gerechtfertigt sein.

9. Abmahnung während Kündigungsverbot nach MuSchG, BEEG und PflegeZG

Die Kündigung gegenüber einer Frau während der Schwangerschaft und bis zum Ablauf von vier Monaten nach der Entbindung ist unzulässig, wenn dem Arbeitgeber zur Zeit der Kündigung die Schwangerschaft oder Entbindung bekannt war oder innerhalb von zwei Wochen nach Zugang der Kündigung mitgeteilt wird (§ 9 MuSchG).

Ein Arbeitgeber darf zudem das Arbeitsverhältnis mit einem Arbeitnehmer oder einer Arbeitnehmerin ab dem Zeitpunkt, von dem an Elternzeit verlangt worden ist, höchstens jedoch acht Wochen vor Beginn der Elternzeit und während der Elternzeit nicht kündigen (§ 18 Abs. 1 Satz 1 BEEG). Der Kündigungsschutz gilt auch für Arbeitnehmer, die während der Elternzeit bei demselben Arbeitgeber in Teilzeit tätig sind oder keine Elternzeit in Anspruch zu nehmen, Teilzeitarbeit leisten und Anspruch auf Elterngeld haben (§ 18 Abs. 2 BEEG). Auch das PflegeZG enthält einen besonderen gesetzlichen Kündigungsschutz für Arbeitnehmer, wenn diese ihre nahen Angehörigen pflegen. Gemäß § 5 Abs. 1 PflegeZG darf der Arbeitgeber das Beschäftigungsverhältnis von der Ankündigung bis zur Beendigung der kurzzeitigen Arbeitsverhinderung nach § 2 PflegeZG

---

202 BAG v. 8. 9. 2011 – 2 AZR 543/10.

Abmahnung in Sonderfällen

oder der bis zu sechsmonatigen Pflegezeit nach § 3 PflegeZG nicht kündigen.

Zweck von § 9 MuSchG ist es, der Arbeitnehmerin während der Mutterschutzzeit ihren Arbeitsplatz und die wirtschaftliche Existenzgrundlage zu erhalten und die Gesundheit von Mutter und Kind vor seelischen Zusatzbelastungen durch einen Kündigungsprozess zu schützen.[203] Das BEEG soll die Betreuung und Erziehung eines Kindes in den ersten Lebensjahren durch einen Elternteil fördern. Zur Erreichung des Normzwecks erhalten Arbeitnehmer ein privatrechtliches Recht auf Elternzeit, dass in Form der Anmeldung unbezahlter (Teil-)Freistellung von der Arbeit realisiert wird. Das Elterngeld sichert während der Zeit die wirtschaftliche Existenz.[204] Die Kündigungsschutzbestimmung des § 18 BEEG enthält Parallelen zu § 9 MuSchG. Pflegezeit und Pflegeteilzeit sind an die Regelung der Eltern-(teil-)zeit in § 15f. BEEG angelehnt.[205] Das Pflegezeitgesetz soll Beschäftigten die Pflege und Sterbebegleitung naher Angehöriger in häuslicher Umgebung ermöglichen.

Leistet der Arbeitnehmer während des Schutzzeitraums Teilzeitarbeit und begeht dabei eine vorwerfbare Pflichtverletzung, muss der Arbeitgeber das Recht haben, den Pflichtverstoß durch Abmahnung zu rügen. Aber auch bei einer vollen Freistellung wird überwiegend die Ansicht vertreten, der Schutzzweck all dieser Vorschriften werde durch eine Abmahnung nicht infrage gestellt, es liege allein an dem hiervon betroffenen Arbeitnehmer, die durch die Abmahnung hervorgerufene Bestandsgefährdung des Arbeitsverhältnisses durch vertragsgerechtes Verhalten nach Arbeitsaufnahme auszuschließen. Infolge des absoluten Kündigungsschutzes müsse der Arbeitnehmer nicht damit rechnen, dass nach erfolgter Abmahnung und vor Beendigung des Schutzzeitraums im Falle des Bekanntwerdens einer weiteren Pflichtverletzung die Beendigung des Arbeitsverhältnisses in die Wege geleitet werde.[206] Allerdings kann der Arbeitgeber nicht unmittelbar nach Ende der Schutzzeit eine Kündigung aussprechen, denn dem Arbeitnehmer sind nach Wiederaufnahme seiner Tätigkeit ausreichend Zeit und Gelegenheit zu geben, sein Verhalten zu ändern und sich zu bewähren.

---

203 BAG v. 26.4.1956 – GS 1/56.
204 ErfK-Gallner, § 15 BEEG Rn. 2.
205 ErfK-Gallner, § 1 PflegeZG Rn. 2.
206 Beckerle, Die Abmahnung m.w.N.

10. Abmahnung im öffentlichen Dienst

Im öffentlichen Dienst ist zwischen Arbeitnehmern und Beamten zu differenzieren.

a) Arbeitnehmer im öffentlichen Dienst

Arbeitnehmer im öffentlichen Dienst können – wie Arbeitnehmer in der Privatwirtschaft – für Verletzungen der arbeitsvertraglichen Haupt- oder Nebenpflichten von ihrem Arbeitgeber abgemahnt werden.
Für den öffentlichen Dienst war in § 13 Abs. 2 BAT geregelt, dass der Angestellte über Beschwerden und Behauptungen tatsächlicher Art, die für ihn ungünstig sind oder ihm nachteilig werden können, vor Aufnahme in die Personalakten gehört werden muss und seine Äußerung zu den Personalakten zu nehmen ist. Diese Regelung hatte vor allem im Zusammenhang mit Abmahnungen eine große praktische Bedeutung.
Die Nachfolgeregelung zu den Personalakten in § 3 Abs. 6 TV-L ist inhaltsgleich, sodass sich insoweit die Rechtslage nicht geändert hat. Nimmt der Arbeitgeber des öffentlichen Dienstes eine Abmahnung ohne vorherige Anhörung des Beschäftigten zu den Personalakten, hat der Angestellte einen Anspruch auf Entfernung der Abmahnung aus den Personalakten.[207] Der Verstoß gegen das rechtliche Gehör kann nicht durch eine nachträgliche Anhörung des Arbeitnehmers in Form der Übersendung des zu den Akten genommenen Abmahnungsschreibens geheilt werden. Ebenso wenig muss sich der Arbeitnehmer auf sein Recht zur Gegendarstellung oder auf sein Recht zur Überprüfung der inhaltlichen Richtigkeit verweisen lassen. Die Abmahnung ist zunächst bis zur Anhörung aus der Personalakte zu entfernen; nach entsprechender Würdigung des Vorbringens des Arbeitnehmers kann der Vorgang dann ggf. wieder zu den Akten genommen werden. Aus der formellen Unwirksamkeit und dem hieraus folgenden Entfernungsanspruch folgt aber nicht, dass die Abmahnung ihre Warnfunktion verliert und damit kündigungsrechtlich nicht mehr verwertbar ist. Das BAG hat insoweit – für den damals geltenden § 13 BAT – festgestellt, dass eine wegen Nichtanhörung des Arbeitnehmers formell unwirksame Abmahnung vor einer verhaltensbedingten Kündigung nach § 1 Abs. 2 KSchG regelmäßig die erforderliche Warnfunktion entfaltet.[208]

---

207 BAG v. 16.11.1989 – 6 AZR 64/88.
208 BAG v. 21.5.1992 – 2 AZR 551/91.

Abmahnung in Sonderfällen

Zu beachten ist zudem, dass in einigen Landespersonalvertretungsgesetzen dem Personalrat ein Beteiligungsrecht vor Ausspruch der Abmahnung eingeräumt wird (siehe hierzu Kapitel V. Ziff. 2). In § 3 Abs. 5 TVöD findet sich diese Regelung zur Anhörung nicht mehr. Allerdings ist auch hier anerkannt, dass sich aus den Rücksichtnahmepflichten des Arbeitgebers nach § 242 BGB der Anspruch des Arbeitnehmers auf rechtliches Gehör herleitet. Hierzu gehört auch die Abmahnung. Das bedeutet jedoch nicht, dass der Anspruch auf rechtliches Gehör stets verletzt ist, wenn der Arbeitgeber eine Pflichtverletzung abmahnt, ohne den Arbeitnehmer zuvor zu dem Abmahnungssachverhalt angehört zu haben. Vielmehr gelten diesbezüglich auch im Arbeitsrecht des öffentlichen Dienstes die allgemeinen arbeitsrechtlichen Grundsätze: Es kommt auf die Art der Pflichtverletzung und die sonstigen Umstände des Einzelfalls an, z. B. darauf, ob der Sachverhalt eindeutig oder noch klärungsbedürftig ist. Ein Anspruch auf Entfernung der Abmahnung aus der Personalakte ergibt sich daher nicht – wie im Geltungsbereich des BAT und TV-L – schon deswegen, weil die Anhörung unterblieben ist oder formal nicht ordnungsgemäß erfolgte. Eine etwaige Gegendarstellung des Arbeitnehmers muss aber – ebenso wie die Abmahnung selbst – zu den Personalakten genommen werden.

b) Beamte

Der Beamte steht in einem besonderen Treueverhältnis zu seinem Dienstherrn. Wenn der Beamte schuldhaft die ihm obliegenden Pflichten verletzt, liegt ein Dienstvergehen vor. Außerhalb des Dienstes ist dies nur dann ein Dienstvergehen, wenn die Pflichtverletzung nach den Umständen des Einzelfalls in besonderem Maße geeignet ist, das Vertrauen in einer für sein Amt oder das Ansehen des Beamtentums bedeutsamen Weise zu beeinträchtigen (z. B. bei anhängigem Strafverfahren/Bußgeldverfahren), vgl. § 77 Abs. 1 BBG.

Werden Tatsachen bekannt, die den Verdacht eines Dienstvergehens rechtfertigen, veranlasst der Dienstvorgesetzte die zur Aufklärung des Sachverhalts erforderlichen Vorermittlungen. Nach Abschluss der Ermittlungen muss der Dienstvorgesetzte nach pflichtgemäßem Ermessen entscheiden, ob das Disziplinarverfahren einzustellen oder ein förmliches Disziplinarverfahren einzuleiten ist. Der Beamte ist über die Einleitung des Disziplinarverfahrens zu unterrichten. Er muss darüber informiert werden, welches Dienstvergehen ihm zur Last gelegt wird. Er ist gleichzeitig darauf hinzuweisen, dass es ihm freisteht, sich mündlich oder schriftlich zu äußern oder nicht zur Sache auszusagen und sich jederzeit eines Bevollmächtigten oder Beistands zu bedienen.

Der Katalog möglicher Disziplinarmaßnahmen ist in §§ 6–12 BDG genau festgelegt. Der Ausspruch einer Abmahnung ist nicht vorgesehen. Mögliche Maßnahmen sind:
- Verweis
- Geldbuße
- Kürzung der Dienstbezüge
- Kürzung des Ruhegehalts
- Versetzung in ein Amt derselben Laufbahn mit geringerem Endgrundgehalt (Zurückstufung)
- Entfernung aus dem Dienst
- Aberkennung des Ruhegehalts

Die Disziplinarmaßnahmen Verweis, Geldbuße, Kürzung der Dienstbezüge oder des Ruhegehaltes werden mit einer Disziplinarverfügung ausgesprochen, die dem Beamten zuzustellen ist. Der Beamte kann hiergegen Anfechtungsklage beim Verwaltungsgericht erheben. Sofern eine höhere Disziplinarmaßnahme für erforderlich gehalten wird, wird Disziplinarklage bei der Disziplinarkammer des Verwaltungsgerichts erhoben. Das Verwaltungsgericht kann die Disziplinarmaßnahmen Zurückstufung, Entfernung aus dem Beamtenverhältnis oder Aberkennung des Ruhegehalts aussprechen. Die Entscheidung über eine Disziplinarmaßnahme ergeht nach pflichtgemäßem Ermessen. Die Disziplinarmaßnahme ist nach der Schwere des Dienstvergehens zu bemessen. Das Persönlichkeitsbild des Beamten ist angemessen zu berücksichtigen. Ferner soll berücksichtigt werden, in welchem Umfang der Beamte das Vertrauen des Dienstherrn oder der Allgemeinheit beeinträchtigt hat, vgl. § 13 BDG.

IV. Vorgehen des Arbeitnehmers gegen Abmahnung/Rechtsschutzmöglichkeit des Arbeitnehmers

Der Arbeitnehmer hat mehrere Möglichkeiten, wie er gegen eine Abmahnung, die er für unberechtigt hält, vorgehen kann. Zunächst kann er gem. § 83 Abs. 1 BetrVG auch in einem betriebsratslosen Betrieb *Einsicht in die Personalakte* nehmen und gem. § 83 Abs. 2 BetrVG zum Inhalt der Personalakte Erklärungen beifügen. Daher kann er zu der Abmahnung eine Gegendarstellung fertigen, die der Arbeitgeber auch dann zur Personalakte nehmen muss, wenn er mit dem Inhalt der Gegendarstellung nicht einverstanden ist. Das Recht auf Einsicht in die Personalakte und auf die Aufnahme von Erklärungen des Arbeitnehmers in diese sind nach § 83 Abs. 1 Satz 1 und Abs. 2 BetrVG individualrechtlicher Natur. Als Teil der Fürsorgepflicht des Arbeitgebers gelten diese Rechte auch für Arbeitnehmer in nicht betriebsratsfähigen oder betriebsratslosen Betrieben.[209] Daneben hat der Arbeitnehmer gem. § 84 Abs. 1 BetrVG das Recht, sich bei der zuständigen Stelle des Betriebs zu beschweren. Der Arbeitgeber muss die *Berechtigung der Beschwerde* prüfen und ihr ggf. abhelfen, § 84 Abs. 2 BetrVG. Besteht ein Betriebsrat, ist in § 85 Abs. 1 BetrVG geregelt, dass sich der Arbeitnehmer mit seiner Beschwerde gegen eine Abmahnung auch an diesen wenden kann. Hält der Betriebsrat die Abmahnung für unwirksam und die Beschwerde für berechtigt, muss er sich an den Arbeitgeber wenden und darauf hinwirken, dass dieser der Beschwerde abhilft. Schließlich kann der Arbeitnehmer die Rechtswirksamkeit der Abmahnung auch gerichtlich überprüfen lassen und Klage auf Entfernung der Abmahnung aus der Personalakte einreichen.
Zu den dargestellte Handlungsmöglichkeiten im Einzelnen:

---

209 Fitting, § 83 BetrVG Rn. 1; DKKW-Buschman, § 83 BetrVG Rn. 2.

1. Einsichtnahme in die Personalakte gem. § 83 Abs. 1 BetrVG

Jeder Arbeitnehmer hat das Recht, in die über ihn geführten Personalakten Einsicht zu nehmen (zur Personalakte vgl. Kapitel VIII.). Der Anspruch ergibt sich aus § 241 Abs. 2 BGB i. V. m. Art. 2 Abs. 1 und Art. 1 Abs. 1 GG. Gemäß § 83 Abs. 1 Satz 2 BetrVG kann der Arbeitnehmer bei der Einsichtnahme ein Mitglied des Betriebsrats hinzuziehen. Ein schwerbehinderter Arbeitnehmer ist gem. § 178 Abs. 3 SGB IX berechtigt, ein Mitglied der Schwerbehindertenvertretung hinzuzuziehen, das einer besonderen Verschwiegenheitspflicht über den Inhalt der Personalakte unterliegt.

Das Recht auf Einsichtnahme besteht auch nach Beendigung des Arbeitsverhältnisses fort. Aus der Ausstrahlung des allgemeinen Persönlichkeitsrechts des Arbeitnehmers in Schutz- und Rücksichtnahmepflichten des Arbeitgebers gem. § 241 Abs. 2 BGB folgt auch die Pflicht des Arbeitgebers, keine unrichtigen Daten über den Arbeitnehmer aufzubewahren. Dieser nachvertragliche Anspruch in seine vom ehemaligen Arbeitgeber weiter aufbewahrte Personalakte setzt nicht voraus, dass der Arbeitnehmer ein konkretes berechtigtes Interesse darlegt. Der Arbeitnehmer kann seine über das Ende des Arbeitsverhältnisses hinaus fortbestehenden Rechte auf Beseitigung oder Korrektur unrichtiger Daten in seiner Personalakte nur geltend machen, wenn er von deren Inhalt Kenntnis hat. Schon das begründet ein Einsichtsrecht.[210]

Das Personalakteneinsichtsrecht unterliegt keinen besonderen Erfordernissen zur Geltendmachung. Es ist »Ausfluss« des fortlaufend zu beachtenden Persönlichkeitsrechts und unterliegt damit als absolutes Recht auch keiner Ausschlussfrist.[211]

2. Gegendarstellung gem. § 83 Abs. 1 BetrVG zu der Personalakte reichen

a) Anspruchsgrundlage

Jeder Arbeitnehmer hat nach § 83 Abs. 2 BetrVG das Recht, Erklärungen zum Inhalt der Personalakte abzugeben. Dieses Recht auf Einsicht und

---

[210] BAG v. 16.11.2010 – 9 AZR 573/09.
[211] So schon BAG v. 15.7.1987 – 5 AZR 215/86; BAG v. 16.11.2010 – 9 AZR 573/09.

Vorgehen des Arbeitnehmers gegen Abmahnung

Abgabe von Erklärungen zur Personalakte hat ausschließlich individualrechtlichen Charakter, es gilt daher auch in betriebsratslosen oder nicht einmal betriebsratsfähigen Betrieben.[212] Nach dem Wortlaut der Norm besteht der Anspruch nur bei gegebener Arbeitnehmereigenschaft. Für Personen, die nicht unter das BetrVG fallen, gilt § 83 BetrVG also nicht. Hier ergibt sich ein entsprechender Anspruch aber aus den vertraglichen Nebenpflichten, sodass die Beschränkung der Vorschrift ohne größere Bedeutung ist. Für leitende Angestellte ergibt sich der Anspruch aus § 26 Abs. 2 SprAuG. Diese Norm ist *§ 83 BetrVG* wortgleich nachgebildet und hat deshalb den gleichen Regelungsinhalt.[213]

Das Recht des Arbeitnehmers korrespondiert mit der Verpflichtung des Arbeitgebers, die Gegendarstellung zur Personalakte zu nehmen. Diese Pflicht besteht auch dann, wenn der Arbeitgeber mit dem Inhalt der Gegendarstellung nicht einverstanden ist und sie für unzutreffend ansieht.[214] Die Gegendarstellung darf erst zusammen mit der Abmahnung aus der Personalakte entfernt werden.

b) Inhalt der Gegendarstellung

In der Gegendarstellung kann der Arbeitnehmer zu dem gerügten Sachverhalt Stellung nehmen. Dabei kann er entweder den Abmahnungssachverhalt aus seiner eigenen Sicht darstellen oder die Punkte anführen, die darlegen, dass sein Verhalten gerechtfertigt war oder belegen, dass die Pflichtverletzung nicht so gravierend war wie vom Arbeitgeber geschildert. Es ist darauf zu achten, dass die Stellungnahme in sachlicher Art und Weise erfolgt. Der Arbeitnehmer sollte bei der Formulierung der Gegendarstellung bedenken, dass er in einem späteren Kündigungsschutzprozess auf die Angaben in seiner Gegendarstellung festgelegt ist. Er sollte daher in seiner Gegendarstellung nur beweisbare Tatsachen anführen. Um seine Ausführungen zu belegen hat er auch das Recht, die dazu erforderlichen Unterlagen der Personalakte beizulegen, wie z. B. Erklärungen anderer Arbeitnehmer zu einem bestimmten Vorgang.[215] Vor allem sollte die Gegendarstellung kein Schuldeingeständnis enthalten – auch kein indirektes.

Letztendlich wird die inhaltliche Ausgestaltung der Gegendarstellung zum einen davon abhängen, ob der Arbeitnehmer die in der Abmahnung

---

212 DKKW-Buschmann, § 83 BetrVG Rn. 2.
213 BAG v. 16.11.2010 – 9 AZR 573/09.
214 DKKW-Buschmann, § 83 BetrVG Rn. 20 m. w. N.
215 DKKW-Buschmann, § 83 BetrVG Rn. 20.

vorgeworfene Pflichtverletzung tatsächlich begangen hat oder nicht. Zum anderen wird sie davon abhängen, ob, wenn eine Pflichtverletzung objektiv vorlag, die Abmahnung unwirksam ist, weil sie nicht den von der Rechtsprechung entwickelten Anforderungen (Rüge- und Warnfunktion etc.) entspricht oder unter sonstigen Mängeln leidet.

Sofern der in der Abmahnung gerügte Pflichtverstoß vorliegt und die Abmahnung lediglich an formalen Mängeln leidet, sollten Rechtfertigungs- bzw. Entschuldigungsgründe vorgetragen werden. Gibt es solche nicht, sollte der Arbeitnehmer zumindest das sich aus der Abmahnung ergebende negative Bild des Arbeitgebers korrigieren. Keinesfalls sollte in der Gegendarstellung auf die formalen Mängel hingewiesen werden. Denn damit gibt der Arbeitnehmer dem Arbeitgeber nur die Möglichkeit, den formalen Fehler zu beheben und eine zweite Nachfolgeabmahnung auszusprechen, die den Erfordernissen der Rechtsprechung an eine ordnungsgemäße Abmahnung entspricht. Auf eine entsprechend korrigierte Abmahnung kann sich der Arbeitgeber dann in einem Kündigungsschutzprozess berufen. Bleibt die formal fehlerhafte Abmahnung jedoch in der Personalakte, kann sich der Arbeitnehmer in einem späteren Kündigungsschutzprozess darauf berufen, dass die Abmahnung unwirksam und der verhaltensbedingten Kündigung daher nicht die erforderliche Abmahnung vorausgegangen ist.

Ist die Abmahnung unberechtigt, weil der Pflichtverstoß objektiv nicht vorliegt, sollte der Sachverhalt aus Sicht des Arbeitnehmers geschildert werden. Mit der Gegendarstellung sollte der Arbeitnehmer dann auch die Aufforderung verbinden, die unberechtigte Abmahnung aus der Personalakte zu entfernen.

c) Fristen und Verwirkung

Es gibt keine Frist, innerhalb der ein Arbeitnehmer eine Gegendarstellung zu der erhaltenen Abmahnung abgeben muss. Den Arbeitnehmer trifft nämlich keine Obliegenheit, zu einer Abmahnung überhaupt irgendwelche Erklärungen abzugeben, unabhängig davon, ob diese berechtigt oder unberechtigt ist. So lange sich die unberechtigte Abmahnung in der Personalakte befindet, ist der Arbeitnehmer aber in seinen Persönlichkeitsrechten verletzt und wird in seinem beruflichen Fortkommen behindert, deshalb kann er jederzeit nach Ausspruch der Abmahnung eine Gegendarstellung zur Personalakte reichen.

Eine Frist zur Abgabe einer Gegendarstellung folgt auch nicht aus arbeitsvertraglichen oder tarifvertraglichen Ausschlussfristen: Die Verletzung des Persönlichkeitsrechts, die durch eine unberechtigte Abmahnung ver-

Vorgehen des Arbeitnehmers gegen Abmahnung

ursacht wird, dauert weiter an, solange der Arbeitgeber an der Berechtigung der Abmahnung festhält. Solange aber muss es dem Arbeitnehmer erlaubt sein, eine Gegendarstellung abzugeben. Dennoch empfiehlt es sich für den Arbeitnehmer, die Gegendarstellung möglichst zeitnah, wenn der Abmahnungssachverhalt und etwaige Rechtsfertigungs- oder Entschuldigungsgründe noch in guter Erinnerung sind, zu verfassen.

d) Zweck der Gegendarstellung

Da eine einschlägige Abmahnung als Grundlage für eine spätere verhaltensbedingten Kündigung dient, ist es für den Arbeitnehmer wichtig, bei einer zu Unrecht ausgesprochenen Abmahnung den unberechtigten Vorwurf der Pflichtverletzung zu beseitigen. Dasselbe gilt, wenn der Pflichtverstoß tatsächlich vorliegt, der Arbeitgeber aber die beim Arbeitnehmer vorliegenden Rechtfertigungs- oder Entschuldigungsgründe nicht berücksichtigt hat. Der Vorteil der Gegendarstellung liegt darin, dass der Arbeitnehmer dem Arbeitgeber signalisieren kann, dass er mit der erteilten Abmahnung nicht einverstanden ist, ohne dass er das – aufgrund der Abmahnung ohnehin angespannte – Arbeitsverhältnis zusätzlich durch eine Klage auf Entfernung der Abmahnung belastet.

> **Hinweis:**
> Der Arbeitgeber hat im Falle einer späteren Kündigung die sich in der Personalakte befindende Gegendarstellung, dem Betriebsrat bei der vorzunehmenden Betriebsratsanhörung nach § 102 BetrVG vorzulegen. Unterlässt er dieses, ist die Anhörung fehlerhaft.

Die Gegendarstellung muss sich auf die individuelle Abmahnung beziehen. Im Kapitel VII. befinden sich Musterschreiben, die einer Orientierung dienen.

3. Beschwerde beim Betriebsrat oder auch beim Arbeitgeber wegen ungerechter Behandlung nach §§ 84, 85 BetrVG

In den §§ 84 und 85 BetrVG ist das Beschwerderecht des einzelnen Arbeitnehmers als Instrument der innerbetrieblichen Konfliktbewältigung geregelt. Der Arbeitnehmer kann seine Beschwerde nach § 84 BetrVG unmittelbar beim Arbeitgeber oder nach § 85 BetrVG beim Betriebsrat einlegen. Beide Beschwerdemöglichkeiten sind nicht alternativ zu sehen, sondern der Arbeitnehmer kann auch beide Verfahrenswege beschreiten. Die beiden Beschwerdeverfahren schließen einander also nicht aus. Das Beschwerderecht nach dem BetrVG besteht auch unabhängig vom individuellen Klagerecht des einzelnen Arbeitnehmers gegen die Abmahnung.[216] Entsprechende Vorschriften bestehen im BPersVG und im SprAuG nicht.

a) Beschwerde gem. § 84 BetrVG

Der abgemahnte Arbeitnehmer kann sich gegen den Ausspruch der Abmahnung bei den zuständigen Stellen des Betriebs beschweren. Hierzu ist in § 84 BetrVG geregelt:

(1) Jeder Arbeitnehmer hat das Recht, sich bei den zuständigen Stellen des Betriebs zu beschweren, wenn er sich vom Arbeitgeber oder von Arbeitnehmern des Betriebs benachteiligt oder ungerecht behandelt oder in sonstiger Weise beeinträchtigt fühlt. Er kann ein Mitglied des Betriebsrats zur Unterstützung oder Vermittlung hinzuziehen.
(2) Der Arbeitgeber hat den Arbeitnehmer über die Behandlung der Beschwerde zu bescheiden und, soweit er die Beschwerde für berechtigt erachtet, ihr abzuhelfen.
(3) Wegen der Erhebung einer Beschwerde dürfen dem Arbeitnehmer keine Nachteile entstehen.

aa) Einlegung der Beschwerde

Der Arbeitnehmer kann seine Beschwerde bei der für die Abhilfe der Beschwerde zuständigen Stelle des Betriebs einlegen. Was unter der »zuständigen Stelle des Betriebs« zu verstehen ist, ergibt sich aus dem organisatorischen Aufbau des Betriebs.[217] Regelmäßig ist die Beschwerde daher zunächst beim unmittelbaren Vorgesetzten einzureichen. Bleibt dies ohne Erfolg, kann der Arbeitnehmer im Rahmen des betrieblichen Organisationsaufbaus den Instanzenzug über den Abteilungsleiter bis zum Personalleiter oder Arbeitgeber selbst beschreiten. Der Arbeitgeber kann aber auch – unter Berücksichtigung etwaiger Tarifverträge bzw. Betriebsvereinbarungen – regeln, dass eine bestimmte Person bzw. Stelle generell für die Entgegennahme von Arbeitnehmerbeschwerden zuständig ist. Bei Be-

---

216 Fitting, § 84 BetrVG Rn. 1 m.w.N.
217 DKKW-Buschmann, § 84 BetrVG Rn. 24 m.w.N.

schwerden gegen den Arbeitgeber selbst, sollte sich der Arbeitnehmer im Personalbogen bzw. beim Betriebsrat erkundigen, welche die »zuständige Stelle« ist.

Die Beschwerde ist an keine besondere Frist oder Form gebunden, sie kann also auch mündlich eingelegt werden.[218] Der Arbeitnehmer hat das Recht, ein von ihm selbst bestimmtes Mitglied des Betriebsrats bei der Einlegung der Beschwerde zur Unterstützung oder Vermittlung hinzuzuziehen. Eine besondere Schweigepflicht des Betriebsratsmitglieds sieht das Gesetz hierfür nicht vor. Der Arbeitnehmer hat daher keinen Anspruch darauf, dass seine Beschwerde anonym behandelt wird. Allerdings haben der Arbeitgeber und das Betriebsratsmitglied das allgemeine Persönlichkeitsrecht des Arbeitnehmers zu beachten und dürfen daher keine den persönlichen Lebensbereich des Arbeitnehmers betreffenden Informationen, die nicht allgemein bekannt sind, an andere weitergeben.[219]

bb) Überprüfung der Beschwerde

Der Arbeitgeber hat zu überprüfen, ob die Beschwerde des Arbeitnehmers berechtigt ist und dem Arbeitnehmer das Ergebnis seiner Prüfung mitzuteilen. Der Arbeitnehmer hat einen rechtlichen Anspruch auf einen solchen Bescheid, mit dem der Arbeitgeber mitteilt, ob er die Beschwerde für berechtigt hält oder nicht. Benötigt der Arbeitgeber für seine Prüfung eine längere Untersuchung, muss er dem Arbeitnehmer innerhalb einer angemessenen Frist einen Zwischenbescheid erteilen.[220] Der Bescheid über die Überprüfung der Beschwerde kann ebenfalls formlos ergehen. Wird die Beschwerde des Arbeitnehmers abgelehnt, hat der Arbeitgeber dies zu begründen.[221] Hält der Arbeitgeber die Beschwerde des Arbeitnehmers gegen die Abmahnung für berechtigt, muss er ihr abhelfen, d. h. die Abmahnung aus der Personalakte entfernen oder diese gemäß des Beschwerdeantrags des Arbeitnehmers korrigieren.

b) Beschwerde beim Betriebsrat gem. § 85 BetrVG

Unabhängig von dem Beschwerderecht nach § 84 Abs. 1 BetrVG kann der Arbeitnehmer auch beim Betriebsrat Beschwerde einlegen. Dabei ist es Sache des Arbeitnehmers, ob er seine Beschwerde beim Betriebsrat sofort oder erst nach einem erfolglosen Beschwerdeverfahren nach § 84 Abs. 1

---

218 DKKW-Buschmann, § 84 BetrVG Rn. 25 m. w. N.
219 DKKW-Buschmann, § 84 BetrVG Rn. 26 m. w. N.
220 DKKW-Buschmann, § 84 BetrVG Rn. 28 m. w. N.
221 DKKW-Buschmann, § 84 BetrVG Rn. 29 m. w. N.

BetrVG einlegen will oder ob er beide Beschwerdeverfahren gleichzeitig einleitet.[222]

Seine Beschwerde kann der Arbeitnehmer beim Betriebsrat frist- und formlos vortragen. Der Betriebsrat ist verpflichtet, sie entgegenzunehmen und sich mit ihr zu befassen. Er hat sich über die Beschwerde zu beraten und über das Ergebnis der Beschwerde einen Beschluss zu fassen. Dabei kann der Betriebsrat die Durchführung von Beschwerdeverfahren gem. § 28 BetrVG einem Ausschuss übertragen.

Hält der Betriebsrat die Beschwerde für unberechtigt, hat er den sich beschwerenden Arbeitnehmer hiervon unter Angabe von Gründen zu unterrichten. Hält der Betriebsrat die Beschwerde für berechtigt, hat er diese dem Arbeitgeber vorzulegen und auf Abhilfe hinzuwirken. Dabei kann es zweckmäßig sein, den sich beschwerenden Arbeitnehmer sowie ggf. auch andere Mitarbeiter oder Dritte – wie z. B. den direkten Vorgesetzten, sofern die Abmahnung durch diesen ausgesprochen wurde – persönlich anzuhören. Erachtet der Arbeitgeber die Beschwerde für berechtigt, muss er ihr abhelfen, also die Abmahnung aus der Personalakte entfernen bzw. berichtigen. Hält der Arbeitgeber die Beschwerde für nicht berechtigt, hat er dies dem Betriebsrat und nach h. M. auch dem Arbeitnehmer unter Angabe von Gründen mitzuteilen.[223]

Streitig ist, ob der Betriebsrat bei Meinungsverschiedenheiten über die Berechtigung der Beschwerde – also über die Berechtigung der Abmahnung – die Einigungsstelle gem. § 85 Abs. 2 BetrVG anrufen kann. Die Frage ist deshalb streitig, weil § 85 Abs. 2 BetrVG regelt:

Bestehen zwischen Betriebsrat und Arbeitgeber Meinungsverschiedenheiten über die Berechtigung der Beschwerde, so kann der Betriebsrat die Einigungsstelle anrufen. Der Spruch der Einigungsstelle ersetzt die Einigung zwischen Arbeitgeber und Betriebsrat. Dies gilt nicht, soweit Gegenstand der Beschwerde ein Rechtsanspruch ist.

Nach ständiger Rechtsprechung besteht bezüglich einer unberechtigten Abmahnung ein Rechtsanspruch des Arbeitnehmers auf Entfernung aus den Personalakten bzw. auf Rücknahme/Widerruf der Abmahnung. Er kann mithin gegen die Abmahnung mit einer individuellen Abmahnungsbeseitigungsklage vorgehen. Nach wohl h. M. ist wegen dieses Rechtsanspruchs aus § 85 Abs. 2 Satz 3 BetrVG von vornherein die Zuständigkeit der Einigungsstelle ausgeschlossen.[224] Nach anderer Auffas-

---

222 DKKW-Buschmann, § 85 BetrVG Rn. 1; BAG v. 11.3.1982 – 2 AZR 798/79.
223 DKKW-Buschmann, § 85 BetrVG Rn. 6 m. w. N.
224 So LAG Hessen v. 12.3.2002 – 4 TABV 75/01; LAG Rheinland-Pfalz v. 17.1.1985 – 5 TaBV 36/84; LAG Berlin v. 19.8.1988 – 2 TaBV 4/88.

Vorgehen des Arbeitnehmers gegen Abmahnung

sung bezieht sich die Ausnahme des § 85 Abs. 2 Satz 3 BetrVG dem Wortlaut nach ausschließlich auf den vorangegangenen Satz 2, also auf die Ersetzung der Einigung zwischen Arbeitgeber und Betriebsrat, nicht dagegen auch auf Satz 1, d. h. auf die Anrufung der Einigungsstelle durch den Betriebsrat. Daher sei bei Rechtsansprüchen des Arbeitnehmers nur die verbindliche Entscheidung der Einigungsstelle, nicht aber deren generelle Zuständigkeit ausgeschlossen. Dies habe zur Folge, dass die Einigungsstelle angerufen werden kann, die jedoch hinsichtlich der Rechtsfrage keine verbindliche Entscheidung treffen kann.[225] Letzterer Ansicht ist zu folgen, denn selbst wenn man vor dem Hintergrund der Rechtsprechung des BAG zum Anspruch auf Rücknahme/Widerruf rechtswidriger Abmahnungen und auf deren Entfernung aus der Personalakte[226] die Auffassung der wohl h. M. als richtig erachtet, führt dies nicht zur Unzuständigkeit der Einigungsstelle. Die Frage der Zuständigkeit der Einigungsstelle für Beschwerden über die Berechtigung eine Abmahnung wird von den LAG bisher nicht einheitlich beantwortet. Fehlt in einer für die Zuständigkeit der Einigungsstelle relevanten Rechtsfrage eine höchstrichterliche Rechtsprechung und wird die Frage in der Rechtsprechung der LAG uneinheitlich beantwortet, besteht regelmäßig kein Raum für die Annahme einer offensichtlichen Unzuständigkeit.[227] Ansonsten käme es erheblich darauf an, wie die Beschwerde formuliert ist bzw. wie sich der Betriebsrat ihrer annimmt. Geht es nämlich nach dem Wortlaut der Beschwerdebegründung dem sich beschwerenden Arbeitnehmer gerade nicht um die Verfolgung gegen die Abmahnung gerichteter Rechtsansprüche (etwa auf deren Widerruf oder auf die Aufnahme von Gegendarstellungen in die Personalakte), wird also die inhaltliche Richtigkeit der Abmahnungen mit der Beschwerde gerade nicht angegriffen, sondern nur deren Begleitumstände gerügt (z. B. das Vorgehen eines Vorgesetzten im Zusammenhang mit der Tatsachenfeststellung im Vorfeld der Abmahnungen oder die Verhaltenserwartungen des Arbeitgebers an den Arbeitnehmer), wäre das Einigungsstellenverfahren zulässig – und zwar auch nach Auffassung derer, die eine Einigungsstelle über die Abmahnung selbst nicht für zulässig erachten.[228]

---

225 DKKW-Buschmann § 85 Rn. 12f. und 16, jeweils m. w. N.; LAG Köln v. 16. 11. 1984 – 7 TaBV 40/84; LAG Hamburg v. 9. 7. 1985 – 8 TaBV 11/85; ArbG Hamburg v. 18. 9. 1985 – 21 BV 12/85.
226 Zuletzt etwa BAG v. 23. 6. 2009 – 2 AZR 606/08.
227 LAG Hessen v. 3. 11. 2009 – 4 TaBV 185/09, m. w. N.; LAG Nürnberg v. 21. 9. 1992 – 7 TaBV 29/92.
228 LAG Hessen v. 12. 3. 2002 – 4 TaBV 75/01; DKKW-Buschmann § 85 BetrVG Rn. 13.

Hinweis:
Obwohl die Einigungsstelle hinsichtlich der Rechtsfrage, ob die Abmahnung berechtigt war oder nicht, jedenfalls keine verbindliche Entscheidung trifft, kann es für den Arbeitnehmer dennoch zweckmäßig sein, eine Beschwerde nach § 85 BetrVG an den Betriebsrat zu richten. Zum einen hat der Betriebsrat die Möglichkeit, selbst mit dem Arbeitgeber zu verhandeln und somit den Arbeitnehmer ein wenig aus der »Schusslinie« zu nehmen. Zum anderen kann sich im Rahmen des Einigungsstellenverfahrens und der Prüfung der Abmahnung oder deren Begleitumstände ergeben, dass die Abmahnung zu beseitigen oder zurückzunehmen ist – unter Zugrundelegung der von der Einigungsstelle getroffenen tatsächlichen Feststellungen und Wertungen ergeben.

4. Anspruch auf Entfernung der Abmahnung aus der Personalakte

a) Grundsätzliches

Eine missbilligende Äußerung des Arbeitgebers in Form einer Abmahnung kann Grundlage für eine falsche Beurteilung des Arbeitnehmers sein und sein berufliches Fortkommen erschweren. Nach ständiger Rechtsprechung des BAG kann der Arbeitnehmer daher in entsprechender Anwendung von §§ 242, 1004 Abs. 1 Satz 1 BGB die Entfernung einer zu Unrecht erteilten Abmahnung aus seiner Personalakte verlangen.[229]

Das BAG leitet den Anspruch des Arbeitnehmers auf Entfernung einer zu Unrecht erteilten Abmahnung aus der Personalakte aus dem von Art. 1 und Art 2 GG garantierten Persönlichkeitsschutz her, welcher auch für das Arbeitsverhältnis und für die sich daraus ergebenden Rechte und Pflichten Bedeutung hat. Daher hat der Arbeitgeber das allgemeine Persönlichkeitsrecht in Bezug auf Ansehen, soziale Geltung und berufliches Fortkommen zu beachten. Das Persönlichkeitsrecht des Arbeitnehmers wird durch unrichtige, sein berufliches Fortkommen berührende Tatsachenbehauptungen beeinträchtigt. Der Arbeitnehmer kann daher in entsprechender Anwendung der §§ 242, 1004 BGB bei einem objektiv rechtswidrigen Eingriff in das Persönlichkeitsrecht des Arbeitnehmers in Form von unzutreffenden oder abwertenden Äußerungen deren Beseitigung verlangen. Denn verletzt der Arbeitgeber innerhalb des Arbeitsverhältnisses das Persönlichkeitsrecht des Arbeitnehmers, liegt darin zugleich ein

---
[229] Vgl. zuletzt BAG v. 19.7.2012 – 2 AZR 782/11.

Vorgehen des Arbeitnehmers gegen Abmahnung

Verstoß gegen seine arbeitsvertraglichen Pflichten.[230] Da auch die Ermahnung das berufliche Fortkommen des Arbeitnehmers erschweren kann, gelten die zur Abmahnung entwickelten Grundsätze entsprechend.[231] Der Anspruch auf Entfernung der Abmahnung aus der Personalakte besteht, wenn die Abmahnung entweder
- formell nicht ordnungsgemäß zustande gekommen ist[232] oder
- inhaltlich unbestimmt ist oder
- unrichtige Tatsachenbehauptungen enthält[233] oder
- auf einer unzutreffenden rechtlichen Bewertung des Verhaltens des Arbeitnehmers beruht[234] oder
- den Grundsatz der Verhältnismäßigkeit verletzt,[235] statt eines konkret bezeichneten Fehlverhaltens nur pauschale Vorwürfe enthält[236] oder
- selbst bei einer zu Recht erteilten Abmahnung kein schutzwürdiges Interesse des Arbeitgebers mehr an deren Verbleib in der Personalakte besteht.[237]

b) Anspruch im bestehenden Arbeitsverhältnis

Solange die Abmahnung in der Personalakte bleibt, hat der Arbeitnehmer einen Anspruch auf Entfernung, denn solange dauert die Beeinträchtigung des Persönlichkeitsrechts bzw. des beruflichen Fortkommens an. Der Arbeitnehmer kann seinen Entfernungsanspruch daher innerhalb dieses Zeitraums geltend machen.

c) Anspruch im beendeten Arbeitsverhältnis

Nach der Rechtsprechung des BAG[238] hat der Arbeitnehmer nach Beendigung des Arbeitsverhältnisses regelmäßig keinen Anspruch mehr auf Entfernung einer zu Unrecht erteilten Abmahnung aus der Personalakte. Ein solcher Anspruch kommt ausnahmsweise dann in Betracht, wenn objektive Anhaltspunkte dafür bestehen, dass die Abmahnung dem Arbeitneh-

---

230 Vgl. schon BAG v. 27.11.1985 – 5 AZR 101/84; BAG v. 14.7.1987 – 5 AZR 215/86.
231 ArbG Trier v. 20.12.2011 – 3 Ca 1013/11.
232 BAG v. 16.11.1989 – 6 AZR 64/88; BAG v. 23.6.2009 – 2 AZR 606/08.
233 BAG v. 27.11.1985 – 5 AZR 101/84.
234 BAG v. 22.2.2001 – 6 AZR 398/99.
235 BAG v. 31.8.1994 – 7 AZR 893/93.
236 BAG v. 9.8.1984 – 2 AZR 400/83.
237 BAG v. 12.8.2010 – 2 AZR 593/09; BAG v. 27.11.2008 – 2 AZR 675/07; BAG v. 30.5.1996 – 6 AZR 537/95.
238 BAG v. 14.9.1994 – 5 AZR 632/93.

mer auch noch nach Beendigung des Arbeitsverhältnisses schaden kann. Dafür ist der Arbeitnehmer darlegungs- und beweispflichtig.

Das BAG[239] hat 2010 entschieden, dass ein Arbeitnehmer – auch ohne dass er ein konkretes berechtigtes Interesse darlegt – gem. § 241 Abs. 2 BGB i. V. m. Art. 2 Abs. 1 und Art. 1 Abs. 1 GG auch nach Beendigung des Arbeitsverhältnisses Anspruch auf Einsicht in seine vom ehemaligen Arbeitgeber weiter aufbewahrte Personalakte hat. Das Gericht begründet dies damit, dass der Arbeitnehmer seine Rechte auf Beseitigung oder Korrektur unrichtiger Daten in seiner Personalakte nur geltend machen könne, wenn er von deren Inhalt bereits Kenntnis habe. Daran ändere auch die Beendigung des Arbeitsverhältnisses nichts, denn wenn der Arbeitgeber die Personalakte des Arbeitnehmers über das Ende des Arbeitsverhältnisses hinaus aufbewahre, bestünde für den Arbeitnehmer die Gefährdungslage fort, dass unrichtige Daten verwendet werden. Das gelte vor allem für Auskünfte gegenüber Dritten.[240] Dennoch haben die Instanzengerichte festgestellt, dass aus diesem Einsichtsrecht nicht zugleich auch ein Beseitigungsanspruch folgen soll. Dieser bestehe allein unter den vorgenannten Voraussetzungen.[241]

d) Frist zur Geltendmachung/Ausschlussfristen

Der Anspruch auf Entfernung der Abmahnung unterliegt keiner gesetzlichen oder tariflichen Ausschlussfrist. Der Anspruch kann allerdings verwirkt sein. Siehe hierzu die Ausführungen unter Kapitel IV. Ziffer 6. d).

5. Anspruch auf Rücknahme/Widerruf der Abmahnung

Das BAG hat anerkannt, dass der Arbeitnehmer neben der Entfernung der Abmahnung aus der Personalakte, auch die Rücknahme/den Widerruf einer erteilten Abmahnung bzw. Ermahnung verlangen kann, wenn dies sachdienlich ist.[242] Dies kann z. B. dann der Fall sein, wenn der Kläger durch die Behauptung des Beklagten – trotz Rücknahme des Schreibens aus den Personalakten – in seinem beruflichen Fortkommen oder seinem

---

239 BAG v. 16.11.2010 – 9 AZR 573/09.
240 BAG v. 16.11.2010 a. a. O.
241 LAG Sachsen v. 14.1.2014 – 1 Sa 266/13; LAG Hessen v. 9.4.2014 – 12 Sa 759/13.
242 BAG v. 19.7.2012 – 2 AZR 782/11 m. w. N.

Vorgehen des Arbeitnehmers gegen Abmahnung

Persönlichkeitsrecht weiterhin beeinträchtigt wäre, so z. B. wenn die Abmahnung im Beisein Dritter in ehrverletzender Form ausgesprochen worden wäre.[243] Ein Verlangen nach Rücknahme der Abmahnung ist auch dann sachdienlich, wenn eine Abmahnung per E-Mail ausgesprochen, aber nicht zur Personalakte genommen wurde.[244] In der Regel wird die Entfernung der Abmahnung aus der Personalakte dem Rechtsschutzbedürfnis des Arbeitnehmers aber genügen, siehe hierzu auch Kapitel IV. Ziffer 6 b).

6. Klage gegen die Abmahnung

a) Klage auf Entfernung der Abmahnung aus der Personalakte

Der Arbeitnehmer hat die Möglichkeit, seinen Anspruch auf Entfernung der zu Unrecht erteilten Abmahnung aus der Personalakte gerichtlich feststellen zu lassen, indem er beim zuständigen Arbeitsgericht Klage auf Entfernung der Abmahnung einreicht. Der Anspruch auf Entfernung besteht unter den oben unter Kapitel IV. Ziffer 4 dargestellten Voraussetzungen.

b) Klage auf Rücknahme bzw. Widerruf

Neben dem Anspruch auf Entfernung der Abmahnung aus der Personalakte kommt ein zusätzlicher Anspruch auf Rücknahme der Abmahnung oder auf Widerruf nur in Betracht, wenn dies der Klagebegründung entnommen werden kann. Dies kann dann der Fall sein, wenn der Kläger neben einer Entfernung der Abmahnung aus der Personalakte beispielsweise zusätzlich auch den Widerruf darin enthaltener Äußerungen begehrt. Ansonsten wird eine mit dem Klageantrag verlangte »Rücknahme und Entfernung« der Abmahnung als einheitlicher Anspruch auf Beseitigung der durch die Abmahnung erfolgten Beeinträchtigung des Persönlichkeitsrechts zu verstehen sein (siehe oben Kapitel IV. Ziffer 5).[245]
Da das Rücknahme- bzw. Widerrufsverlangen im Verhältnis zum Entfernungsverlangen ein weitergehender Anspruch ist, da er auf Beseitigung des der Abmahnung zugrunde liegenden ungerechtfertigten Vorwurfs ab-

---

243 LAG Nürnberg v. 14.6.2005 – 6 Sa 582/04 m.w.N.; BAG v. 15.4.1999 – 7 AZR 716/97.
244 LAG Niedersachsen v. 20.11.2014 – 5 Sa 980/14.
245 Siehe auch BAG v. 19.7.2012 – 2 AZR 782/11 m.w.N.

zielt, ist ein Arbeitnehmer auch nicht gehindert, einen Anspruch auf Widerruf der in der Abmahnung abgegebenen Erklärungen auch nach der Entfernung einer Abmahnung aus der Personalakte gerichtlich geltend zu machen. Der Anspruch auf Widerruf der Abmahnung ist aber nur dann begründet, wenn der Widerruf benötigt wird, um den Ruf des Arbeitnehmers Dritten gegenüber wiederherzustellen. Denn der Feststellungsantrag setzt ein Rechtsschutzinteresse voraus, das nur gegeben ist, wenn die Abmahnung bzw. die Vorwürfe gegenüber Dritten in ehrverletzender Form ausgesprochen worden wären oder wenn der klagende Arbeitnehmer durch Abmahnung – trotz Rücknahme des Schreibens aus den Personalakten – in seinem beruflichen Fortkommen oder seinem Persönlichkeitsrecht fortdauernd beeinträchtigt wäre und die Rechtsbeeinträchtigung durch den begehrten Widerruf auch beseitigt werden kann.[246] Dies ist im Einzelfall zu prüfen. An einer anhaltende Beeinträchtigung des beruflichen Fortkommens oder des Persönlichkeitsrechts des Arbeitnehmers fehlt es aber jedenfalls dann, wenn der Arbeitgeber eine Erklärung dahingehend abgegeben hat, er werde die dem Rücknahme- bzw. Widerrufsverlangen zugrunde liegende Abmahnung nicht zur Begründung späterer arbeitsrechtlicher Maßnahmen heranziehen.[247] Ein Verlangen nach einer förmlichen Rücknahmeerklärung kann auch dann begründet sein, wenn eine Abmahnung per E-Mail ausgesprochen, aber nicht zur Personalakte genommen wurde.[248] Das LAG hat den Anspruch der klagenden Arbeitnehmerin im Ergebnis mit der Begründung abgelehnt, ein Anspruch auf Abgabe einer förmlichen Rücknahmeerklärung einer zu Unrecht ergangenen Abmahnung bestehe nicht, wenn – wie im konkreten Fall – der Arbeitgeber zuvor erklärt habe, er werde diese Abmahnung nicht für etwaige personelle Konsequenzen gegenüber dem Arbeitnehmer verwenden. Dies gelte auch, wenn er erklärt, er halte an der sachlichen Richtigkeit der dort erhobenen Vorwürfe fest. Da die höchstrichterlich noch nicht geklärte Frage, welchen Inhalt ein isolierter Antrag auf »Rücknahme einer Ermahnung/Abmahnung« nach dem vom BAG entwickelten System des Rechtsschutzes eines Arbeitnehmers gegen missliebige Äußerungen seitens des Arbeitgebers hat bzw. haben kann, von grundsätzlicher Bedeutung ist, wurde die Revision zugelassen.[249] Die Antwort

---

246 LAG Nürnberg v. 14.6.2005 – 6 Sa 582/04 m.w.N.; BAG v. 15.4.1999 – 7 AZR 716/97.
247 BAG v. 15.4.1999 a.a.O.
248 LAG Niedersachsen v. 20.11.2014 – 5 Sa 980/14, ArbR 2015, 79.
249 Die Sache war anhängig beim BAG unter Az. 2 AZR 64/15.

des BAG hierzu steht weiterhin aus, da die klagende Arbeitnehmerin ihre Revision vor dem Termin am 17. 12. 2015 zurückgenommen hat.

c) Pflicht zur Klageerhebung

Ein Arbeitnehmer ist zwar berechtigt, aber keineswegs verpflichtet, gegen eine Abmahnung gerichtlich vorzugehen. Aus dem Umstand, dass dem Arbeitnehmer unter bestimmten Voraussetzungen ein gerichtlich durchsetzbarer Anspruch auf Rücknahme der Abmahnung sowie auf Entfernung des Abmahnungsschreibens aus den Personalakten zusteht, kann nicht gefolgert werden, dass er hierzu auch verpflichtet wäre. Es besteht keine arbeitsvertragliche Nebenpflicht oder Obliegenheit, die es dem Arbeitnehmer auferlegt, gegen die Richtigkeit eine Abmahnung gerichtlich vorzugehen. Eine solche Pflicht entspräche auch nicht der Interessenlage der Arbeitsvertragsparteien. Abgesehen davon, dass es ungewiss ist, ob eine Abmahnung jemals kündigungsschutzrechtliche Bedeutung erlangen wird, hätte eine Verpflichtung zur Klageerhebung zur Folge, dass das bestehende Arbeitsverhältnis durch gerichtliche Auseinandersetzungen über die Berechtigung von Abmahnungen belastet würden. Für Arbeitnehmer können derartige Prozesse dazu führen, dass der Bestand ihrer Arbeitsverhältnisse zumindest faktisch gefährdet wird. Aber auch der Arbeitgeber hat in der Regel kein Interesse daran, dass die Berechtigung von Abmahnungen bereits vor einem Kündigungsschutzprozess gerichtlich überprüft wird. Neben dem erheblichen Zeit- und Personalaufwand, der mit einem derartigen Rechtsstreit in der Regel verbunden ist, besteht die Gefahr, dass sich aus einer gerichtlichen Auseinandersetzung über die Berechtigung von Abmahnungen negative Auswirkungen auf das Arbeitsverhältnis ergeben.[250]

> **Hinweis:**
> Hinsichtlich einer späteren verhaltensbedingten Kündigung gilt: Der Arbeitnehmer ist grundsätzlich auch dann nicht gehindert, die Richtigkeit der abgemahnten Pflichtwidrigkeit in einem späteren Kündigungsschutzprozess zu bestreiten, wenn er die Berechtigung einer Abmahnung gerichtlich nicht überprüfen lässt. Es ist dann Sache des Arbeitgebers, die Richtigkeit der zwar abgemahnten, aber vom Arbeitnehmer bestrittenen Pflichtwidrigkeiten in dem Kündigungsschutzverfahren zu beweisen.[251]

---

250 BAG v. 13. 3. 1987 – 7 AZR 601/85.
251 BAG v. 13. 3. 1987 – 7 AZR 601/85; ErfK/Niemann, § 626 BGB Rn. 35.

d) Fristen und Verwirkung

aa) Klagefrist

Der Arbeitnehmer ist nach der Rechtsprechung nicht gehalten, innerhalb einer gewissen Frist gegen die Abmahnung gerichtlich vorzugehen. Vor allem die 3-Wochen-Frist für die Erhebung der Kündigungsschutzklage gilt nicht für eine Klage auf Entfernung oder Rücknahme bzw. Widerruf der Abmahnung. Die Frist nach dem KSchG ist nur für eine Kündigung einschlägig. Deshalb kann der Arbeitnehmer noch Jahre später im Rahmen eines Kündigungsschutzprozesses geltend machen, dass die Abmahnung seinerzeit zu Unrecht erteilt wurde.[252] Siehe hierzu auch Kapitel IV. Ziffer 6. c.

bb) Vertragliche und tarifliche Ausschlussfristen

Das eben Gesagte gilt auch im Geltungsbereich arbeitsvertraglicher oder tarifvertraglicher Ausschlussklauseln. Solche Ausschlussklauseln regeln, dass Ansprüche aus dem Arbeitsverhältnis innerhalb bestimmter Ausschlussfristen nach Anspruchsentstehung schriftlich und/oder gerichtlich geltend gemacht werden müssen. Die Rechtsprechung steht hier auf dem Standpunkt, dass der Anspruch des Arbeitnehmers auf Entfernung einer rechtswidrigen Abmahnung aus der Personalakte jeden Tag neu entstehe und die genannten Ausschlussklauseln insoweit ins Leere laufen.

cc) Verjährung

Die Verletzung des Persönlichkeitsrechts und die Beeinträchtigung des beruflichen Fortkommens durch eine ungerechtfertigte Abmahnung dauert so lange an, wie der Arbeitgeber an der Berechtigung der Abmahnung festhält und diese in der Personalakte belässt. Demzufolge hat der Arbeitnehmer, solange dieser Zustand andauert, einen jeden Tag erneut entstehenden Anspruch auf Beseitigung dieser Rechtsbeeinträchtigungen. Daher verjährt der Anspruch auf Entfernung einer unberechtigten Abmahnung aus der Personalakte nicht.

dd) Verwirkung

Die Verwirkung ist ein Unterfall der unzulässigen Rechtsausübung wegen widersprüchlichen Verhaltens (§ 242 BGB). Ein Recht ist verwirkt, wenn der Berechtigte über einen längeren Zeitraum hinweg untätig geblieben ist und dadurch bei seiner Gegenpartei den Eindruck erweckt hat, sie brauche mit der Geltendmachung des Rechts und der Durchsetzung des

---

252 Vgl. schon BAG v. 13. 3. 1987 – 7 AZR 601/85.

Anspruchs nicht mehr zu rechnen, die Gegenseite sich deshalb darauf eingerichtet hat und ihr die verspätete Inanspruchnahme nicht zugemutet werden kann. Dabei reicht der bloße Zeitablauf niemals aus. Stets müssen darüber hinaus besondere Umstände vorliegen, die die verspätete Inanspruchnahme des Schuldners als gegen Treu und Glauben verstoßend erscheinen lassen. Die Verwirkung setzt also ein Umstandsmoment und ein Zeitmoment voraus.[253] Mithin kann der Entfernungsanspruch verwirkt sein, wenn sowohl Zeit- als auch Umstandsmoment vorliegen, z. B. wenn der Arbeitnehmer nichts unternimmt und dem Arbeitgeber deutlich zu verstehen gibt, dass er die Abmahnung akzeptiert und sich gegen die Abmahnung nicht wenden wird. Dies wir aber nur sehr selten der Fall sein.

e) Darlegungs- und Beweislast

Es ist umstritten, wer bei einer Klage auf Entfernung einer Abmahnung die Darlegungs- und Beweislast zu tragen hat. Zum Teil wird vertreten, der Arbeitnehmer, der mit der Behauptung klagt, die Abmahnung sei zu Unrecht erteilt, weil sie z. B. unrichtige Tatsachenbehauptungen enthält, sei nach allgemeinem Grundsätzen beweispflichtig.[254] Nach wohl überwiegender und auch richtiger Ansicht trägt der Arbeitgeber die Beweislast für die Berechtigung einer Abmahnung, nicht der Arbeitnehmer):[255] Die Verteilung der Beweislast folge zum einem aus der gesetzlichen Wertung in § 1 Abs. 2 Satz 4 KSchG, zum anderen aus § 1004 BGB, wonach die Darlegungs- und Beweislast für die Tatsachen, die eine Duldungspflicht nach § 1004 Abs. 2 BGB begründen, beim Anspruchsgegner liegt.

Die Beweislast wird auch nicht dadurch umgedreht, dass der Arbeitnehmer nicht vorab gegen die Abmahnung geklagt oder auch nur verbalen oder schriftlichen Protest gegen die ausgesprochene Abmahnung eingelegt hat, um den Arbeitgeber auf die Risiken hinsichtlich seiner Darlegungs- und Beweislast im Kündigungsschutzprozess aufmerksam zu machen. Aus dem bloßen Untätigbleiben des Arbeitnehmers kann noch kein rechtlich schützenswertes Vertrauen des Arbeitgebers erwachsen, die für die Kündigung relevanten Umstände würden in einem späteren Kündi-

---

253 BGH v. 30. 10. 2009 – V ZR 42/09.
254 LAG Köln v. 28. 10. 1987 – 7 Sa 629/87; ArbG Ludwigshafen v. 12. 12. 2005 – 8 Ca 2155/05.
255 BAG v. 26. 1. 1994 – 7 AZR 640/92; LAG Rheinland-Pfalz v. 21. 12. 2012 – 9 Sa 447/12; LAG Berlin v. 14. 11. 2002 – 16 Sa 970/02; Schaub/Link, ArbR-Hdb, § 132 Rn. 47; ErfK/Niemann, § 626 BGB Rn. 35a.

gungsschutzprozess tatsächlich unstreitig bleiben. Vielmehr bedarf es für das Eingreifen zivilprozessualer Darlegungs- und Beweislastregeln wegen treuwidrigen vorprozessualen Verhaltens des Arbeitnehmers zusätzlicher Umstände, die einen besonderen Vertrauenstatbestand beim Arbeitgeber gesetzt und ihn veranlasst haben, prozessual relevante Dispositionen zu treffen, indem er etwa eine Beweissicherung unterlassen oder präsente Beweismittel wieder vernichtet hat.[256]

f) Nachschieben von Abmahnungsgründen

Nach Auffassung des LAG Berlin[257] kann ein Arbeitgeber, wenn der Arbeitnehmer von ihm die Entfernung einer Abmahnung aus seiner Personalakte verlangt, weil sie angeblich unrichtige Tatsachenbehauptungen enthält, unter denselben Voraussetzungen wie beim Nachschieben von Kündigungsgründen weitere Abmahnungsgründe nachschieben. Diese Auffassung überzeugt allerdings nicht. Abmahnung und Kündigungsschutzprozess unterscheiden sich so grundlegend, dass die vom LAG Berlin gezogene Parallele verfehlt ist. Im Kündigungsschutzverfahren geht es darum, ob die vom Arbeitgeber erklärte Kündigung wirksam ist und die Beendigung des Arbeitsverhältnisses zur Folge hat. Dagegen verbieten sowohl der Zweck der Abmahnung sowie die dabei einzuhaltenden Formalien ein Nachschieben von Abmahnungsgründen, denn im Abmahnungsprozess geht es um die Frage, ob die in einem bestimmten Schreiben enthaltenen konkreten Vorwürfe und Formulierungen objektiv gerechtfertigt sind und den abgemahnten Arbeitnehmer in seinem Persönlichkeitsrecht und seinem beruflichen Fortkommen verletzen. Könnte der Arbeitgeber Abmahnungsgründe nachschieben, würde dies einem Auswechseln des Streitgegenstandes gleichkommen, da die Abmahnung vom Arbeitgeber nicht mehr in unveränderter Form aufrechterhalten wird.[258] Zu beachten ist aber, dass es dem Arbeitgeber unbenommen bleibt, die streitgegenständliche Abmahnung für gegenstandslos zu erklären und an deren Stelle eine neue Abmahnung zu erteilen, sofern der Anspruch nicht im Einzelfall verwirkt ist.

---

[256] BAG v. 13.3.1987 – 7 AZR 601/85.
[257] LAG Berlin v. 21.8.1989 – 9 Sa 45/89.
[258] Schaub, NJW 1990, 872/874; Beckerle, Die Abmahnung, Abschnitt 11.2.

Vorgehen des Arbeitnehmers gegen Abmahnung

g) Urteil

Das Gericht prüft, ob die Abmahnung rechtswidrig ist und der Arbeitgeber sie deshalb aus der Personalakte entfernt muss. Dies ist der Fall, wenn die Abmahnung
- inhaltlich unbestimmt ist oder
- auf unzutreffenden Tatsachen oder
- auf einer unzutreffenden rechtlichen Bewertung des Verhaltens des Arbeitnehmers beruht oder
- eine unangemessene Reaktion auf das Verhalten des Arbeitnehmers ist (Verletzung des Grundsatzes der Verhältnismäßigkeit) oder
- kein schutzwürdiges Interesse des Arbeitgebers auf Verbleib der (selbst zu Recht) erteilten Abmahnung in der Personalakte besteht.

Gibt das Gericht der Klage statt, ist die Abmahnung unwirksam. Der Arbeitgeber kann sich nicht mehr auf sie berufen. Außerdem ist mit einem solchen Ausgang des Verfahrens die Verletzung des Persönlichkeitsrechts, die der Arbeitnehmer durch die unberechtigte Abmahnung erlitten hat, beseitigt. Stellt das Arbeitsgericht hingegen fest, dass der Arbeitgeber die Abmahnung zu Recht ausgesprochen hat, weist es die Klage des Arbeitnehmers auf Entfernung der Abmahnung aus der Personalakte durch Urteil ab.

> **Hinweis:**
> Bei bloßer formeller Unwirksamkeit, aber sachlicher Berechtigung behält die unwirksame Abmahnung ihre Hinweis- und Warnfunktion in Bezug auf etwaige spätere Kündigungen (vgl. hierzu Kapitel I. Ziffer 4c.).

h) Prozessvergleich

Nach § 57 Abs. 2 ArbGG, der gem. § 64 Abs. 7 ArbGG im Berufungsverfahren entsprechend gilt, soll während des ganzen Verfahrens die gütliche Erledigung des Rechtsstreits angestrebt werden. Eine gütliche Einigung in einem Abmahnungsverfahren kann so aussehen, dass sich der Arbeitgeber in einem Vergleich verpflichtet, die streitgegenständliche Abmahnung nach Ablauf einer bestimmten Frist aus der Personalakte zu entfernen. Damit der Arbeitnehmer überprüfen kann, ob der Arbeitgeber auch tatsächlich die in Rede stehende Abmahnung entfernt und um eine Zwangsvollstreckung zu ermöglichen, sofern der Arbeitgeber der Verpflichtung nicht nachkommt, sollte der Vergleichsinhalt hinreichend bestimmt formuliert werden. Dies ist dann der Fall, wenn im Vergleich das Datum des Abmahnschreibens und – bei mehreren gleichdatierten Abmahnschreiben – zusätzlich der Abmahnungsgegenstand (Betreff) aufgeführt ist.

Beispiel:
»Der Beklagte verpflichtet sich, die Abmahnung vom ... wegen ... sowie die Abmahnung vom ... wegen ... ersatzlos aus der Personalakte des Klägers zu entfernen.«

Hat der Arbeitnehmer einen Vergleich mit dem Inhalt abgeschlossen hat, wonach die Abmahnung nach Ablauf eines Jahres seit ihrer Erteilung aus der Personalakte zu entfernen ist, folgt nach Auffassung des LAG Hamm: Mangels einer entsprechenden ausdrücklichen Erklärung des Arbeitnehmers, die Begründetheit der Abmahnung anzuerkennen, kann das der Abmahnung zugrunde liegende Fehlverhalten in einem nachfolgenden Kündigungsschutzprozess noch bestritten werden.[259] Im eigenen Interesse sollte der Arbeitnehmer jedoch darauf bedacht sein, in dem Vergleich selbst klarzustellen, dass keine Anerkennung der Begründetheit der Abmahnung erfolgt.

Beispiel:
»Der Beklagte verpflichtet sich, die Abmahnung vom ... am ... ersatzlos aus der Personalakte des Klägers zu entfernen. Der Kläger erkennt die Begründetheit der Abmahnung nicht an.«

i) Vollstreckung

Kommt das Gericht zu dem Ergebnis, dass die Abmahnung rechtswidrig ist, wird der Arbeitgeber verurteilt, die in der Antragsschrift vom klagenden Arbeitnehmer aufgeführte streitgegenständliche Abmahnung aus der Personalakte zu entfernen. Ein solches erstinstanzliche Urteil ist nach § 62 Abs. 1 ArbGG vorläufig vollstreckbar. Das bedeutet, dass aus dem Urteil auch dann die Zwangsvollstreckung betrieben werden kann, wenn der Arbeitgeber gegen das Urteil Berufung eingelegt hat. Wird das erstinstanzliche Urteil jedoch im Berufungsverfahren aufgehoben, muss der Arbeitnehmer dem Arbeitgeber den Schaden ersetzen, der durch die Zwangsvollstreckung entstanden ist.

Die Verurteilung, die erteilte Abmahnung aus der Personalakte herauszunehmen, wird nach § 888 Abs. 1 ZPO vollstreckt, denn die Handlung kann nur mit Zustimmung und nicht gegen den Willen des Arbeitgebers erfolgen. Ist die Herausnahme erfolgt, ist die Vollstreckung abgeschlossen. Wird die Abmahnung danach erneut in die Personalakte aufgenom-

---
259 LAG Hamm v. 5. 2. 1990 – 2 Sa 1487/89.

men, muss ein neues Vollstreckungsverfahren eingeleitet werden. Dem kann durch einen Unterlassungsanspruch in Bezug auf eine erneute Aufnahme in die Personalakte begegnet werden.

Ist der Antrag mit der Rücknahme bzw. mit dem Widerruf des in der Abmahnung enthaltenen Vorwurfs verbunden, ist der Titel ebenfalls nach § 888 Abs. 1 ZPO zu vollstrecken, soweit er ausreichend bestimmt ist (Form, Inhalt und Adressat der Rücknahme bzw. des Widerrufs).

7. Anspruch auf (betriebs-)öffentliche Rücknahme bzw. auf Widerruf der Abmahnung

Wenn der Arbeitgeber die Abmahnung (betriebs-)öffentlich bekannt gemacht hat (z.B. weil der Arbeitgeber auch andere Mitarbeiter Informationen über die Abmahnung zukommen lässt), kann die Abmahnung das berufliche Vorkommen des Arbeitnehmers weiterhin nachhaltig beeinträchtigen – selbst wenn sich der Arbeitnehmer erfolgreich gegen die unberechtigte Abmahnung zur Wehr gesetzt und der Arbeitgeber diese aus der Personalakte entfernt hat. Es kann ein »Makel« zurückbleiben. Die Frage, ob in solchen Fällen der Arbeitnehmer zusätzlich zu dem Anspruch auf Entfernung aus der Personalakte einen Anspruch auf (betriebs-)öffentlichen Widerruf der Abmahnung hat, um seine Person zu rehabilitieren, hat das BAG[260] zulasten des Arbeitnehmers entschieden. Nach seiner Auffassung besteht ein solcher Anspruch auf ausdrücklichen betriebsöffentlichen Widerruf einer Abmahnung im Allgemeinen nicht. Lediglich in Ausnahmefällen, wenn die in der Abmahnung enthaltenen falschen Anschuldigungen den Arbeitnehmer fortdauernd in seinem beruflichen Werdegang hindern oder wenn sein Persönlichkeitsrecht weiterhin beeinträchtigt ist, könne ein solcher Anspruch gegeben sein.[261] Dies ist z.B. dann der Fall, wenn der Arbeitgeber in der Abmahnung offensichtlich ehrkränkende Behauptungen aufgestellt oder den Arbeitnehmer (betriebs-)öffentlich »angeprangert« hat. Dazu stellt das LAG München[262] klar, dass wenn die Information sachlich und nicht ehrverletzend ist, der Arbeitnehmer keinen Anspruch auf (betriebs-)öffentlichen Widerruf der Abmahnung habe. Selbst wenn sich die Abmahnung in der Sache als unberechtigt herausstellt, könne dies nicht dazu führen, dass be-

---

260 BAG v. 15.4.1999 – 7 AZR 716/97.
261 BAG v. 15.4.1999 a.a.O.
262 LAG München v. 22.9.2010 – 11 Sa 520/09.

reits die bloße Erteilung einer Abmahnung im Nachhinein eine Persönlichkeitsrechtsverletzung darstelle, denn mit dem Ausspruch der Abmahnung habe der Arbeitgeber lediglich das ihm zustehende Gestaltungsrecht ausgeübt. Auch die Weitergabe der Information über ein so ausgeübtes Rügerecht an Mitarbeiter des Arbeitgebers stelle noch keinen rechtswidrigen Eingriff in das Persönlichkeitsrecht des Klägers dar. Aufgrund der Einbindung in arbeits- und personalteilige Arbeitsabläufe sei die Kenntnisnahme anderer Mitarbeiter regelmäßig zu erwarten, zum Teil sogar geboten.

8. Gar nichts tun …

… und später bei einem eventuellen Kündigungsschutzprozess vortragen, dass die (damalige) Abmahnung zu Unrecht erfolgt sei.

Da ein Arbeitnehmer nicht gegen eine Abmahnung vorgehen muss, vor allem keine Pflicht zur Klageerhebung besteht, stellt ein bloßes »Nichtstun« weder eine Zustimmung noch ein Beweis der Richtigkeit der Abmahnung dar. In einem späteren Kündigungsschutzprozess ist der Arbeitnehmer grundsätzlich nicht daran gehindert, die Richtigkeit der abgemahnten Pflichtwidrigkeit zu bestreiten.[263] Die Wirksamkeit der Kündigung hängt nicht von der Beseitigung einer vorhergehenden Abmahnung ab. In einem späteren Kündigungsschutzprozess kann der Arbeitnehmer noch jederzeit die Richtigkeit der vorausgegangenen Abmahnungen bestreiten. Im Kündigungsschutzprozess ist dann zu prüfen, ob die in einer Abmahnung enthaltenen Vorwürfe tatsächlich gerechtfertigt waren oder nicht. Der Arbeitgeber hat die Richtigkeit der Abmahnungen darzulegen und zu beweisen. Dies kann im Nachhinein aufgrund des Zeitablaufs für den Arbeitgeber sehr schwierig werden. Manche Beweismittel, wie z. B. als Zeugen in Betracht kommende Arbeitskollegen/Vorgesetzte, sind vielleicht nicht mehr vorhanden oder nur schwer zu beschaffen. Vor allem dann, wenn der Arbeitnehmer der Abmahnung nicht widersprochen hat und der Arbeitgeber sich in Sicherheit wiegt, kann das nachträgliche Bestreiten der Richtigkeit der Abmahnung für den Arbeitgeber zu Problemen führen.

---

263 Vgl. schon BAG v. 13.3.1987 – 7 AZR 601/85; ErfK/Niemann, § 626 BGB Rn. 35 m. w. N.

9. Checkliste: Vorgehen gegen die Abmahnung/ Zweckmäßigkeitserwägungen

Da es – wie oben dargestellt – verschiedene Möglichkeiten gibt, gegen eine Abmahnung vorzugehen, sollte der Arbeitnehmer gut überlegen, welche Vorgehensweise in seinem Fall sinnvoll ist. Eine falsche oder zu heftige Vorgehensweise kann das Arbeitsverhältnis erst richtig gefährden oder gar endgültig zerrütten. Bevor der Arbeitnehmer handelt, sollte er daher folgende Überlegungen anstellen:

Trifft der abgemahnte Sachverhalt (im Wesentlichen) zu?
Wenn der in der Abmahnung dargestellte Sachverhalt im Wesentlichen zutrifft, wird eine Klage auf Entfernung der Abmahnung keinen Erfolg haben. Hier besteht sogar die Gefahr, dass die Wirksamkeit der Abmahnung und somit der darin enthaltene Pflichtverstoß durch ein Urteil bestätigt wird. Dies wiederum stärkt die Position des Arbeitgebers bei einem späteren Ausspruch einer verhaltensbedingten Kündigung wegen gleichartiger Pflichtverstöße und in einem ggf. geführten Kündigungsschutzverfahren.
In diesem Fall sollte sich der Arbeitnehmer auf die Erstellung einer Gegendarstellung beschränken. In dieser hat er die Möglichkeit, etwaige, vom Arbeitgeber nicht berücksichtigte Rechtfertigungs- oder Entschuldigungsgründe vorzutragen. Sind solche nicht gegeben, kann es sinnvoll sein, keine Gegendarstellung zu erstellen, um nicht in einem späteren Kündigungsschutzprozess auf die Angaben in der Gegendarstellung festgelegt zu sein.

Wurden andere Arbeitnehmer bei vergleichbarem Verhalten ebenfalls abgemahnt?
Hat der Arbeitgeber in der Vergangenheit gleichartiges Verhalten nicht oder bei anderen Arbeitnehmern nicht abgemahnt, kann die nun erteilte Abmahnung gegen den Grundsatz der Verhältnismäßigkeit verstoßen – selbst dann, wenn objektiv ein Pflichtverstoß vorliegt. Bei einer solchen Ungleichbehandlung von Arbeitnehmern ist es sinnvoll, eine Beschwerde an den Betriebsrat oder an die zuständige Stelle des Betriebs zu richten, um eine Klärung, auch im Hinblick darauf wie das gerügte Verhalten künftig vom Arbeitgeber bewertet wird, herbeizuführen. Eine Klage auf Entfernung der Abmahnung empfiehlt sich auch hier nur, wenn der Arbeitnehmer diese ungleiche Behandlung darlegen und beweisen kann und er grundsätzlich klären lassen will, ob das gerügte Verhalten ein Ver-

stoß gegen die arbeitsvertraglichen Haupt- oder Nebenpflichten darstellt. Ansonsten ist es, um das Arbeitsverhältnis nicht noch zusätzlich zu belasten, vorteilhafter, die Verhältnismäßigkeit der Abmahnung in einem etwaigen Kündigungsschutzverfahren gerichtlich überprüfen zu lassen. Sinnvoller wird es hier sein, eine Gegendarstellung zu verfassen und sich darin auf das bisherige Verhalten des Arbeitgebers zu berufen, um seinen »guten Glauben« zu dokumentieren. Dabei sollten aber die bisherigen Reaktionen des Arbeitgebers auf das jetzt abgemahnte Verhalten dargelegt und bestenfalls auch entsprechende Beweise (z. B. Arbeitskollegen als Zeugen oder deren schriftliche Stellungnahmen dazu) beigefügt werden.

Hat der Arbeitgeber das Verhalten rechtlich zutreffend bewertet?
Auch wenn der Arbeitgeber das beanstandete Verhalten rechtlich nicht richtig bewertet hat (er z. B. fehlerhaft von der Verletzung des Arbeitsvertrags ausgeht, obwohl eine arbeitsvertragliche Pflicht des Arbeitnehmers nicht besteht), muss es nicht immer sinnvoll sein, eine Klage auf Entfernung der Abmahnung zu erheben. Ist das Arbeitsverhältnis ohnehin belastet und mit einer alsbaldigen Kündigung zu rechnen, kann es vorteilhaft sein, den Arbeitgeber in dem Glauben zu lassen, die ausgesprochene Abmahnung sei wirksam und die Unwirksamkeit der Abmahnung erst im Kündigungsschutzverfahren feststellen zu lassen. Den Arbeitgeber mit einer unberechtigten oder unwirksamen Abmahnung im Kündigungsschutzprozess »auflaufen« zu lassen, ist häufig die wirksamere Vorgehensweise. Denn wenn der Arbeitgeber bereits vorher weiß, dass die erteilte Abmahnung nicht rechtmäßig ist, wird er das Verhalten des Arbeitnehmers kritisch beobachten, um weitere Pflichtverstöße festzustellen, die er dann – in Vorbereitung zu einer verhaltensbedingten Kündigung – wirksam abmahnen kann.

Welche konkrete Sanktion hat der Arbeitgeber für den Wiederholungsfall angedroht?
Nur dann, wenn in der Androhung das berufliche Fortkommen oder der Bestand des Arbeitsverhältnisses infrage gestellt wird, ist es für den Arbeitnehmer sinnvoll, sich gegen die Abmahnung zur Wehr zu setzen. Bei der Drohung mit belanglosen oder unbeachtlichen Sanktionen, sollte, selbst bei Vorliegen eines Pflichtverstoßes, eine Reaktion des Arbeitnehmers nicht erfolgen, um zusätzliches Konfliktpotenzial zu vermeiden.

Vorgehen des Arbeitnehmers gegen Abmahnung

Liegen bereits mehrere einschlägige Abmahnungen vor?
Liegen bereits mehrere einschlägige Abmahnungen vor, ist es ebenfalls nicht ratsam, auf Entfernung der weiteren Abmahnung zu klagen. Je nachdem, ob der konkret abgemahnte Pflichtverstoß tatsächlich zutrifft bzw. ob ggf. Rechtfertigungs- oder Entschuldigungsgründe in Betracht kommen, ist die Erstellung einer Gegendarstellung ratsam. Zu beachten ist auch, dass, wenn der Arbeitgeber wegen gleichartiger Pflichtverstöße zu viele Abmahnungen ausgesprochen hat, diese letztendlich ihre Wirkung verlieren. Eine Abmahnung kann nur dann die Funktion erfüllen, den Arbeitnehmer zu warnen, dass ihm bei der nächsten gleichartigen Pflichtverletzung die Kündigung droht, wenn der Arbeitnehmer diese Drohung ernst nehmen muss. Dies kann je nach den Umständen nicht mehr der Fall sein, wenn die Kündigung jahrelang lediglich angedroht wird. Es handelt sich dann um eine »leere Drohung«. Dabei kommt es vor allem auf die Anzahl der vorausgegangenen Abmahnungen an. Hat nämlich der Arbeitgeber bei ständig neuen Pflichtverletzungen des Arbeitnehmers stets wieder mittels Abmahnung nur eine Kündigung angedroht, schwächt dies die Warnfunktion der Abmahnung ab und der Arbeitgeber muss die letzte Abmahnung vor Ausspruch der Kündigung besonders eindringlich gestalten.[264] Das BAG hat aber Angesichts der im Arbeitsleben verbreiteten Praxis, bei als leichter empfundenen Vertragsverstößen einer Kündigung mehrere – häufig drei – Abmahnungen vorausgehen zu lassen, nicht bereits schon eine dritte Abmahnung als »leer« angesehen.[265]

Kann die Abmahnung das berufliche Fortkommen beeinträchtigen?
In großen Unternehmen, in denen die Arbeitsverhältnisse relativ anonym abgewickelt werden und die für das berufliche Fortkommen erforderliche Beurteilung quasi »nach Aktenlage« erfolgt, sollte der Arbeitnehmer regelmäßig Einblick in seiner Personalakte nehmen. Wurde ihm eine Abmahnung erteilt, empfiehlt es sich, zumindest eine Gegendarstellung anzufertigen, sofern der vorgeworfene Pflichtverstoß nicht vorliegt oder Rechtfertigungs- bzw. Entschuldigungsgründe in Betracht kommen. In diesem Fall kann es aber auch zweckmäßig sein, eine Klage auf Entfernung der Abmahnung zu erheben.

Wer hat die Abmahnung wie ausgesprochen?
Da, wie oben dargestellt, eine Abmahnung nicht vom Arbeitgeber selbst, sondern durch jeden Weisungsberechtigten (z. B. Vorarbeiter, Abtei-

---

264 ArbG Mönchengladbach v. 29.6.2011 – 2 Ca 1188/11.
265 BAG v. 16.9.2004 – 2 AZR 406/03.

lungsleiter, Fachvorgesetzter, Meister etc.) erteilt werden und zur Personalakte genommen werden kann, ist es für die Beurteilung, welche Vorgehensweise gegen die Abmahnung zweckmäßig ist, unerheblich, wer die Abmahnung ausgesprochen hat; es muss nur die Weisungsbefugnis vorliegen. Allerdings dann, wenn die Abmahnung nur mündlich ausgesprochen wurde und ersichtlich keine Nachteile für das berufliche Fortkommen entstehen können, ist dem Arbeitnehmer auf jeden Fall anzuraten, auf die Abmahnung gar nicht zu reagieren, vor allem auch keine Gegendarstellung anzufertigen, die dann zur Personalakte genommen wird und damit zugleich auch den Pflichtverstoß dokumentiert.

Hat der Arbeitgeber in der Abmahnung besonders ehrverletzende oder gravierende Vorwürfe, strafrechtliche Vorwürfe etc. erhoben?
Vor allem dann, wenn die Abmahnung besonders ehrverletzende, gravierende oder auch strafrechtliche Vorwürfe enthält, kann es für den Arbeitnehmer sinnvoll sein, alle Reaktionsmöglichkeiten auszuschöpfen. Aber auch hier ist es wichtig, die Vorgehensweise danach auszurichten, ob die Vorwürfe im Wesentlichen berechtigt sind, der beanstandete Sachverhalt ordnungsgemäß erfasst und tatbestandlich zutreffend gewürdigt wurden.

Fazit:
Es gibt keinen allgemeingültigen Ratschlag, wie gegen eine Abmahnung vorgegangen werden sollte. Es kommt stets auf die Gesamtumstände des Einzelfalls an. Hilfreich kann es aber sein, sich mit seinem Betriebs- oder Personalrat in Verbindung zu setzen. Dieser ist oftmals besser in der Lage einzuschätzen, wie der Arbeitgeber »tickt«, sie kennen die Stärken und Schwächen des Arbeitgebers, wissen ggf., wie er sich in anderen Abmahnungsfällen verhalten hat und können dadurch besser beurteilen, welche Reaktion auf die Abmahnung sinnvoll ist.

10. Checkliste: Handlungsmöglichkeiten gegen die Abmahnung

abgemahnter Sachverhalt	Handlungsmöglichkeiten
trifft im Wesentlichen zu und	• Einsichtnahme in die Personalakte

Vorgehen des Arbeitnehmers gegen Abmahnung

abgemahnter Sachverhalt	Handlungsmöglichkeiten

das Fehlverhalten ist so gravierend, dass es eine Abmahnung rechtfertigt	a) **Vorliegen von Rechtfertigungs- oder Entschuldigungsgründen:**
	• Gegendarstellung unter Angabe der Rechtfertigungs- oder Entschuldigungsgründe
	• Entfernung der Abmahnung aus der Personalakte verlangen, ggf. klagen:
	  – wenn nicht alle Vorwürfe zutreffen, muss die komplette Abmahnung vernichtet werden.
	  – der Arbeitgeber kann dennoch eine neue Abmahnung mit den zutreffenden Gründen schreiben.
	• Beschwerde beim Betriebsrat/beim Arbeitgeber
	b) **keine Rechtfertigungs- oder Entschuldigungsgründe:**
	• prüfen, ob Abmahnung formale Fehler hat
	• Anspruch auf Entfernung aus Personalakte, sobald die Abmahnung ihre Warnfunktion verloren hat und sie unter keinem Aspekt mehr für das Arbeitsverhältnis wichtig ist

oder das Fehlverhalten ist nicht so gravierend, dass es eine Abmahnung rechtfertigt	• Gegendarstellung • Entfernung der Abmahnung aus der Personalakte verlangen, ggf. klagen • Beschwerde beim Betriebsrat/beim Arbeitgeber

trifft im Wesentlichen nicht zu	• Einsichtnahme in die Personalakte
	Sachverhalt trifft gar nicht zu oder trifft teilweise zu
	• Gegendarstellung und Anspruch auf Korrektur der Abmahnung
	• Entfernung der Abmahnung aus der Personalakte verlangen, ggf. klagen:
	  – wenn nicht alle Vorwürfe zutreffen, muss die komplette Abmahnung vernichtet werden.
	  – der Arbeitgeber kann dennoch eine neue Abmahnung mit den zutreffenden Gründen schreiben.
	• Beschwerde beim Betriebsrat/beim Arbeitgeber

V. Abmahnung und Interessenvertretung

1. Beteiligung des Betriebsrats

a) Mitbestimmungsrecht

Der Betriebsrat hat nach ganz h. M. beim Ausspruch von Abmahnungen durch den Arbeitgeber kein Mitbestimmungsrecht.[266] Bei der Abmahnung handelt es sich nicht um eine mitbestimmungspflichtige Angelegenheit nach § 84 Abs. 1 Nr. 1 BetrVG (Ordnung des Betriebs und des Verhaltens der Arbeitnehmer im Betrieb). Die Rechtsprechung begründet dies damit, die Abmahnung sei keine kollektivrechtliche Maßnahme, sondern die Ausübung des individualrechtlichen Rügerechts wegen einer Leistungsstörung aufseiten des Arbeitnehmers. Dies gelte selbst bei einem Verstoß des Arbeitnehmers gegen die kollektive betriebliche Ordnung. Auch dies sei ein Verstoß gegen die Pflichten des Arbeitnehmers aus dem Arbeitsvertrag. Dieser schuldet aufgrund seines Arbeitsvertrags auch die Beachtung der betrieblichen Ordnung. Der Arbeitgeber kann diesen Verstoß als arbeitsvertragswidriges Verhalten des Arbeitnehmers mitbestimmungsfrei abmahnen.[267] Etwas anderes kann sich aber ergeben, wenn die Abmahnung einen über den Warnzweck hinausgehenden Buß- oder Strafcharakter enthält (z. B.: Eine an sich vorgesehene Beförderung unterbleibt wegen der erfolgten Abmahnung). In diesen Fällen verwandelt sich die Abmahnung in eine Betriebsbuße, die nach § 87 Abs. 1 Nr. 1 BetrVG der Mitbestimmung des Betriebsrats unterliegt.

b) Informationsanspruch

Nach § 80 Abs. 2 Satz 1 BetrVG hat der Arbeitgeber den Betriebsrat zur Ausführung seiner Aufgaben rechtzeitig und umfassend zu unterrichten,

---

[266] Ständige Rechtsprechung seit BAG v. 30. 1. 1979 – 1 AZR 342/76.
[267] BAG v. 17. 10. 1989 – 1 ABR 100/88.

nach Satz 2 hat er dem Betriebsrat auf Verlangen die zur Ausführung der Aufgaben erforderlichen Unterlagen zur Verfügung zu stellen. Zum Teil wird die Auffassung vertreten, aus § 80 Abs. 2 BetrVG ergebe sich, dass der Betriebsrat über die Abmahnung zumindest informiert werden müsse, um die Rechtmäßigkeit des Vorgehens prüfen zu können. Der Betriebsrat müsse in der Lage sein festzustellen, ob der Arbeitgeber eine mitbestimmungsfreie Abmahnung oder eine mitbestimmungspflichtige Betriebsbuße auszusprechen beabsichtige bzw. ob er diese ausgesprochen habe. Das BAG hat jedoch in seinem Beschluss vom 17.9.2013[268] einen Informationsanspruch des Betriebsrats aus § 80 Abs. 2 BetrVG verneint.

In dem zu entscheidenden Fall verlangte der Betriebsrat, den Arbeitgeber dazu zu verpflichten, ihm über die ab einem bestimmten Zeitpunkt den bei ihr beschäftigten Mitarbeitern erteilten Abmahnungen durch Vorlage der Abmahnungsschreiben in anonymisierter Form (Unkenntlichkeit des Namens und der Adresse) Auskunft zu geben. Anders als die Instanzgerichte ist das BAG der Begründung des Betriebsrats nicht gefolgt, er benötige die Abmahnungen, um vor dem Ausspruch von Kündigungen auf die Arbeitgeberin einwirken und um bestehende Mitbestimmungsrechte nach § 87 BetrVG ausüben zu können. Das BAG begründet dies so: Voraussetzung für einen Anspruch aus § 80 Abs. 2 BetrVG sei zum einen, dass überhaupt eine Aufgabe des Betriebsrats gegeben, zum anderen, dass im Einzelfall die begehrte Information zur Wahrnehmung dieser Aufgabe erforderlich sei. Dies habe der Betriebsrat darzulegen.[269] Aufgrund der (allein) individualrechtlichen Bedeutung der Abmahnung ergebe sich keine Aufgabe und damit kein Mitwirkungs- oder Mitbestimmungsrecht des Betriebsrats. Mitwirkungsrechte des Betriebsrats entstünden erst dann, wenn der Arbeitgeber beabsichtige zu kündigen. Dann sei nämlich der Arbeitgeber gem. § 102 Abs. 1 BetrVG verpflichtet, das Anhörungsverfahren durchzuführen. Vor Einleitung des Mitwirkungsverfahrens nach § 102 Abs. 1 BetrVG sei schon die individualrechtliche Wirkung der Abmahnung nicht geeignet, ein Auskunftsrecht des Betriebsrats zu begründen. Das BAG führt weiter aus: Sollte der Betriebsrat der Auffassung sein, dass die den Abmahnungen zugrunde liegenden Anweisungen des Arbeitgebers nach § 87 Abs. 1 BetrVG mitbestimmungspflichtig seien und er gleichwohl nicht beteiligt wurde, könne er die seiner Auffassung nach gebotenen Maßnahmen ohnehin ergreifen. Für die Wahrnehmung dieser betriebsverfassungsrechtlichen Aufgabe bestehe aber kein weiter-

---

268 BAG v. 17.9.2013 – 1 ABR 26/12.
269 Vgl. auch BAG v. 7.2.2012 – 1 ABR 46/10; BAG v. 16.8.2011 – 1 ABR 22/10.

gehender Informationsbedarf durch die beantragte Vorlage der Abmahnungen.[270]

Unabhängig von der Entscheidung des BAG kann der Arbeitgeber den Betriebsrat bzw. den Personalrat freiwillig über eine Abmahnung vor oder nach deren Ausspruch unterrichten. Eine Information über Abmahnungen unter Überlassung von Kopien des Abmahnungsschreibens und ggf. der Gegendarstellung kann für den Arbeitgeber sogar sinnvoll sein, weil dadurch seine umfangreiche Darstellung zur Vorgeschichte im Rahmen des Anhörungsverfahrens nach § 102 Abs. 1 BetrVG entbehrlich sein kann. Bei einer beabsichtigten Kündigung ist der Betriebsrat im Rahmen des Anhörungsverfahrens nach § 102 Abs. 1 BetrVG selbstverständlich über einschlägige Abmahnung zu einer – wegen eines gleichen oder gleichartigen Pflichtverstoßes – beabsichtigten Kündigung zu informieren und es ist ihm die Abmahnung sowie ggf. auch die Gegendarstellung des Arbeitnehmers vorzulegen.

> **Praxis-Tipp:**
> Der Betriebsrat sollte versuchen, eine freiwillige Betriebsvereinbarung über die Grundsätze der Ermahnungs- und Abmahnungserteilung abzuschließen mit u. a. folgenden Regelungsinhalten:
> - Abmahnungsfristen,
> - Anhörung bzw. Unterrichtung des Betriebsrats,
> - Anhörung des Arbeitnehmers (schriftliche oder mündliche Stellungnahme),
> - Sanktionsvoraussetzungen und Sanktionsmittel des Arbeitgebers (Ermahnung/Abmahnung/Versetzung/Kündigung),
> - Fristen für die Entfernung der Ermahnung/Abmahnung aus der Personalakte.

2. Beteiligung des Personalrats

a) BPersVG

Auch der Personalrat hat nach dem Bundespersonalvertretungsgesetz (BPersVG) nach ganz h. M. beim Ausspruch von Abmahnungen durch den Arbeitgeber kein Mitbestimmungsrecht. Bei der Abmahnung handelt es sich nicht um eine mitbestimmungspflichtige Angelegenheit nach § 75

---

[270] BAG v. 17. 9. 2013 a. a. O.

Abs. 3 Nr. 15 BPersVG (Regelung der Ordnung in der Dienststelle und des Verhaltens der Beschäftigten).

b) Rechtslage für Personalräte in den einzelnen Bundesländern

In den Landespersonalvertretungsgesetzen (LPVG) ist das Beteiligungsrecht des Personalrats vor Ausspruch einer Abmahnung unterschiedlich geregelt. Nach der Intensität der Personalratsbeteiligung lassen sich die Länder so gruppieren:

Baden-Württemberg
Nach § 81 Abs. 2 Satz 1 Nr. 2 LPVG BW hat der Personalrat bei der Erteilung einer schriftlichen Abmahnung mitzuwirken, wenn der Arbeitnehmer dies beantragt. Da nach § 81 Abs. 2 Satz 2 LPVG BW die Regelung in § 75 Abs. 5 Nr. 1 LPVG BW entsprechend gilt, hat der Personalrat kein Mitwirkungsrecht bei Abmahnungen gegenüber bestimmten Beschäftigten in höheren Funktionen (Beamte der Besoldungsgruppe A 16 und höher, bei den obersten Dienstbehörden des Landes der Besoldungsgruppe B 3 und höher sowie jeweils für entsprechende Arbeitnehmerstellen und Arbeitnehmer, Landräte, Bürgermeister und Beigeordnete sowie leitende Beschäftigte öffentlich-rechtlicher Kreditinstitute). Mitwirkungsfrei sind somit mündlich erteilte Abmahnungen (z. B. im Rahmen eines Gesprächs) gegenüber allen Beschäftigten. Gleichfalls werden nach dem Wortlaut des Gesetzes z. B. auch Aktenvermerke über mündlich erteilte Abmahnungen nicht erfasst. Der Aktenvermerk ist nämlich nur die Dokumentation der Abmahnung, nicht aber die Abmahnung selbst.
Das Verfahren der Mitwirkung ist in § 80 LPVG BW geregelt. Danach ist dem Personalrat die beabsichtigte Maßnahme rechtzeitig bekannt zu geben und auf Verlangen mit ihm zu erörtern.

Bayern
Das Bayerische Personalvertretungsgesetz (BayPVG) enthält keine Regelung zur Beteiligung des Personalrats im Zusammenhang mit Abmahnungen.

Berlin
Das Personalvertretungsgesetz (PersVG) des Landes Berlin sieht lediglich bei Disziplinarverfügungen ein Mitwirkungsrecht des Personalrats vor (§ 90 Nr. 8 PersVG). Abmahnungen sind jedoch keine »Disziplinarverfügungen«. Darunter sind nur beamtenrechtliche Maßnahmen zu verstehen, nicht aber auf dem Arbeits- und Schuldrecht beruhende individual-

rechtliche Rügen des Arbeitgebers. Daher besteht auch in Berlin kein Beteiligungsrecht des Personalrats bei Abmahnungen.

Brandenburg
Der Personalrat hat ein Mitwirkungsrecht bei Abmahnungen, § 68 Abs. 1 Nr. 1 PersVG BB. Dies gilt unabhängig davon, ob die Abmahnung schriftlich oder mündlich erfolgt.
Das Verfahren der Mitwirkung ist in § 67 PersVG BB geregelt. Danach ist die beabsichtigte Maßnahme vor Durchführung mit dem Ziel einer Verständigung rechtzeitig und umgehend mit dem Personalrat zu erörtern. Der Personalrat kann sich innerhalb von zehn Arbeitstagen äußern; anderenfalls gilt die Maßnahme als gebilligt. Erhebt der Personalrat Einwendungen gegen eine beabsichtigte Abmahnung, hat er dem Leiter der Dienststelle die Gründe mitzuteilen. Entspricht die Dienststelle den Einwendungen des Personalrats nicht oder nicht im vollen Umfang, teilt sie dies unter Angabe der Gründe mit. Der Personalrat einer nachgeordneten Dienststelle kann die Angelegenheit innerhalb von fünf Arbeitstagen nach Zugang der Mitteilung der Dienststelle auf dem Dienstweg der übergeordneten Dienststelle, bei der eine Stufenvertretung besteht, zur Entscheidung vorlegen. Diese entscheidet innerhalb von drei Arbeitstagen nach Abschluss der Erörterung mit der bei ihr bestehenden Stufenvertretungen. Eine Abschrift seines Antrags leitet der Personalrat seiner Dienststelle zu.

Bremen
Das BremPersVG enthält in § 52 Abs. 1 Satz 1 eine Generalklausel. Danach hat der Personalrat die Aufgabe, für alle in der Dienststelle weisungsgebunden tätigen Personen in allen sozialen, personellen und organisatorischen Angelegenheiten gleichberechtigt mitzubestimmen. Eine Abmahnung ist jedoch keine personelle Angelegenheit in dem vorgenannten Sinne. Der Zustimmung des Personalrats unterliegen nämlich nur Regelungen mit Maßnahmecharakter (§ 58 BremPersVG). Dabei handelt es sich um solche, die eine Veränderung des bestehenden Zustands bewirken (z. B. Einstellung, Versetzung, Höhergruppierung). Die Abmahnung hat jedoch keine unmittelbaren rechtlichen und praktischen Auswirkungen. Sie macht lediglich dem Beschäftigten eine Pflichtverletzung zum Vorwurf und droht für den Fall erneuter Pflichtverletzungen arbeitsrechtliche Konsequenzen an, ohne dass die Abmahnung selbst schon arbeitsrechtliche Konsequenzen hätte. Die Abmahnung ist daher nicht mitbestimmungspflichtig. Beispiele für personelle Maßnahmen sind in § 65 BremPersVG zu finden.

Abmahnung und Interessenvertretung

Hamburg
Der Personalrat hat nach § 87 Abs. 1 HmbPersVG ein Mitbestimmungsrecht bei den dort aufgeführten sozialen und sonstigen innerdienstlichen Maßnahmen. Unter diesen Mitbestimmungstatbestand fällt eine arbeitsrechtliche Abmahnung nicht.

Hessen
Das HPVG enthält keine Regelung zur Beteiligung des Personalrats im Zusammenhang mit Abmahnungen.

Mecklenburg-Vorpommern
Die Beteiligung des Personalrats in Personalangelegenheiten ist in § 68 PersVG MV geregelt. Dort sind keine Regelungen zur Beteiligung im Zusammenhang mit Abmahnungen getroffen.

Niedersachsen
Nach § 75 Abs. 1 NPersVG hat die Dienststelle bei verschiedenen Maßnahmen das Benehmen mit dem Personalrat herzustellen. Hierzu gehören auch Abmahnungen, wenn die Beteiligung des Personalrats beantragt wird. Die Dienststelle hat auf das Antragsrecht des Arbeitnehmers, der abgemahnt werden soll, rechtzeitig hinzuweisen, § 75 Abs. 1 Nr. 2 NPersVG. Das Verfahren zur Herstellung des Benehmens ist in § 76 NPersVG geregelt. Danach ist dem Personalrat vor der Abmahnung Gelegenheit zur Stellungnahme zu geben.

Entspricht die Dienststelle den Einwendungen des Personalrats nicht oder nicht in vollem Umfang, teilt sie ihm ihre Entscheidung unter Angabe von Gründen schriftlich mit und der Personalrat kann die Entscheidung der übergeordneten Dienststelle beantragen, § 76 Abs. 3 und Abs. 4 NPersVG.

Im Übrigen gilt gem. § 75 Abs. 2 NPerVG für die Abmahnung § 65 Abs. 3 Nr. 1 und 2 NPersVG entsprechend. Hiernach gibt es kein Beteiligungsrecht des Personalrats bei Beschäftigten, soweit Stellen der Besoldungsgruppe A 16, der Besoldungsordnung B und der Besoldungsordnung R von der Besoldungsgruppe R 3 an aufwärts sowie entsprechende Vergütungs- oder Entgeltgruppen betroffen sind sowie bei Leiterinnen oder Leitern von Dienststellen und ständigen Vertreterinnen oder Vertretern sowie bei Beschäftigten, die in Personalangelegenheiten der Dienststelle entscheiden.

Nordrhein-Westfalen
Nach § 74 Abs. 2 LPVG NRW ist der Personalrat vor Abmahnungen, bei Kündigungen in der Probezeit, bei außerordentlichen Kündigungen, bei Aufhebungs- oder Beendigungsverträgen und bei Mitteilungen an Auszubildende darüber, dass deren Einstellung nach beendeter Ausbildung nicht beabsichtigt ist, anzuhören. Hierbei sind die Gründe, auf die sich die beabsichtigte Abmahnung oder Kündigung stützen soll, vollständig anzugeben. Der Personalrat kann vor einer Stellungnahme die betroffene Arbeitnehmerin oder den betroffenen Arbeitnehmer anhören. Erhebt der Personalrat Einwendungen gegen die beabsichtigte Maßnahme oder Vereinbarung, hat er der betroffenen Arbeitnehmerin oder dem betroffenen Arbeitnehmer eine Abschrift seiner Stellungnahme zuzuleiten, § 74 Abs. 4 LPVG NRW.

Rheinland-Pfalz
Das LPersVG RP räumt dem Personalrat in § 78 Abs. 1 LPersVG RP ein Mitbestimmungsrecht in personellen Angelegenheiten ein, und zwar sowohl auf personelle Einzelmaßnahmen, als auch auf allgemeine personelle Angelegenheiten. Ein Mitbestimmungsrecht für die Erteilung von Abmahnungen ergibt sich aus § 78 Abs. 2 Nr. 15 LPersVG RP, sofern der Beschäftigte die Mitbestimmung beantragt. Der Beschäftigte ist von der beabsichtigten Maßnahme rechtzeitig vorher in Kenntnis zu setzen und auf das Antragsrecht hinzuweisen.

Da es sich bei der Abmahnung um eine personelle Einzelmaßnahme handelt, hat bei Meinungsverschiedenheiten zwischen Dienststelle und Personalrat die Einigungsstelle kein Letztentscheidungsrecht, sondern kann nur eine Empfehlung an die oberste Dienstbehörde aussprechen, § 75 Abs. 5 Nr. 2 LPersVG RP.

Saarland
Nach § 80 Abs. 3 Satz 1 SPersVG hat der Personalrat ein Anhörungsrecht vor Ausspruch einer Abmahnung. Der Leiter der Dienststelle hat die Abmahnung zu begründen. Hat der Personalrat Bedenken, hat er sie dem Leiter der Dienststelle unverzüglich, spätestens innerhalb von drei Arbeitstagen unter Angabe der Gründe mitzuteilen. Da in § 80 Abs. 3 Satz 4 SPersVG geregelt ist, dass eine ohne Anhörung des Personalrats ausgesprochene außerordentliche Kündigung unwirksam ist, folgt daraus im Umkehrschluss, dass die unterbliebene oder fehlerhafte Anhörung des Personalrats vor einer Abmahnung nicht deren Unwirksamkeit zur Folge hat.

Abmahnung und Interessenvertretung

Sachsen
Abmahnungen unterliegen nach dem SächsPersVG nicht der Beteiligung des Personalrats.

Sachsen-Anhalt
Nach § 67 Abs. 2 LPersVG LSA ist der Personalrat vor der außerordentlichen Kündigung eines Arbeitnehmers und vor Beendigung des Arbeitsverhältnisses während der Probezeit sowie vor Abmahnungen anzuhören. Die Leitung der Dienststelle hat die beabsichtigte Maßnahme zu begründen. Hat der Personalrat Bedenken, hat er sie der Leitung der Dienststelle unverzüglich, spätestens innerhalb von drei Arbeitstagen unter Angabe der Gründe mitzuteilen. Eine ohne Anhörung des Personalrats ausgesprochene außerordentliche Kündigung ist unwirksam, § 67 Abs. 2 Satz 4 LPersVG LSA. Daraus folgt im Umkehrschluss, dass die unterbliebene oder fehlerhafte Anhörung des Personalrats vor einer Abmahnung nicht deren Unwirksamkeit zur Folge hat.

Schleswig-Holstein
Der Personalrat bestimmt nach dem MBG Schl-H. bei allen personellen, sozialen, organisatorischen und sonstigen innerdienstlichen Maßnahmen mit, die die Beschäftigten der Dienststelle insgesamt, Gruppen von ihnen oder einzelne Beschäftigte betreffen oder sich auf sie auswirken, § 51 Abs. 1 Satz 1 MBG Schl-H.

Obwohl es sich bei der Abmahnung um eine personelle Maßnahme handelt, die einzelne Beschäftige betrifft, unterliegt die Abmahnung nach der amtlichen Begründung[271] nicht der Mitbestimmung des Personalrats. Von § 51 MBG Schl-H. werden nur Maßnahmen erfasst, die auf eine Veränderung des bestehenden Zustands abzielen. Nach Umsetzung der Maßnahme müssen das Arbeitsverhältnis oder die Arbeitsbedingungen eine Änderung erfahren haben. Dies ist bei einer Abmahnung nicht der Fall.

Thüringen
Das Personalvertretungsgesetz sieht eine Beteiligung des Personalrats vor Abmahnungen nicht vor. § 17 Abs. 2 Satz 1 Nr. 9 ThürPersVG schreibt lediglich eine eingeschränkte Mitbestimmung bei Erhebung der Disziplinarklage gegen einen Beamten vor, sofern der Beschäftigte die Mitbestimmung beantragt, § 70 Abs. 2 Satz 2 ThürPersVG.

---

271 Drucksache 12/996.

3. Beteiligung der Schwerbehindertenvertretung

Regelungen für Behinderte und von Behinderung bedrohte Menschen finden sich im Sozialgesetzbuch Neuntes Buch – Rehabilitation und Teilhabe behinderter Menschen (SGB IX). Das SGB IX hat den Zweck, Behinderte und von Behinderung bedrohte Menschen bezüglich ihrer Selbstbestimmung und ihrer gleichberechtigten Teilhabe am Leben in der Gesellschaft zu fördern und Benachteiligungen zu vermeiden oder ihnen entgegenzuwirken. Nach § 178 Abs. 2 Satz 1 (früher: 95 Abs. 2 Satz 1) SGB IX ist die Schwerbehindertenvertretung vom Arbeitgeber in allen Angelegenheiten, die einen einzelnen schwerbehinderten Arbeitnehmer berühren, unverzüglich und umfassend zu unterrichten und vor einer Entscheidung anzuhören; die getroffene Entscheidung ist der Schwerbehindertenvertretung unverzüglich mitzuteilen. § 167 Abs. 1 SGB IX verpflichtet den Arbeitgeber, beim Eintreten von personen-, verhaltens- oder betriebsbedingten Schwierigkeiten im Arbeitsverhältnis, die zu einer Gefährdung dieses Verhältnisses führen können, die Schwerbehindertenvertretung möglichst frühzeitig einzuschalten, um mit ihnen alle Möglichkeiten und alle zur Verfügung stehenden Hilfen zur Beratung und mögliche finanzielle Leistungen zu erörtern, mit denen die Schwierigkeiten beseitigt werden können und das Arbeitsverhältnis möglichst dauerhaft fortgesetzt werden kann.

Zum Teil wird in der Literatur die Auffassung vertreten, die Schwerbehindertenvertretung sei vor Ausspruch jeder Abmahnung gegenüber einem schwerbehinderten Arbeitnehmer grundsätzlich zu unterrichten und anzuhören, weil unter Angelegenheit im Sinne von § 178 Abs. 2 Satz 1 SGB IX alle personellen und sozialen Angelegenheit fielen, unabhängig davon, ob es sich um eine unmittelbar die Schwerbehinderteneigenschaft berührende Angelegenheit handle oder nicht. Darüber hinaus sei sie unter dem Gesichtspunkt der Prävention vom Arbeitgeber einzubeziehen (§ 167 Abs. 1 SGB IX). Dem gegenüber haben sowohl das BAG[272] als auch die Instanzgerichte[273] entschieden, dass die Schwerbehindertenvertretung weder nach § 178 Abs. 2 Satz 1 SGB IX noch unter dem Gesichtspunkt des § 167 Abs. 1 SGB IX generell vor Ausspruch einer Abmahnung zu beteiligen ist. Ziel der gesetzlichen Regelung in § 178 Abs. 2

---

272 BAG v. 17.8.2010 – 9 ABR 83/09, NZA 2010, 1431, BAG v. 15.10.2014, NZA 2015, 176.
273 LAG Baden-Württemberg v. 7.4.2017 – 7 TABV 1/17 (ebenso die Vorinstanz: ArbG Reutlingen v. 29.9.2016 – 7 BV 1/16); LAG München v. 30.8.1989 – 5 Sa 419/89.

Satz 1 SGB IX sei es, behinderungsbedingte Nachteile auszugleichen. Solche lägen nicht vor, wenn die Abmahnung den schwerbehinderten Arbeitnehmer in gleicher Weise berührte wie einen nicht behinderten Mitarbeiter und kein Bezug zu der Schwerbehinderung des Arbeitnehmers bestehe.[274] Auch bestünden keine Beteiligungsrechte nach § 167 Abs. 1 SGB IX, da es sich bei einer Abmahnung nicht um eine Schwierigkeit im Sinne dieser Vorschrift handle, welche zu einer Gefährdung des Arbeitsverhältnisses führen könne. Der Ausspruch einer Abmahnung gefährde das Arbeitsverhältnis nicht, vielmehr solle diese den Arbeitnehmer lediglich zu vertragsgerechtem Verhalten anhalten und damit im Ergebnis gerade dazu beitragen, dass es zu keiner Gefährdung des Arbeitsverhältnisses komme.[275]

Im Ergebnis lässt sich festhalten, dass nach der Rechtsprechung zwar kein generelles Beteiligungsrecht der Schwerbehindertenvertretung vor Ausspruch einer Abmahnung gegenüber einem schwerbehinderten Arbeitnehmer besteht, eine Beteiligung der Schwerbehindertenvertretung aber dann nach § 178 Abs. 2 Satz 1 SGB IX erforderlich ist, wenn das abzumahnende Verhalten des betroffenen Arbeitnehmers auf dessen Behinderung beruhen kann. Ob diese Voraussetzung vorliegt, ist anhand jedes Einzelfalls zu prüfen. Auch bezüglich des Präventionsverfahrens nach § 167 Abs. 1 SGB IX ist zu differenzieren: Der Arbeitgeber kann zwar gegebenenfalls verpflichtet sein, bezüglich des Fehlverhaltens, welches zur Abmahnung führt, das Präventionsverfahren nach § 167 Abs. 1 SGB IX zu durchlaufen, wenn darin eine Schwierigkeit im Sinne von § 167 Abs. 1 SGB IX erblickt werden kann. Die auszusprechende Abmahnung hingegen ist eine von diesem Fehlverhalten isoliert zu bewertende eigenständige Maßnahme, welche eine Einbindung der Schwerbehindertenvertretung nach dieser Vorschrift nicht erforderlich macht.

---

274 BAG a.a.O.; LAG Baden-Württemberg a.aO.
275 LAG Baden-Württemberg a.a.O.

VI. Abmahnung durch Arbeitnehmer

1. Grundsätzliches

Dem Arbeitnehmer steht ebenfalls das Recht zu, den Arbeitgeber bei Pflichtverletzungen abzumahnen. Auch wenn die Abmahnung durch den Arbeitnehmer lediglich eine geringe praktische Bedeutung hat, gilt auch für ihn der § 314 Abs. 2 Satz 1 BGB, wonach eine Kündigung aus wichtigem Grund – soweit nicht die Ausnahmen aus § 314 Abs. 2 Satz 2, § 323 Abs. 2 BGB zum Zuge kommen – erst nach erfolglosem Ablauf einer zur Abhilfe bestimmten Frist oder nach erfolgloser Abmahnung zulässig ist. Das Abmahnungserfordernis ist zum einen aus der Treuepflicht des Arbeitnehmers abzuleiten, zum anderen aus dem Verbot widersprüchlichen Verhaltens und dem Prinzip der Verhältnismäßigkeit. Denn nur wenn der Arbeitnehmer vor Ausspruch seiner Kündigung das pflichtwidrige Verhalten des Arbeitgebers abgemahnt hat, hat der Arbeitgeber die Möglichkeit, das beanstandete Verhalten zu prüfen und sich künftig vertragsgerecht zu verhalten. Daher gilt der Grundsatz, dass jede Kündigung aus wichtigem Grund eine vorherige vergebliche Abmahnung voraussetzt, auch für (fristlose) Eigenkündigungen von Arbeitnehmern.[276]

Auch eine Abmahnung des Arbeitgebers hat Dokumentations-, Hinweis- und Warn- bzw. Androhungsfunktionen. Deshalb muss auch der Arbeitnehmer das beanstandete Verhalten genau bezeichnen, die konkrete arbeitsvertragliche Haupt- oder Nebenpflichtverletzung benennen und schließlich androhen, dass im Wiederholungsfall mit einer Kündigung des Arbeitsverhältnisses zu rechnen ist (vgl. hierzu Kapitel I. Ziffer 4).

Gemäß § 628 Abs. 2 BGB ist der Vertragspartner zum Ersatz des durch die Aufhebung des Arbeitsverhältnisses entstehenden Schadens verpflichtet, der durch sein vertragswidriges Verhalten die Kündigung des anderen

---
276 Vgl. schon BAG v. 19.6.1967 – 2 AZR 287/66 und BAG v. 17.1.2002 – 2 AZR 494/00 – LAG Berlin-Brandenburg v. 27.11.2008 – 14 Sa 1872/08; ArbG Berlin v. 4.1.2013 – 28 Ca 16836/12.

Vertragspartners veranlasst hat. Kündigt der Arbeitnehmer fristlos, ohne vorher eine gebotene Abmahnung auszusprechen, kann dies dazu führen, dass ihm kein solcher Schadensersatzanspruch zusteht. Deshalb ist eine vorherige vergebliche Abmahnung Voraussetzung eines Schadensersatzanspruchs bei Eigenkündigung des Arbeitnehmers wegen ständiger verspäteter Lohnzahlungen.[277]

Nach wiederholter Abmahnung wegen gleichartiger Verstöße kann der Arbeitnehmer fristlos kündigen (vgl. Kapitel I. Ziffer 8). Selbstverständlich können Arbeitnehmer stets ordentlich fristgerecht kündigen, da sie keinen Kündigungsschutz zu beachten haben.

2. Abmahnungsgründe

Als Abmahnungsgründe für nicht vertragsgemäßes Verhalten des Arbeitgebers kommen folgende Sachverhalte in Betracht:
- nicht ordnungsgemäße oder verspätete Zahlung eines nicht unerheblichen Teils des Lohnes[278]
- vertragswidrige Beschäftigung/Entzug von Aufgaben
- Zuweisung von Überarbeit in einem Umfange, der die Grenzen des Arbeitszeitgesetzes überschreitet[279]
- Nichteinhaltung vertraglich zugesicherter Sonderleistungen
- Wiederholtes Verlangen unzulässiger Über- oder Mehrarbeit[280]
- Verstöße gegen Arbeitsschutzvorrichtungen wie z. B. Unfallverhütungsvorschriften
- nicht vertragsgemäße Überlassung einer Werkswohnung bzw. Nichtbehebung von erheblichen Mängeln in der Werkswohnung
- Fehlen von Schutzvorrichtungen für das eingebrachte Eigentum des Arbeitnehmers, z. B. Fehlen von abschließbaren Spinden

---

277 LAG Rheinland-Pfalz v. 7.7.2011 – 2 Sa 288/11.
278 BAG v. 17.1.2002 – 2 AZR 494/00.
279 ArbG Berlin v. 4.1.2013 – 28 Ca 16836/12.
280 BAG v. 28.10.1971 – 2 AZR 15/71; LAG Hamm v. 18.6.1991 – 11 Sa 527/91.

3. Muster

a) Abmahnung wegen Lohnverzug

»Sehr geehrter Arbeitgeber,
Sie schulden mir mein Gehalt für die Monate Dezember 2014 und Januar 2015. Gemäß Arbeitsvertrag ist das Gehalt jeweils am Monatsletzten/zum 15. des Folgemonats (alternativ: gem. § 614 BGB am 1. Januar 2016 bzw. am 1. Februar 2016) fällig. Da ich bis zum heutigen Tag keinen Zahlungseingang verbuchen konnte, befinden Sie sich aufgrund der gesetzlichen Vorschriften in Schuldnerverzug mit den genannten Gehaltszahlungen. Hierdurch verstoßen Sie gegen ihre arbeitsvertragliche Pflicht zur fristgerechten Lohnzahlung.
Ich fordere Sie auf, die noch offenstehenden Gehälter umgehend, spätestens aber bis zum 15. Februar 2016, vollständig auf mein Ihnen bekanntes Gehaltskonto auszuzahlen. Rein vorsorglich stelle ich klar, dass mit dieser Fristsetzung eine Stundung nicht verbunden ist. Weiterhin fordere ich Sie auf, sich künftig vertragsgemäß zu verhalten und mein Gehalt künftig pünktlich zu zahlen.
Sollte ich einen vollständigen Zahlungseingang der ausstehenden Gehälter für die Monate Dezember 2014 und Januar 2015 nicht bis zum 15. Februar 2016 verbuchen können und/oder sollten Sie künftig Gehälter nicht pünktlich zahlen, behalte ich mir vor, das Arbeitsverhältnis außerordentlich fristlos zu kündigen. Ich hoffe, dass es hierzu nicht kommen muss.

Mit freundlichen Grüßen
Arbeitnehmer«

b) Abmahnung wegen vertragswidriger Beschäftigung/Aufgabenentzug

»Sehr geehrter Arbeitgeber,
gemäß der in meinem Arbeitsvertrag enthaltenen Aufgabenbeschreibung bin ich als »Leiter der Marketingabteilung« angestellt. In der Marketingabteilung waren bei Abschluss des Arbeitsvertrags weitere zwei Mitarbeiter (Marketingmanager) sowie zwei Assistentinnen beschäftigt. Diesen gegenüber habe ich gemäß Arbeitsvertrag Führungsverantwortung. Seit Weggang eines Mitarbeiters und einer Assistentin aus der Marketingabteilung im Oktober … beschäftigen Sie mich mit Arbeitsaufgaben, die denen eines Marketingmanagers entsprechen. Mit Schreiben vom … haben Sie mir die Weisungsbefugnis gegenüber dem verbliebenen Marketingmanager und der Assistentin entzogen. Diese Änderung meiner Funktion haben Sie auch per E-Mail vom … allen Mitarbeitern bekanntgegeben.
Mit dem geschilderten Verhalten verstoßen Sie gegen Ihre arbeitsvertragliche

Abmahnung durch Arbeitnehmer

Verpflichtung, mich als Leiter der Marketingabteilung mit Führungsverantwortung zu beschäftigen.
Ich fordere Sie daher dazu auf, mich ab sofort wieder vertragsgemäß als »Leiter der Marketingabteilung« zu beschäftigen. Sollten Sie dieser Aufforderung nicht spätestens bis zum ... nachkommen, behalte ich mir den Ausspruch einer außerordentlichen Kündigung vor.

Mit freundlichen Grüßen
Arbeitnehmer«

VII. Muster und Checklisten

1. Gegendarstellung zur Abmahnung

Mit einer Gegendarstellung verfolgt der Arbeitnehmer folgende Ziele:
- Abmahnungssachverhalt aus seiner eigenen Sicht darstellen
- Rechtfertigungs- oder Entschuldigungsgründe für den Verstoß darlegen
- Darlegen, dass die Pflichtverletzung nicht so gravierend war, wie vom Arbeitgeber geschildert
- Rücknahme und Entfernung der Abmahnung aus der Personalakte

Wichtig ist, dass die Gegendarstellung in sachlicher Art und Weise erfolgt, ehrverletzende oder unsachliche Äußerungen sind zu vermeiden, um das Arbeitsverhältnis nicht noch zusätzlich zu belasten. Zu beachten ist, dass der Arbeitnehmer in einem späteren Kündigungsschutzprozess auf die Angaben in seiner Gegendarstellung festgelegt ist. Deshalb sollte die Gegendarstellung keine falschen Tatsachen, vor allem (bei einer zu Recht erteilten Abmahnung) kein Schuldeingeständnis enthalten – auch keine indirektes.

Da sich der Inhalt der Gegendarstellung in erster Linie danach richtet, ob der Arbeitnehmer die in der Abmahnung vorgeworfene Pflichtverletzung tatsächlich begangen hat – und falls ja, ob hierfür Rechtfertigungs- oder Entschuldigungsgründe vorliegen oder die Abmahnung an formalen Mängeln leidet –, sind die nachfolgenden Muster lediglich als Orientierungs- und Formulierungshilfen zu verstehen. Eine fachkundige Beratung durch den Betriebsrat, die zuständige Gewerkschaft oder einen Rechtsanwalt kann hierdurch nicht ersetzt werden.

Muster und Checklisten

a) Abmahnung wegen Nichtvorlage ärztlicher Bescheinigung nach § 5 EFZG

»An die Geschäftsleitung/Personalabteilung
Im Hause

Ihr Abmahnungsschreiben vom … wegen Nichtvorlage einer ärztlichen Bescheinigung nach § 5 EFZG

Sehr geehrte Damen und Herren,
am … habe ich Ihre Abmahnung vom … erhalten. Diese halte ich jedoch für nicht berechtigt.
In Ihrer Abmahnung werfen Sie mir vor, gegen meine arbeitsvertraglichen Pflichten verstoßen zu haben, da ich Ihnen nicht unverzüglich eine ärztliche Bescheinigung über das Bestehen der Arbeitsunfähigkeit sowie deren voraussichtliche Dauer vorgelegt haben.
Die Pflichtverletzung, die Sie mir vorwerfen, liegt jedoch nicht vor. Nach § 5 Abs. 1 EFZG hat ein Arbeitnehmer lediglich dann, wenn die Arbeitsunfähigkeit länger als drei Kalendertage andauert, dem Arbeitgeber eine ärztliche Bescheinigung über das Bestehen der Arbeitsunfähigkeit sowie deren voraussichtliche Dauer spätestens an dem darauf folgenden Arbeitstag vorzulegen. Lediglich dann, wenn der Arbeitgeber es verlangt, ist der Arbeitnehmer verpflichtet, die ärztliche Bescheinigung früher vorzulegen.
Ich war vom … bis zum …, mithin lediglich drei Tage, arbeitsunfähig erkrankt.
Meine Arbeitsunfähigkeit habe ich am ersten Tag gegen 8:00 Uhr morgens, also unverzüglich, der Mitarbeiterin der Personalabteilung, Frau X, telefonisch angezeigt. Gleichzeitig teilte ich ihr mit, dass meine Arbeitsunfähigkeit voraussichtlich bis zum übernächsten Tag, mithin bis zum … andauern wird. Wie angekündigt bin ich am übernächsten Tag wieder an meinen Arbeitsplatz erschienen. Ich war somit lediglich insgesamt drei Tage arbeitsunfähig erkrankt. Eine Pflicht zur Vorlage einer ärztlichen Bescheinigung besteht nach dem EFZG aber erst am vierten Kalendertag. Zu diesem Zeitpunkt war ich bereits wieder genesen und habe meine Arbeit aufgenommen. Auch haben Sie nicht von mir verlangt, die ärztliche Bescheinigung früher als nach dem dritten Kalendertag vorzulegen.
Ich fordere Sie daher dazu auf, Ihre Abmahnung umgehend aus meiner Personalakte zu entfernen. Bitte bestätigen Sie mir schriftlich bis zum … die Entfernung der Abmahnung. Sofern Sie das Abmahnungsschreiben nicht aus der Personalakte entfernen, ist dieses Schreiben der Personalakte beizufügen. Bitte beachten Sie, dass ich mir für diesen Fall vorbehalte, gerichtliche Schritte einzuleiten. Ich hoffe, dass es hierzu nicht kommen muss.

Mit freundlichen Grüßen
Arbeitnehmer«

Gegendarstellung zur Abmahnung

b) **Abmahnung wegen verspäteter Vorlage der ärztlicher Bescheinigung nach § 5 EFZG, Angabe von Entschuldigungsgründen**

»An die Geschäftsleitung/Personalabteilung
Im Hause

Ihr Abmahnungsschreiben vom ... wegen

Sehr geehrte Damen und Herren,
ich habe Ihre Abmahnung vom ... erhalten. In Ihrer Abmahnung werfen Sie mir vor, gegen meine arbeitsvertraglichen Pflichten verstoßen zu haben, weil ich Ihnen nicht nach dem dritten Kalendertag meiner Arbeitsunfähigkeit eine ärztliche Bescheinigung über das Bestehen der Arbeitsunfähigkeit sowie deren voraussichtliche Dauer vorgelegt habe. Das ärztliche Attest sei erst am fünften Kalendertag, mithin am ..., bei Ihnen eingegangen.
Ich habe das ärztliche Attest bereits am ersten Tag meiner Arbeitsunfähigkeit nach einem Arztbesuch erhalten. Aus dem Attest geht auch die voraussichtliche Dauer meiner Arbeitsunfähigkeit hervor. Diese ärztliche Bescheinigung habe ich sogleich nach deren Ausstellung am ersten Tag meiner Arbeitsunfähigkeit per Post an die Personalabteilung versendet. Den Zugang des ärztlichen Attests erst am fünften Kalendertag meiner Arbeitsunfähigkeit bestreite ich nicht. Zu meiner Entschuldigung lässt sich sagen, dass der verspätete Zugang des ärztlichen Attests durch den Streik der Postzusteller verursacht ist. Der Streik begann am zweiten Tag meiner Arbeitsunfähigkeit, mithin einen Tag, nachdem ich die ärztliche Bescheinigung auf den Postweg gebracht habe. Am Vormittag des zweiten Tages meiner Arbeitsunfähigkeit, nachdem ich Kenntnis von dem Streik der Postzusteller erlangt hatte, habe ich sogleich die Personalabteilung, namentlich Frau ..., telefonisch darüber informiert, dass ich die Arbeitsunfähigkeitsbescheinigung versendet habe, aber eventuell mit einem verspäteten Zugang zu rechnen sei.
Vor diesem Hintergrund bitte ich Sie, den Sachverhalt noch einmal zu prüfen und die Abmahnung aus der Personalakte zu entfernen. Bis dahin bitte ich, diese Gegendarstellung in meine Personalakte aufzunehmen.

Mit freundlichen Grüßen
Arbeitnehmer«

Muster und Checklisten

c) Abmahnung eines Betriebsratsmitglieds wegen unerlaubten Entfernens vom Arbeitsplatz

»An die Geschäftsleitung/Personalabteilung
Im Hause

Ihr Abmahnungsschreiben vom ... wegen unerlaubten Entfernens vom Arbeitsplatz

Sehr geehrte Damen und Herren,
ich habe Ihre Abmahnung vom ... erhalten. In Ihrer Abmahnung werfen sie mir vor, mich am ... unerlaubt vom Arbeitsplatz entfernt zu haben, ohne die vorherige Zustimmung des Arbeitgebers eingeholt zu haben. Nach ihrer Auffassung sei dies ein Verstoß gegen meine arbeitsvertragliche Pflichten. Sie kündigten an, im Wiederholungsfalle eine – ggf. auch außerordentliche – Kündigung auszusprechen und die Abmahnung zur Personalakte zu nehmen.
Zu Ihrer Abmahnung nehme ich wie folgt Stellung: An dem in Ihrem Abmahnungsschreiben genannten Tag, dem ..., habe ich an einer Betriebsratssitzung teilgenommen, die um 13:30 Uhr begann. Vor der Mittagspause, um 13:00 Uhr, habe ich mich daher bei meinem Vorgesetzten, Herrn ..., mit den Worten »ich gehe jetzt in die Mittagspause und bin anschließend ab 13:30 Uhr zu der Betriebsratssitzung in den Konferenzsaal«, abgemeldet. Mein Vorgesetzter, Herr ..., erklärte daraufhin, dies sei in Ordnung.
Ein Verstoß gegen meine arbeitsvertraglichen Nebenpflichten liegt somit nicht vor. Eine Zustimmung zur Arbeitsbefreiung bedarf es im Rahmen des § 37 Abs. 2 BetrVG nicht. Als Betriebsratsmitglied habe ich daher meine arbeitsvertraglichen Pflicht Genüge getan, wenn ich zur Abmeldung stichwortartig den Gegenstand der Betriebsratstätigkeit nach Art, Zeit und Ort benenne. Dies ist vorliegend geschehen und kann vor meinem Vorgesetzten, Herrn ..., bestätigt werden.
Ich fordere Sie daher auf, die Abmahnung gem. §§ 242, 1044 BGB analog bis zum ... aus meiner Personalakte zu entfernen. Bitte bestätigen Sie mir schriftlich bis zum genannten Termin, dass sie die Abmahnung entfernt haben. Sofern Sie das Abmahnungsschreiben nicht aus der Personalakte entfernen, ist dieses Schreiben der Personalakte beizufügen. Bitte beachten Sie, dass ich mir für diesen Fall vorbehalte, gerichtliche Schritte einzuleiten. Ich hoffe, dass es hierzu nicht kommen muss.

Mit freundlichen Grüßen
Arbeitnehmer«

d) Abmahnung wegen Streikteilnahme

»An die Geschäftsleitung/Personalabteilung
Im Hause

Ihr Abmahnungsschreiben vom ... wegen Streikteilnahme

Sehr geehrte Damen und Herren,
ich habe Ihre Abmahnung vom ... erhalten. In Ihrer Abmahnung werfen sie mir vor, am ... nicht am Arbeitsplatz erschienen zu sein. Nach Ihrer Auffassung sei dies ein Verstoß gegen meine arbeitsvertraglichen Pflichten. Sie kündigten an, im Wiederholungsfalle eine – ggf. auch außerordentliche – Kündigung auszusprechen und die Abmahnung zur Personalakte zu nehmen.
An dem besagten Tag bin ich nicht zur Arbeit erschienen, sondern habe an einem Streik der XY-Gewerkschaft, deren Mitglied ich bin, teilgenommen. Das Arbeitskampfrecht ist gesetzlich nicht geregelt. Der Streik ist aber nach deutschem Recht als Ausdruck der Tarifautonomie zulässig. Diese ist im Grundgesetz in Art 9 Abs. 3 GG abgesichert und beinhaltet auch das Recht, für die Ziele zu streiken. Arbeitsvertraglich betrachtet ist der Streik zwar zunächst ein Verstoß gegen die Arbeitspflicht, allerdings ist die Teilnahme an einem rechtmäßigen Streik nicht verboten. Während des rechtmäßigen Streiks sind die gegenseitigen Rechte und Pflichten suspendiert, d.h. sie ruhen. Wegen der Teilnahme an einem rechtmäßigen Streik darf folglich auch keine Abmahnung ausgesprochen werden.
Ein Streik ist dann rechtmäßig, wenn damit eine tarifpolitische Zielsetzung verfolgt wird, der Streik von einer Gewerkschaft organisiert wird und der Streik verhältnismäßig ist, vor allem dann, wenn die Verhandlungsmöglichkeiten ausgeschöpft sind. Diese Voraussetzungen sind vorliegend erfüllt, denn es ging bei dem Streik u.a. um Einkommenserhöhungen, einem eindeutig tarifpolitischem Ziel. Der Streik wurde von der XY-Gewerkschaft organisiert und zahlreiche Verhandlungsrunden wurden ohne Erfolg geführt, sodass schließlich die Verhandlungen als gescheitert erklärt wurden.
Ihre Abmahnung wegen meiner Streikteilnahme ist rechtswidrig, sie ist eine nach § 612a BGB verbotene Maßregelung. Ich fordere Sie daher auf, die rechtswidrige Abmahnung gem. §§ 242, 1044 BGB analog bis zum ... aus meiner Personalakte zu entfernen. Bitte bestätigen Sie mir schriftlich bis zum genannten Termin, dass sie die Abmahnung entfernt haben. Sofern Sie das Abmahnungsschreiben nicht aus der Personalakte entfernen, ist dieses Schreiben der Personalakte beizufügen. Bitte beachten Sie, dass ich mir für diesen Fall vorbehalte, gerichtliche Schritte einzuleiten. Ich hoffe, dass es hierzu nicht kommen muss.

Mit freundlichen Grüßen
Arbeitnehmer«

2. Klage auf Entfernung der Abmahnung

Ist die Abmahnung zu Unrecht erfolgt und weigert sich der Arbeitnehmer trotz Aufforderung dennoch, diese aus der Personalakte zu entfernen, kann der Arbeitnehmer Klage beim zuständigen Arbeitsgericht auf Entfernung der zu Unrecht erteilten Abmahnung aus der Personalakte erheben.

In der ersten Instanz, also vor den Arbeitsgerichten, können sowohl Arbeitgeber als auch Arbeitnehmer den Prozess selbst führen, es besteht kein Anwaltszwang. Zumeist dürfte aber eine Vertretung durch einen Vertreter der Gewerkschaft oder einen Rechtsanwalt sinnvoll sein, weil das Arbeitsgericht den streitigen Sachverhalt nicht von Amts wegen aufklärt, sondern nur das bei seiner Entscheidung berücksichtigt, was die Parteien vortragen. Ist der Vortrag verspätet, unklar, lückenhaft, unvollständig oder tritt die Partei keinen Beweis an, obwohl sie beweispflichtig ist, kann dies erhebliche Rechtsnachteile für die jeweilige Partei nach sich ziehen. Die nachfolgenden Musterklagen sind vor diesem Hintergrund zu verstehen. Eine fachkundige Beratung durch den Betriebsrat, die zuständige Gewerkschaft oder einen Rechtsanwalt kann hierdurch nicht ersetzt werden.

a) Klage wegen pflichtwidrigen Verlassens des Arbeitsplatzes

»An das Arbeitsgericht

Klage

des (Vorname, Nachname, Adresse)
– Kläger –
gegen
die XY-GmbH (Bezeichnung des Arbeitgebers, Adresse, Name und Vorname der Vertretungsberechtigten)
– Beklagte –

wegen: Entfernung der Abmahnung vom ... wegen ... aus der Personalakte

Ich erhebe Klage und beantrage:
1. Die Beklagte wird verurteilt, die der Klägerin erteilte Abmahnung vom ... wegen ... aus der Personalakte zu entfernen.
2. Dem Kläger eine vollstreckbare Ausfertigung des Urteils zu erteilen.

Klage auf Entfernung der Abmahnung

Begründung:
Ich bin am … (Datum) geboren, verheiratet und 2 Kindern unterhaltsverpflichtet. Seit dem … (Datum) bin ich bei der Beklagten im Betrieb in X-Stadt als … (Berufsbezeichnung) beschäftigt. Zunächst betrug meine wöchentliche Arbeitszeit 40 Stunden. Seit letzter Woche, nämlich seit dem … (Datum), beträgt diese lediglich noch 20 Stunden wöchentlich, und zwar montags bis freitags von 8:00 Uhr bis 12:00 Uhr. Mein aktueller Bruttomonatslohn beträgt … EUR.
    Beweis: Arbeitsvertrag vom …, Anlage K 1
    Änderungsvertrag vom …, Anlage K 2
    Gehaltsabrechnung vom …, Anlage K 3
Der Geschäftsführer der Beklagten, Herr …, hat mich am … mit Schreiben vom selben Tag abgemahnt. In der Abmahnung wird mir vorgeworfen, am … meine Arbeitsstelle pflichtwidrig vor 17:00 Uhr verlassen zu haben.
    Beweis: Abmahnschreiben vom …, Anlage K 4
Die Abmahnung ist in meine Personalakte aufgenommen worden.
    Beweis: Einsicht in die Personalakte
Zeugnis des Geschäftsführers der Beklagten, Herr …, zu laden über die Beklagte
Der Vorwurf, am … meine Arbeitsstelle pflichtwidrig vor Dienstende um 17:00 Uhr verlassen zu haben, beruht auf einer unzutreffenden rechtlichen Bewertung meines Verhaltens. Ich war an diesem Tag nicht verpflichtet, in der Zeit von 12:00 Uhr bis 17:00 Uhr zu arbeiten. Infolge der mit Wirkung zum … eingetretenen Vertragsänderung endete meine Arbeitszeit am in Rede stehenden Tag bereits um 12:00 Uhr. Ich bin auch nicht zuvor angewiesen worden, am in Rede stehenden Tag Überstunden zu leisten.

Durch die rechtswidrige Abmahnung bin ich in meinem allgemeinen Persönlichkeitsrecht verletzt worden, ich habe daher einen Anspruch auf Entfernung der zu Unrecht erteilten Abmahnung aus meiner Personalakte nach §§ 242, 1004 BGB analog.
Mit Schreiben vom … habe ich die Beklagte aufgefordert, die streitige Abmahnung aus der Personalakte zu entfernen.
    Beweis: Schreiben an die Beklagte vom …, Anlage K 5
Dies ist bisher nicht geschehen.
    Beweis: Einsicht in die Personalakte
Zeugnis des Geschäftsführers der Beklagten, Herr …, b. b.
Klage ist daher geboten.
Unterschrift des Klägers/Arbeitnehmers«

Muster und Checklisten

b) Abmahnung eines Betriebsratsmitglieds wegen unerlaubten Entfernens vom Arbeitsplatz

»An das Arbeitsgericht

Klage

des (Vorname, Nachname, Adresse)
– Kläger –
gegen

die XY-GmbH (Bezeichnung des Arbeitgebers, Adresse, Name und Vorname der Vertretungsberechtigten)
– Beklagte –

wegen: Entfernung der Abmahnung vom ... wegen ... aus der Personalakte

Ich erhebe Klage und beantrage:
1. Die Beklagte wird verurteilt, die der Klägerin erteilte Abmahnung vom ... wegen ... aus der Personalakte zu entfernen.
2. Dem Kläger eine vollstreckbare Ausfertigung des Urteils zu erteilen.

Begründung:
Ich bin am ... (Datum) geboren, ledig und niemanden unterhalsverpflichtet. Seit dem ... (Datum) werde ich bei dem beklagten Arbeitgeber als ... (Berufsbezeichnung) mit einer monatlichen Bruttovergütung von ... Euro beschäftigt. Es ist eine 38-Stunden-Woche mit einer täglichen Arbeitszeit von Montag bis Donnerstag von acht Stunden und Freitag von sechs Stunden vereinbart. Als Arbeitsbeginn ist 8:00 Uhr vereinbart.
   Beweis: Arbeitsvertrag vom ..., Anlage K 1
   Gehaltsabrechnung vom ..., Anlage K 2
Mit Schreiben vom ... hat mich der beklagte Arbeitgeber wegen unerlaubten Entfernens vom Arbeitsplatz abgemahnt und hat die Abmahnung zur Personalakte genommen. In der Abmahnung wird mir vorgeworfen, mich am ... unerlaubt von meinem Arbeitsplatz entfernt zu haben, ohne die vorherige Zustimmung des Arbeitgebers eingeholt zu haben. Dies sei ein Verstoß gegen arbeitsvertragliche Pflichten und führe im Wiederholungsfalle zum Ausspruch einer – ggf. auch außerordentlichen – Kündigung.
   Beweis: Abmahnung vom ..., Anlage K 3
Die Abmahnung ist rechtswidrig und daher aus der Personalakte zu entfernen.
An dem in dem Abmahnungsschreiben genannten Tag, dem ..., habe ich an einer Betriebsratssitzung teilgenommen, die um 13:30 Uhr begann und um 17:20 Uhr endete, d. h. nach Ende der täglichen Arbeitszeit des Klägers.
   Beweis: Zeugnis des Betriebsratsvorsitzenden, Herrn ..., zu laden über den Betriebsrat

Klage auf Entfernung der Abmahnung

Vor der Mittagspause, um 13:00 Uhr, habe ich mich bei meinem Vorgesetzten, Herrn ..., mit den Worten »ich gehe jetzt in die Mittagspause und anschließend ab 13:30 Uhr zu der Betriebsratssitzung in den Konferenzsaal« abgemeldet. Dieser hat mir daraufhin geantwortet, dies sei in Ordnung.
Beweis: Zeugnis der Vorgesetzten, Herrn ..., zu laden über den Beklagten
Nach § 37 Abs. 2 BetrVG sind Mitglieder des Betriebsrats von ihrer beruflichen Tätigkeit ohne Minderung des Arbeitsentgelts zu befreien, wenn und soweit es nach Umfang und Art des Betriebs zur ordnungsgemäßen Durchführung ihrer Aufgaben erforderlich ist. Das BAG hat in seiner Entscheidung zur Ab- und Rückmeldepflicht von Betriebsratsmitgliedern zwar bestätigt, dass sich das Betriebsratsmitglied zur Ausübung der Betriebsratstätigkeit beim Arbeitgeber abmelden muss (BAG v. 29.7.2011 – 7 ABR 135/09), diese Meldepflichten dient aber allein dem Zweck, dem Arbeitgeber die Arbeitseinteilung zu erleichtern, vor allem den Arbeitsausfall des Arbeitnehmers zu überbrücken (BAG v. 13.5.1997 – 1 ABR 2/97). Um diesen Zweck zu erfüllen genügt es, wenn das Betriebsratsmitglied bei der Abmeldung den Ort und die voraussichtliche Dauer der Betriebsratstätigkeit angibt. Aufgrund dieser Mindestangaben ist der Arbeitgeber imstande, die Arbeitsabläufe in geeigneter Weise zu organisieren und Störungen im Betriebsablauf zu vermeiden. Das Betriebsratsmitglied muss die Art der geplanten Betriebsratstätigkeit deshalb nicht mitteilen (BAG v. 15.3.1995 – 7 AZR 643/94). Wie das Betriebsratsmitglied die Meldungen bewirkt, ist seine Sache (BAG 13.5.1997 – 1 ABR 2/97). Das Betriebsratsmitglied hat sich aber stets beim Verlassen des Arbeitsplatzes abzumelden (BAG v. 13.5.1997 – 1 ABR 2/97). Allerdings hat das BAG längst festgestellt, dass es entgegen der Auffassung des Beklagten im Rahmen des § 37 Abs. 2 BetrVG einer Zustimmung des Arbeitgebers zur Arbeitsbefreiung nicht bedarf (BAG v. 15.7.1992 – 7 AZR 466/91).
Da ich mich unter Angabe des Ortes und der Zeit bei meinem Vorgesetzten für die Betriebsratssitzung am ... abgemeldet habe, was dieser auch zur Kenntnis genommen hat, was sich aus seiner Reaktion (»Geht in Ordnung«) schließen lässt, liegt kein pflichtwidriges Verhalten meinerseits vor. Die Abmahnung ist mithin unwirksam, sie beruht auf einer unzutreffenden rechtlichen Bewertung meines Verhaltens. Die unwirksame Abmahnung verletzt mich in meinem allgemeinen Persönlichkeitsrecht und ist gem. §§ 242, 1004 BGB analog aus der Personalakte zu entfernen.
Mit Schreiben vom ... habe ich die Beklagte aufgefordert, die Abmahnung aus der Personalakte zu entfernen sowie die Gegendarstellung zur Personalakte zu nehmen.
Beweis: Schreiben an die Beklagte vom ..., Anlage K 4
Die Beklagte hat meine Gegendarstellung in meine Personalakte eingefügt, die in Rede stehende Abmahnung jedoch nicht entfernt.
Beweis: Zeugnis der Personalleiterin Frau ..., zu laden über die Beklagte
Klage ist daher geboten.
Kläger/Arbeitnehmer«

Muster und Checklisten

3. Abmahnung durch Arbeitnehmer

a) Abmahnung wegen Lohnverzug

»Sehr geehrter Arbeitgeber,
Sie schulden mir mein Gehalt für die Monate Dezember 2015 und Januar 2016. Gemäß Arbeitsvertrag ist das Gehalt jeweils am Monatsletzten/zum 15. des Folgemonats (alternativ: gem. § 614 BGB am 1. Januar 2016 bzw. am 1. Februar 2016) fällig. Da ich bis zum heutigen Tag keinen Zahlungseingang verbuchen konnte, befinden Sie sich aufgrund der gesetzlichen Vorschriften in Schuldnerverzug mit den genannten Gehaltszahlungen. Hierdurch verstoßen Sie gegen ihre arbeitsvertragliche Pflicht zur fristgerechten Lohnzahlung.
Ich fordere Sie auf, die noch offenstehenden Gehälter umgehend, spätestens aber bis zum 15. Februar 2016, vollständig auf mein Ihnen bekanntes Gehaltskonto auszuzahlen. Rein vorsorglich stelle ich klar, dass mit dieser Fristsetzung eine Stundung nicht verbunden ist. Weiterhin fordere ich Sie auf, sich künftig vertragsgemäß zu verhalten und mein Gehalt künftig pünktlich zu zahlen.
Sollte ich einen vollständigen Zahlungseingang der ausstehenden Gehälter für die Monate Dezember 2015 und Januar 2016 nicht bis zum 15. Februar 2016 verbuchen können und/oder sollten Sie künftig Gehälter nicht pünktlich zahlen, behalte ich mir vor, das Arbeitsverhältnis außerordentlich fristlos zu kündigen. Ich hoffe, dass es hierzu nicht kommen muss.

Mit freundlichen Grüßen
Arbeitnehmer«

b) Abmahnung wegen vertragswidriger Beschäftigung/Aufgabenentzug

»Sehr geehrter Arbeitgeber,
gemäß der in meinem Arbeitsvertrag enthaltenen Aufgabenbeschreibung bin ich als »Leiter der Marketingabteilung« angestellt. In der Marketingabteilung waren bei Abschluss des Arbeitsvertrags weitere zwei Mitarbeiter (Marketingmanager) sowie zwei Assistentinnen beschäftigt. Diesen gegenüber habe ich gemäß Arbeitsvertrag Führungsverantwortung. Seit Weggang eines Mitarbeiters und einer Assistentin aus der Marketingabteilung im Oktober ... beschäftigen Sie mich mit Arbeitsaufgaben, die denen eines Marketingmanagers entsprechen. Mit Schreiben vom ... haben Sie mir die Weisungsbefugnis gegenüber dem verbliebenen Marketingmanager und der Assistentin entzogen. Diese Änderung meiner Funktion haben Sie auch per E-Mail vom ... allen Mitarbeitern bekanntgegeben.

Mit dem geschilderten Verhalten verstoßen Sie gegen Ihre arbeitsvertragliche Verpflichtung, mich als Leiter der Marketingabteilung mit Führungsverantwortung zu beschäftigen.
Ich fordere Sie daher dazu auf, mich ab sofort wieder vertragsgemäß als »Leiter der Marketingabteilung« zu beschäftigen. Sollten Sie dieser Aufforderung nicht spätestens bis zum ... nachkommen, behalte ich mir den Ausspruch einer außerordentlichen Kündigung vor.

Mit freundlichen Grüßen
Arbeitnehmer«

4. Checkliste: Aufbau und Inhalt einer Abmahnung

Funktion der Abmahnung	Inhalt
Dokumentation	= **Sachverhaltsdarstellung:** beanstandetes Verhalten tatbestandsmäßig darstellen • Die Pflichtverletzung muss sich aus der Schilderung des Sachverhalts erkennen lassen • Genaue Angaben zum (Fehl-)Verhalten, Ort, Datum etc.

Hinweis	= **Pflichtverletzung:**
	Benennung der konkreten arbeitsvertraglichen Pflichtverletzung
	• Verletzte Pflichten aufführen
	• Verstöße gegen
	  – Gesetz
	  – Rechtsverordnung
	  – Arbeitsvertrag
	  – arbeitsvertraglichen Nebenpflichten
	  – Betriebsvereinbarung
	  – Arbeitsanweisung
	  – Tarifvertrag etc.

Warnung bzw. Androhung	= **Gefährdung aufzeigen:** Hinweis auf Gefährdung von Bestand oder Inhalt des Arbeitsverhältnisses • Auffordern zu künftig korrektem Verhalten • Drohung mit »arbeitsrechtlichen Konsequenzen«, besser aber Drohung mit Kündigung

5. Checkliste: Abmahnung und Kündigung

Abmahnung oder Kündigung	• bei **schuldhafter Verletzung arbeitsrechtlicher Pflichten** sind Abmahnung oder verhaltensbedingte Kündigung möglich – Abmahnung ist konkludenter Kündigungsverzicht – nach rechtswidriger Kündigung ist Ausspruch einer Abmahnung möglich – unwirksame Kündigung erfüllt die Funktion einer Abmahnung
Voraussetzung für Kündigung	**Ultima-Ratio-Prinzip:** • Ausspruch einer verhaltensbedingten Kündigung ist immer letztes Mittel • Eine vorherige Abmahnung ist stets erforderlich, wenn: – Pflichtverletzung auf steuerbaren Verhalten beruht – Verhaltensänderung für die Zukunft zu erwarten ist – eine Wiederherstellung der Vertragstreue wahrscheinlich ist – keine schwerwiegende Pflichtverletzung vorliegt
Kündigung ohne Abmahnung	ausnahmsweise möglich, wenn • **Verhaltensänderung in Zukunft – trotz Abmahnung – nicht erwartet werden kann z. B. wenn der** Arbeitnehmer sein Verhalten nicht ändern will und eine Abmahnung offensichtlich erfolglos wäre oder • **ein schwerwiegendes Fehlverhalten vorliegt, deren Rechtswidrigkeit dem Arbeitnehmer ohne Weiteres erkennbar ist und bei der eine Hinnahme des Verhaltens durch den Arbeitgeber offensichtlich ausgeschlossen werden kann** – die Fortsetzung des Arbeitsverhältnisses ist wegen Pflichtverletzung für den Arbeitgeber unzumutbar – der Arbeitnehmer durfte von Anfang an nicht mit Billigung seines Verhaltens rechnen z. B. bei Straftaten zum Nachteil des Arbeitgebers, Beleidigungen oder Tätlichkeiten, Fäl-

	schen eines ärztlichen Attests als Krankheitsnachweis
	oder
	• **ohnehin kein Kündigungsschutz gegeben ist**
	  – Kündigung in Probezeit
	  – Kleinbetrieb

Kündigung nach Abmahnung	**einschlägige Abmahnung erforderlich** • Abmahnung ist einschlägig, wenn erneut **derselbe Pflichtenkreis betroffen ist** (Pflichtverstöße im Leistungsbereich, Verstöße gegen betriebliche Ordnung, Störung im Vertrauensbereich, Verletzung von Nebenpflichten aus Arbeitsvertrag) • **negative Prognose** bzgl. künftiger Verhaltensänderung
Anzahl der einschlägigen Abmahnungen	• keine allgemeingültige Regel • Abwägung nach dem Grundsatz der Verhältnismäßigkeit (Schwere des Pflichtverstoßes, Grad des Bestandsschutzes, Möglichkeit zur ordentlichen Kündigung) • Faustformel: Je schwerer die Vertragsverletzung, desto weniger Abmahnungen erforderlich. • Höchstgrenze: 3 Abmahnungen bei leichten Pflichtverletzungen

Wirkungsdauer der Abmahnung	• keine Regelfrist nach Gesetz und Rechtsprechung
	• Kriterium ist die Schwere des Pflichtverstoßes
	• In der Regel wie folgt:
	  – schwere Pflichtverletzungen des Arbeitnehmers – bis zu 5 Jahre
	  – mittlere Pflichtverletzungen – bis zu 3 Jahre
	  – leichte Pflichtverletzungen – 1 bis 2 Jahre
	• in der Praxis verbleibt die Abmahnung für mind. 2 Jahre in der Personalakte. Bei beanstandungsfreiem Verhalten des Arbeitnehmers während dieser Zeit gilt die Abmahnung als erledigt.

Bagatellverstöße	**geringfügige Pflichtverletzung** (z. B. Verspätung von 5 Minuten, Überschreitung der Pausenzeit um 5 Minuten) • streitig, ob Abmahnung ein Verstoß gegen das Übermaßverbot darstellt oder unter die Direktions- und Meinungsfreiheit des Arbeitgebers fällt

Muster und Checklisten

Vorweggenommene Abmahnung	Abmahnung erfolgte bereits vor Fehlverhalten • bei angekündigtem Fehlverhalten des Arbeitnehmers • bei vorweggenommener Abmahnung durch Aushang am Schwarzen Brett oder durch Aufnahme in den Arbeitsvertrag oder in eine Betriebsvereinbarung, wenn Pflicht bzw. Pflichtverstoß genau benannt wird – Folge: Sofortige Kündigung bei arbeitsvertraglicher Pflichtverletzung

6. Checkliste: Vorgehen gegen die Abmahnung/Zweckmäßigkeitserwägungen

Da es – wie oben dargestellt – verschiedene Möglichkeiten gibt, gegen eine Abmahnung vorzugehen, sollte der Arbeitnehmer gut überlegen, welche Vorgehensweise in seinem Fall sinnvoll ist. Eine falsche oder zu heftige Vorgehensweise kann das Arbeitsverhältnis erst richtig gefährden oder gar endgültig zerrütten. Bevor der Arbeitnehmer handelt, sollte er daher folgende Überlegungen anstellen:

Trifft der abgemahnte Sachverhalt (im Wesentlichen) zu?
Wenn der in der Abmahnung dargestellte Sachverhalt im Wesentlichen zutrifft, wird eine Klage auf Entfernung der Abmahnung keinen Erfolg haben. Hier besteht sogar die Gefahr, dass die Wirksamkeit der Abmahnung und somit der darin enthaltene Pflichtverstoß durch ein Urteil bestätigt wird. Dies wiederum stärkt die Position des Arbeitgebers bei einem späteren Ausspruch einer verhaltensbedingten Kündigung wegen gleichartiger Pflichtverstöße und in einem ggf. geführten Kündigungsschutzverfahren.
In diesem Fall sollte sich der Arbeitnehmer auf die Erstellung einer Gegendarstellung beschränken. In dieser hat er die Möglichkeit, etwaige, vom Arbeitgeber nicht berücksichtigte Rechtfertigungs- oder Entschuldigungsgründe vorzutragen. Sind solche nicht gegeben kann es sinnvoll sein, keine Gegendarstellung zu erstellen, um nicht in einem späteren Kündigungsschutzprozess auf die Angaben in der Gegendarstellung festgelegt zu sein.

Checkliste: Vorgehen gegen die Abmahnung

Wurden andere Arbeitnehmer bei vergleichbarem Verhalten ebenfalls abgemahnt?
Hat der Arbeitgeber in der Vergangenheit gleichartiges Verhalten nicht oder bei anderen Arbeitnehmern nicht abgemahnt, kann die nun erteilte Abmahnung, selbst dann, wenn objektiv ein Pflichtverstoß vorliegt, gegen den Grundsatz der Verhältnismäßigkeit verstoßen. Bei einer solchen Ungleichbehandlung von Arbeitnehmern ist es sinnvoll, eine Beschwerde an den Betriebsrat oder an die zuständige Stelle des Betriebs zu richten, um eine Klärung, auch im Hinblick darauf, wie das gerügte Verhalten künftig vom Arbeitgeber bewertet wird, herbeizuführen. Eine Klage auf Entfernung der Abmahnung empfiehlt sich auch hier nur, wenn der Arbeitnehmer diese ungleiche Behandlung darlegen und beweisen kann und er grundsätzlich klären lassen will, ob das gerügte Verhalten ein Verstoß gegen die arbeitsvertraglichen Haupt- oder Nebenpflichten darstellt. Ansonsten ist es, um das Arbeitsverhältnis nicht noch zusätzlich zu belasten, vorteilhafter, die Verhältnismäßigkeit der Abmahnung in einem etwaigen Kündigungsschutzverfahren gerichtlich überprüfen zu lassen. Sinnvoller wird es hier sein, eine Gegendarstellung zu verfassen und sich darin auf das bisherige Verhalten des Arbeitgebers zu berufen um seinen »guten Glauben« zu dokumentieren. Dabei sollten aber die bisherigen Reaktionen des Arbeitgebers auf das jetzt abgemahnte Verhalten dargelegt und bestenfalls auch entsprechende Beweise (z. B. Arbeitskollegen als Zeugen oder deren schriftliche Stellungnahmen dazu) beigefügt werden.

Hat der Arbeitgeber das Verhalten rechtlich zutreffend bewertet?
Auch wenn der Arbeitgeber das beanstandete Verhalten rechtlich nicht richtig bewertet hat, er z. B. fehlerhaft von der Verletzung des Arbeitsvertrags ausgeht, obwohl eine arbeitsvertragliche Pflicht des Arbeitnehmers nicht besteht, muss es nicht immer sinnvoll sein, eine Klage auf Entfernung der Abmahnung zu erheben. Ist das Arbeitsverhältnis ohnehin belastet und ist mit einer alsbaldigen Kündigung zu rechnen kann es vorteilhaft sein, den Arbeitgeber in dem Glauben zu lassen, die ausgesprochene Abmahnung sei wirksam und die Unwirksamkeit der Abmahnung erst im Kündigungsschutzverfahren feststellen zu lassen. Den Arbeitgeber mit einer unberechtigten oder unwirksamen Abmahnung im Kündigungsschutzprozess »auflaufen« zu lassen, ist häufig die wirksamere Vorgehensweise. Wenn der Arbeitgeber bereits vorher weiß, dass die erteilte Abmahnung nicht rechtmäßig ist, wird er das Verhalten des Arbeitnehmers kritisch beobachten, um weitere Pflichtverstöße festzustellen, die er dann – in Vorbereitung zu einer verhaltensbedingten Kündigung – wirksam abmahnen kann.

Welche konkrete Sanktion hat der Arbeitgeber für den Wiederholungsfall angedroht?

Nur dann, wenn in der Androhung das berufliche Fortkommen oder der Bestand des Arbeitsverhältnisses infrage gestellt wird, ist es für den Arbeitnehmer sinnvoll, sich gegen die Abmahnung zur Wehr zu setzen. Bei der Drohung mit belanglosen oder unbeachtlichen Sanktionen, sollte, selbst bei Vorliegen eines Pflichtverstoßes, eine Reaktion des Arbeitnehmers nicht erfolgen, um zusätzliches Konfliktpotenzial zu vermeiden.

Liegen bereits mehrere einschlägige Abmahnungen vor?

Liegen bereits mehrere einschlägige Abmahnungen vor, ist es ebenfalls nicht ratsam, auf Entfernung der weiteren Abmahnung zu klagen. Je nachdem, ob der konkret abgemahnte Pflichtverstoß tatsächlich zutrifft bzw. ob ggf. Rechtfertigungs- oder Entschuldigungsgründe in Betracht kommen, ist die Erstellung einer Gegendarstellung ratsam. Zu beachten ist auch, dass, wenn der Arbeitgeber wegen gleichartiger Pflichtverstöße zu viele Abmahnungen ausgesprochen hat, diese letztendlich ihre Wirkung verlieren. Eine Abmahnung kann nur dann die Funktion erfüllen, den Arbeitnehmer zu warnen, dass ihm bei der nächsten gleichartigen Pflichtverletzung die Kündigung droht, wenn der Arbeitnehmer diese Drohung ernst nehmen muss. Dies kann je nach den Umständen nicht mehr der Fall sein, wenn die Kündigung jahrelang lediglich angedroht wird. Es handelt sich dann um eine »leere Drohung«. Dabei kommt es vor allem auf die Anzahl der vorausgegangenen Abmahnungen an. Hat nämlich der Arbeitgeber bei ständig neuen Pflichtverletzungen des Arbeitnehmers stets wieder mittels Abmahnung nur eine Kündigung angedroht, schwächt dies die Warnfunktion der Abmahnung ab und der Arbeitgeber muss die letzte Abmahnung vor Ausspruch der Kündigung besonders eindringlich gestalten.[281] Das BAG hat aber Angesichts der im Arbeitsleben verbreiteten Praxis, bei als leichter empfundenen Vertragsverstößen einer Kündigung mehrere – häufig drei – Abmahnungen vorausgehen zu lassen, nicht bereits schon eine dritte Abmahnung als »leer« angesehen.[282]

Kann die Abmahnung das berufliche Fortkommen beeinträchtigen?

In großen Unternehmen, in denen die Arbeitsverhältnisse relativ anonym abgewickelt werden und die für das berufliche Fortkommen erforderliche Beurteilung quasi »nach Aktenlage« erfolgt, sollte der Arbeitnehmer re-

---

281 ArbG Mönchengladbach v. 29.6.2011 – 2 Ca 1188/11.
282 BAG v. 16.9.2004 – 2 AZR 406/03.

gelmäßig Einblick in seiner Personalakte nehmen. Wurde ihm eine Abmahnung erteilt empfiehlt es sich, zumindest eine Gegendarstellung anzufertigen, sofern der vorgeworfene Pflichtverstoß nicht vorliegt oder Rechtfertigungs- bzw. Entschuldigungsgründe in Betracht kommen. In diesem Fall kann es aber auch zweckmäßig sein, eine Klage auf Entfernung der Abmahnung zu erheben.

Wer hat die Abmahnung wie ausgesprochen?
Da, wie oben dargestellt, eine Abmahnung nicht vom Arbeitgeber selbst, sondern durch jeden Weisungsberechtigten (z. B. Vorarbeiter, Abteilungsleiter, Fachvorgesetzter, Meister etc.) erteilt werden und zur Personalakte genommen werden kann, ist es für die Beurteilung, welche Vorgehensweise gegen die Abmahnung zweckmäßig ist, unerheblich, wer die Abmahnung ausgesprochen hat, sofern Weisungsbefugnis vorliegt. Allerdings dann, wenn die Abmahnung nur mündlich ausgesprochen wurde und ersichtlich keine Nachteile für das berufliche Fortkommen entstehen können, ist dem Arbeitnehmer auf jeden Fall anzuraten, auf die Abmahnung gar nicht zu reagieren, vor allem auch keine Gegendarstellung zu fertigen, die zur Personalakte genommen wird und damit zugleich auch den Pflichtverstoß dokumentiert.

Hat der Arbeitgeber in der Abmahnung besonders ehrverletzende oder gravierende Vorwürfe, strafrechtliche Vorwürfe etc. erhoben?
Vor allem dann, wenn die Abmahnung besonders ehrverletzende, gravierende oder auch strafrechtliche Vorwürfe enthält, kann es für den Arbeitnehmer sinnvoll sein, alle Reaktionsmöglichkeiten auszuschöpfen. Aber auch hier ist es wichtig, die Vorgehensweise danach auszurichten, ob die Vorwürfe im Wesentlichen berechtigt sind, der beanstandete Sachverhalt ordnungsgemäß erfasst und tatbestandlich zutreffend gewürdigt wurde.

7. Checkliste: Handlungsmöglichkeiten gegen die Abmahnung

abgemahnter Sachverhalt	Handlungsmöglichkeiten
trifft im Wesentlichen zu und	• Einsichtnahme in die Personalakte

abgemahnter Sachverhalt	Handlungsmöglichkeiten

das Fehlverhalten ist so gravierend, dass es eine Abmahnung rechtfertigt
 	
oder
	a. Vorliegen von Rechtfertigungs- oder Entschuldigungsgründen:
	• Gegendarstellung unter Angabe der Rechtfertigungs- oder Entschuldigungsgründe
	• Entfernung der Abmahnung aus der Personalakte verlangen, ggf. klagen:
	  – wenn nicht alle Vorwürfe zutreffen, muss die komplette Abmahnung vernichtet werden.
	  – der Arbeitgeber kann dennoch eine neue Abmahnung mit den zutreffenden Gründen schreiben.
	• Beschwerde beim Betriebsrat/beim Arbeitgeber
	b. keine Rechtfertigungs- oder Entschuldigungsgründe:
	• prüfen, ob Abmahnung formale Fehler hat
	• Anspruch auf Entfernung aus der Personalakte, sobald die Abmahnung ihre Warnfunktion verloren hat und sie unter keinem Aspekt mehr für das Arbeitsverhältnis wichtig ist

das Fehlverhalten ist nicht so gravierend, dass es eine Abmahnung rechtfertigt	• Gegendarstellung • Entfernung der Abmahnung aus der Personalakte verlangen, ggf. klagen • Beschwerde beim Betriebsrat/beim Arbeitgeber

trifft im Wesentlichen nicht zu	• Einsichtnahme in die Personalakte
	Sachverhalt trifft gar nicht zu oder trifft teilweise zu
	• Gegendarstellung und Anspruch auf Korrektur der Abmahnung
	• Entfernung der Abmahnung aus der Personalakte verlangen, ggf. klagen
	  – wenn nicht alle Vorwürfe zutreffen, muss die komplette Abmahnung vernichtet werden.
	  – der Arbeitgeber kann dennoch eine neue Abmahnung mit den zutreffenden Gründen schreiben
	• Beschwerde beim Betriebsrat/beim Arbeitgeber

VIII. Rechtsprechungsübersicht

1. Motive einer arbeitgeberseitigen Abmahnung

Die Abmahnung des Arbeitnehmers wegen eines nicht vertragsgerechten Verhaltens durch den Arbeitgeber hat je nach ihrem Inhalt und ihrer Zielsetzung unterschiedliche Funktionen. Sie kann mit dem Hinweis auf die Gefährdung von Inhalt oder Bestand des Arbeitsverhältnisses bei künftigen gleichartigen Vertragsverletzungen der Vorbereitung einer Kündigung dienen (Warnfunktion).Der Arbeitgeber kann die Abmahnung aber auch in Ausübung seines vertraglichen Rügerechts (auch ohne ausreichende Warnfunktion), dem Grundsatz der Verhältnismäßigkeit entsprechend, als gebotene mildere Sanktion gegenüber der Kündigung erteilen (Sanktionscharakter).
BAG v. 10.11.1988 – 2 AZR 215/88

2. Inhalt/Funktion der Abmahnung

Nr. 1
Bei der Abmahnung, die nunmehr in § 314 Abs. 2 BGB gesetzlich verankert wurde, handelt es sich um die Ausübung eines arbeitsvertraglichen Gläubigerrechts durch den Arbeitgeber. Als Gläubiger der Arbeitsleistung weist er den Arbeitnehmer als seinen Schuldner auf dessen vertragliche Pflichten hin und macht ihn auf die Verletzung dieser Pflichten aufmerksam (Rügefunktion). Zugleich fordert er ihn für die Zukunft zu einem vertragstreuen Verhalten auf und kündigt, wenn ihm dies angebracht erscheint, individualrechtliche Konsequenzen für den Fall einer erneuten Pflichtverletzung an (Warnfunktion).
BAG v. 27.11.2008 – 2 AZR 675/07

Nr. 2

Eine Abmahnung erfordert die genaue Bezeichnung des Fehlverhaltens, das der Arbeitgeber beanstandet. Einerseits muss der Arbeitgeber den der Abmahnung zugrunde liegenden Sachverhalt konkret darlegen, andererseits muss er konkret erklären, aus welchem Grund er das Verhalten des Arbeitnehmers für pflichtwidrig hält.

Soweit eine Abmahnung rechtliche Ausführungen des Arbeitgebers enthält, müssen sie somit nicht nur im Ergebnis zutreffen. Sie müssen vielmehr auch erkennen lassen, weshalb der Arbeitgeber ein bestimmtes Verhalten des Arbeitnehmers als pflichtwidrig ansieht; sie dürfen daher nicht unklar oder widersprüchlich sein.

LAG Düsseldorf v. 24. 7. 2009 – 9 Sa 194/09

Nr. 3

Zu den unverzichtbaren Voraussetzungen einer ordnungsgemäßen Abmahnung gehört neben der Rüge eines genau zu bezeichnenden Fehlverhaltens (Rügefunktion) der Hinweis auf die Bestands- oder Inhaltsgefährdung des Arbeitsverhältnisses für den Wiederholungsfall (kündigungsrechtliche Warnfunktion). Der Arbeitgeber muss in einer für den Arbeitnehmer hinreichend klar erkennbaren Art und Weise seine Beanstandungen vorbringen und damit deutlich – wenn auch nicht expressis verbis – den Hinweis verbinden, im Wiederholungsfall sei der Bestand oder der Inhalt des Arbeitsverhältnisses gefährdet.

Die Androhung »arbeitsrechtlicher Konsequenzen« kann eine hinreichende Warnung vor einer Bestandsgefährdung des Arbeitsverhältnisses sein. Mit einer solchen Formulierung wird ausgedrückt, dass der Arbeitnehmer im Wiederholungsfall mit allen denkbaren arbeitsrechtlichen Folgen, bis hin zu einer Beendigung des Arbeitsverhältnisses rechnen muss. Eine ausdrückliche Kündigungsandrohung ist dafür nicht erforderlich. Es ist ausreichend, wenn der Arbeitnehmer erkennen kann, der Arbeitgeber werde im Wiederholungsfall möglicherweise auch mit einer Kündigung reagieren.

BAG v. 19. 4. 2012 – 2 AZR 258/11

Nr. 4

Aus der formellen Unwirksamkeit einer Abmahnung kann der Arbeitnehmer nicht entnehmen, der Arbeitgeber billige das abgemahnte Verhalten. Der Arbeitnehmer bleibt auch dann abgemahnt, wenn die Abmahnung an einem Formfehler leidet. Eine solche Abmahnung behält insoweit ihre kündigungsrechtliche Bedeutung.

BAG 19. 2. 2009 – 2 AZR 603/7

3. Sammelabmahnungen

Nr. 1
Werden in einem Abmahnungsschreiben mehrere Pflichtverletzungen gleichzeitig gerügt und treffen davon nur einige (aber nicht alle) zu, so muss das Abmahnungsschreiben auf Verlangen des Arbeitnehmers vollständig aus der Akte entfernt werden und kann nicht teilweise aufrechterhalten bleiben. Es ist dem Arbeitgeber überlassen, ob er stattdessen eine auf die zutreffenden Pflichtverletzungen beschränkte Abmahnung aussprechen will.
BAG v. 13. 3. 1991 – 5 AZR 133/90

Nr. 2
Eine Abmahnung kann unwirksam sein, wenn einzelne von mehreren Vorwürfen in einer so genannten Sammelabmahnung nicht ausreichend begründet oder tatsächlich unzutreffend sind.
LAG Hessen v. 10. 7. 2012 – 20 Sa 1071/1

4. Erforderlichkeit der Abmahnung

Nr. 1
Beruht die Vertragspflichtverletzung auf steuerbarem Verhalten des Arbeitnehmers, ist grundsätzlich davon auszugehen, dass sein künftiges Verhalten schon durch die Androhung von Folgen für den Bestand des Arbeitsverhältnisses positiv beeinflusst werden kann. Ordentliche und außerordentliche Kündigung wegen einer Vertragspflichtverletzung setzen deshalb regelmäßig eine Abmahnung voraus.
BAG v. 25. 10. 2012 – 2 AZR 495/11

Nr. 2
Das Erfordernis vor Ausspruch einer Kündigung zu prüfen, ob nicht schon eine Abmahnung ausreichend gewesen wäre, folgt aus dem Verhältnismäßigkeitsgrundsatz (die Kündigung als »ultima ratio«) und trägt zugleich dem Prognoseprinzip bei der verhaltensbedingten Kündigung Rechnung. Das Erfordernis gilt auch bei Störungen im Vertrauensbereich. Es ist nicht stets und von vorneherein ausgeschlossen, verlorenes Vertrauen durch künftige Vertragstreue zurückzugewinnen.
BAG v. 10. 6. 2010 – 2 AZR 541/09

5. Entbehrlichkeit der Abmahnung

Einer Abmahnung bedarf es in Ansehung des Verhältnismäßigkeitsgrundsatzes nur dann nicht, wenn eine Verhaltensänderung in Zukunft selbst nach Abmahnung nicht zu erwarten steht oder es sich um eine so schwere Pflichtverletzung handelt, dass eine Hinnahme durch den Arbeitgeber offensichtlich – auch für den Arbeitnehmer erkennbar – ausgeschlossen ist.
BAG v. 25.10.2012 – 2 AZR 495/11

6. Verhältnis zur Kündigung

Nr. 1
Eine Abmahnung kann für eine spätere Interessenabwägung bei einer verhaltensbedingten Kündigung auch dann noch Bedeutung haben, wenn sie ihre kündigungsrechtliche Warnfunktion verloren hat. Gleichwohl besteht ein berechtigtes Interesse des Arbeitgebers an der Dokumentation einer Pflichtverletzung nicht zwangsläufig für die gesamte Dauer des Arbeitsverhältnisses. So kann ein hinreichend lange zurückliegender, nicht schwerwiegender und durch beanstandungsfreies Verhalten faktisch überholter Pflichtenverstoß seine Bedeutung für eine später erforderlich werdende Interessenabwägung gänzlich verlieren. Eine nicht unerhebliche Pflichtverletzung im Vertrauensbereich wird demgegenüber eine erhebliche Zeit von Bedeutung sein.
BAG v. 19.7.2012 – 2 AZR 782/11

Nr. 2
Die einer verhaltensbedingten Kündigung vorangegangenen Abmahnungen müssen sich auf gleichartige Pflichtverletzungen beziehen. Verletzt der Arbeitnehmer erneut seine vertraglichen Pflichten, kann regelmäßig davon ausgegangen werden, es werde auch zukünftig zu weiteren Vertragsstörungen kommen. Es ist für eine negative Prognose ausreichend, wenn die jeweiligen Pflichtwidrigkeiten aus demselben Bereich stammen und somit Abmahnung und Kündigungsgründe in einem inneren Zusammenhang stehen.
BAG v. 13.12.2007 – 2 AZR 818/06

Nr. 3

Ist der Arbeitnehmer wegen gleichartiger Pflichtverletzungen schon einmal abgemahnt worden und verletzt er seine vertraglichen Pflichten gleichwohl erneut, kann regelmäßig davon ausgegangen werden, es werde auch weiterhin zu Vertragsstörungen kommen. Dabei ist nicht erforderlich, dass es sich um identische Pflichtverletzungen handelt. Es reicht aus, dass die jeweiligen Pflichtwidrigkeiten aus demselben Bereich stammen und somit Abmahnungs- und Kündigungsgründe in einem inneren Zusammenhang stehen. Entscheidend ist letztlich, ob der Arbeitnehmer aufgrund der Abmahnung erkennen konnte, der Arbeitgeber werde weiteres Fehlverhalten nicht hinnehmen, sondern ggf. mit einer Kündigung reagieren.
BAG v. 9. 6. 2011 – 2 AZR 323/10

Nr. 4

Das Gericht hält an seiner Ansicht fest, dass regelmäßig im Ausspruch einer Abmahnung der konkludente Verzicht auf das Recht zur Kündigung aus den in ihr gerügten Gründen liegt.
Treten weitere Gründe zu den abgemahnten hinzu oder werden sie erst nach Ausspruch der Abmahnung bekannt, sind diese vom Kündigungsverzicht nicht erfasst. Der Arbeitgeber kann sie zur Begründung einer Kündigung heranziehen und dabei auf die schon abgemahnten Gründe unterstützend zurückgreifen.
BAG v. 26. 11. 2009 – 2 AZR 751/08

Nr. 5

Der Grundsatz, dass der Arbeitgeber mit dem Ausspruch einer Abmahnung zugleich auf das Recht zur Kündigung aus den Gründen verzichtet, wegen derer die Abmahnung erfolgt ist, gilt auch bei einer Abmahnung, die in der Wartezeit des § 1 Abs. 1 KSchG ausgesprochen wird.
BAG v. 13. 12. 2007 – 6 AZR 145/07

Nr. 6

Mit dem Ausspruch einer Abmahnung wird regelmäßig auch dann auf eine Kündigung aus den Gründen der Abmahnung verzichtet, wenn der Abmahnende schon abmahnt, bevor er genau informiert ist und erst nach Ausspruch der Abmahnung vom »wahren Ausmaß« der abgemahnten Vertragsverletzungen erfährt.
LAG Hessen v. 15. 2. 2011 – 13 Sa 1460/10

Nr. 7
Eine frühere, unwirksame Kündigung kann die Funktion einer Abmahnung dann erfüllen, wenn der Kündigungssachverhalt feststeht und die Kündigung aus anderen Gründen – z. B. wegen fehlender Abmahnung – für unwirksam erachtet worden ist.
ArbG Stuttgart v. 15. 4. 2015 – 26 Ca 947/14

7. Grundsatz der Verhältnismäßigkeit

Nr. 1
Der Arbeitgeber hat im Rahmen der ihm zustehenden Meinungsfreiheit zunächst selbst darüber zu entscheiden, ob er ein Fehlverhalten des Arbeitnehmers abmahnen will oder nicht. Allerdings hat er den Grundsatz der Verhältnismäßigkeit zu beachten. Ob das abgemahnte Fehlverhalten als Grundlage für eine Kündigung im Wiederholungsfall ausreicht, kann erst im Rechtsstreit über die Kündigung und nicht schon vorher abschließend beurteilt werden.
BAG v. 13. 11. 1991 – 5 AZR 74/91

Nr. 2
Einer Abmahnung bedarf es in Ansehung des Verhältnismäßigkeitsgrundsatzes nur dann nicht, wenn eine Verhaltensänderung in Zukunft selbst nach Abmahnung nicht zu erwarten steht oder es sich um eine so schwere Pflichtverletzung handelt, dass eine Hinnahme durch den Arbeitgeber offensichtlich – auch für den Arbeitnehmer erkennbar – ausgeschlossen ist.
BAG v. 9. 6. 2011 – 2 AZR 381/10

Nr. 3
Eine außerordentliche Kündigung des Arbeitsverhältnisses hat stets das letzte Mittel zu sein, um auf einen Pflichtenverstoß des Arbeitnehmers zu reagieren, es darf kein milderes Mittel geben, das geeignet ist, den mit der außerordentlichen Kündigung verfolgten Zweck, nämlich die Vermeidung künftiger Störungen, zu erreichen. Hierbei ist vom Arbeitgeber eine Prognose anzustellen, die negativ ausfallen muss. Die Prognose fällt negativ aus, wenn festgestellt werden kann, dass sich die vom Arbeitnehmer vorgenommene Vertragsstörung auch zukünftig wiederholen wird. Hiervon ist regelmäßig auszugehen, wenn der Arbeitnehmer gleichartige Pflichtverletzungen trotz vorheriger Abmahnung erneut vornimmt.
LAG Rheinland-Pfalz v. 9. 12. 2014 – 6 Sa 436/14

Nr. 4
Der Grundsatz der Verhältnismäßigkeit verlangt in der Regel auch von einem Arbeitnehmer, vor dem Ausspruch einer außerordentlichen Kündigung den pflichtwidrig handelnden Arbeitgeber abzumahnen.
BAG v. 17. 1. 2002 – 2 AZR 494/00

8. Fristen/Ausschlussfristen

Nr. 1
Der Ausspruch einer Abmahnung unterliegt keiner Ausschlussfrist und ist auch nicht an bestimmte Fristen gebunden. Wird eine Abmahnung erst nach geraumer Zeit nach dem Vertragsverstoß erteilt, wird deren Wirkung allerdings abgeschwächt. Der Arbeitgeber ist nicht gehindert, den Sachverhalt einer zuvor erteilten Ermahnung in einer späteren Abmahnung anzuführen; der der Ermahnung zu Grunde liegende Sachverhalt ist nicht verbraucht.
LAG Rheinland-Pfalz v. 8. 7. 2014 – 7 Sa 135/14

Nr. 2
Für den Arbeitnehmer besteht weder eine arbeitsvertragliche Nebenpflicht, noch eine entsprechende Obliegenheit, gegen die Richtigkeit einer Abmahnung gerichtlich vorzugehen.
Hat der Arbeitnehmer davon abgesehen, die Berechtigung einer Abmahnung gerichtlich überprüfen zu lassen, so ist er grundsätzlich nicht daran gehindert, die Richtigkeit der abgemahnten Pflichtwidrigkeiten in einem späteren Kündigungsschutzprozess zu bestreiten.
BAG v. 13. 3. 1987 – 7 AZR 601/85

Nr. 3
Es gibt für die Ausübung des Abmahnungsrechts keine Ausschlussfristen. Der Arbeitgeber kann auch nach längerer Zeit eine Abmahnung wegen eines zurückliegenden Fehlverhaltens erteilen, solange er nicht bei dem betroffenen Arbeitnehmer den Eindruck erweckt, er habe ihm sein Fehlverhalten nachgesehen.
LAG Hamm v. 12. 7. 2007 – 17 Sa 64/07

Nr. 4
Der Arbeitgeber, der einen Arbeitnehmer wegen einer arbeitsvertraglichen Pflichtverletzung abmahnt, übt ein vertragliches Rügerecht aus. Es

gibt keine »Regelausschlussfrist«, innerhalb derer das Rügerecht ausgeübt werden muss.
BAG v.15.1.1986 – 5 AZR 70/84, BAGE 50, 362–370

Nr. 5
Das Recht des Arbeitgebers, den Arbeitnehmer schriftlich abzumahnen und die Abmahnung zur Personalakte zu nehmen, ist kein Anspruch im Sinne des § 70 Abs. 1 BAT.
Der Anspruch des Arbeitnehmers auf Entfernung einer Abmahnung aus der Personalakte verfällt nicht nach § 70 BAT sechs Monate nach Kenntnis von der Abmahnung.
BAG v. 14.12.1994 – 5 AZR 137/94, BAGE 79, 37–43

9. Abmahnungsberechtigte Personen

Als abmahnungsberechtigte Personen kommen nicht nur kündigungsberechtigte, sondern alle Mitarbeiter in Betracht, die befugt sind, verbindliche Anweisungen bezüglich des Ortes, der Zeit sowie der Art und Weise der arbeitsvertraglich geschuldeten Arbeitsleistung zu erteilen.
LAG Rheinland-Pfalz v. 4.8.2004 – 10 Sa 222/04; BAG v. 18.1.1980 – 7 AZR 75/78

10. Zugang

Nr. 1
Zur Wirksamkeit einer Abmahnung ist über ihren Zugang hinaus grundsätzlich auch die Kenntnis des Empfängers von ihrem Inhalt erforderlich.
BAG v. 9.8.1984 – 2 AZR 400/83

Nr. 2
Die Feststellung des Zugangszeitpunkts einer Abmahnung nach allgemeinen Grundsätzen genügt für die Beantwortung der Frage, ob der Arbeitnehmer das abgemahnte Verhalten fortgesetzt oder wiederholt und somit die Warnfunktion der Abmahnung missachtet hat, nicht. Vielmehr ist grundsätzlich – abgesehen z. B. vom Fall der Zugangsvereitelung – Kenntnis von den gerügten Pflichtverletzungen erforderlich.
LAG München v. 16.11.2006 – 3 Sa 783/06

11. Beteiligungsrechte Betriebsrat/Personalrat

Der Betriebsrat hat keinen Anspruch darauf, dass ihm alle ab einem bestimmten Zeitpunkt erteilten Abmahnungen, mit Ausnahme des Bereichs der leitenden Angestellten und der Geschäftsführung, in anonymisierter Form vorgelegt werden.
BAG v. 17. 9. 2013 – 1 ABR 26/12

12. Beteiligungsrechte Schwerbehindertenvertretung

Selbst eine unterlassene Anhörung der Schwerbehindertenvertretung würde nicht zur Unwirksamkeit der Abmahnung führen. Denn § 95 Abs. 2 SGB IX ist wie bisher keine Wirksamkeitsvoraussetzung für eine privatrechtliche Maßnahme wie die Abmahnung. Dies ergibt sich schon daraus, dass die Anhörung in anderen Gesetzen als Wirksamkeitsvoraussetzung besonders gekennzeichnet wird (z. B. § 102 Abs. 1 BetrVG; §§ 69 Abs. 1, 79 Abs. 4 BPersVG). Eine solche Bestimmung, dass die Maßnahme ohne Anhörung unwirksam sei, fehlt hier. Der Gesetzgeber hat diese Sanktion bereits für § 25 Abs. 2 SchwbG ausdrücklich abgelehnt, obwohl die Unwirksamkeit vorgeschlagen worden war. Wegen der Auswirkungen auf die Rechte Dritter wurde stattdessen die Aussetzung der Entscheidung und ihre Wiederholung nach der Beteiligung eingeführt. An dieser Rechtslage hat auch § 95 Abs. 2 SGB IX nichts geändert.
LAG Berlin-Brandenburg v. 5. 11. 2010 – 13 Sa 1695/10

13. Einsichtnahmerecht in Personalakte

Nr. 1
Der Arbeitnehmer hat gem. § 241 Abs. 2 BGB i. V. m. Art. 2 Abs. 1 und Art. 1 Abs. 1 GG auch nach Beendigung des Arbeitsverhältnisses Anspruch auf Einsicht in seine vom ehemaligen Arbeitgeber weiter aufbewahrte Personalakte. Hierfür bedarf es auch keines konkreten berechtigten Interesses.
Der Arbeitnehmer kann seine über das Ende des Arbeitsverhältnisses hinaus fortbestehenden Rechte auf Beseitigung oder Korrektur unrichtiger

Daten in seiner Personalakte nur geltend machen, wenn er von deren Inhalt Kenntnis hat. Schon das begründet ein Einsichtsrecht
BAG v. 16. 11. 2010 – 9 AZR 573/09

Nr. 2
Das Akteneinsichtsrecht kann gegen den Willen des Arbeitgebers grundsätzlich nicht von einem Bevollmächtigten ausgeübt werden, d. h. grundsätzlich auch nicht von einem beauftragten Rechtsanwalt oder Gewerkschaftssekretär.
LAG Schleswig-Holstein v. 17. 4. 2014 – 5 Sa 385/13

14. Anspruch auf Entfernung aus der Personalakte

Nr. 1
Ein Anspruch auf Entfernung einer zu Recht erteilten Abmahnung setzt demnach nicht nur voraus, dass die Abmahnung ihre Warnfunktion verloren hat. Der Arbeitgeber darf auch kein berechtigtes Interesse mehr an der Dokumentation der gerügten Pflichtverletzung haben.
BAG v. 19. 7. 2012 – 2 AZR 782/11

Nr. 2
Eine (solche) missbilligende Äußerung des Arbeitgebers, in Form einer Abmahnung ist geeignet, den Arbeitnehmer in seinem beruflichen Fortkommen und seinem Persönlichkeitsrecht zu beeinträchtigen.
Deshalb kann der Arbeitnehmer die Beseitigung dieser Beeinträchtigung verlangen, wenn die Abmahnung formell nicht ordnungsgemäß zustande gekommen ist, unrichtige Tatsachenbehauptungen enthält, auf einer unzutreffenden rechtlichen Bewertung des Verhaltens des Arbeitnehmers beruht, den Grundsatz der Verhältnismäßigkeit verletzt oder kein schutzwürdiges Interesse des Arbeitgebers am Verbleib der Abmahnung in der Personalakte mehr besteht.
Darüber hinaus ist eine Abmahnung auch dann aus der Personalakte zu entfernen, wenn sie statt eines konkret bezeichneten Fehlverhaltens nur pauschale Vorwürfe enthält.
BAG 27. 11. 2008 – 2 AZR 675/07

Nr. 3
Der Arbeitnehmer hat nach Beendigung des Arbeitsverhältnisses in der Regel keinen Anspruch mehr auf Entfernung einer Abmahnung aus der

Personalakte. Ein solcher Anspruch kommt nur in Betracht, wenn objektive Anhaltspunkte dafür bestehen, dass die Abmahnung dem Arbeitnehmer auch noch nach Beendigung des Arbeitsverhältnisses schaden kann. Dafür ist der Arbeitnehmer darlegungs- und beweispflichtig.
LAG Hessen v. 9. 4. 2014 – 12 Sa 759/13

Nr. 4
Nach Beendigung des Arbeitsverhältnisses hat ein Arbeitnehmer keinen Anspruch auf Entfernung einer zu Unrecht erteilten Abmahnung aus der Personalakte. Dies gilt auch dann, wenn das Arbeitsverhältnis nach Ausspruch einer sozialwidrigen Kündigung erst auf Antrag des Arbeitnehmers gem. §§ 9, 10 KSchG aufgelöst worden ist.
LAG Schleswig-Holstein v. 27. 5. 2008 – 5 Sa 396/07

Nr. 5
Arbeitnehmer können in entsprechender Anwendung von §§ 242, 1004 BGB die Entfernung einer zu Unrecht erteilten Abmahnung aus ihrer Personalakte verlangen. Der Anspruch besteht, wenn die Abmahnung entweder inhaltlich unbestimmt ist, unrichtige Tatsachenbehauptungen enthält, auf einer unzutreffenden rechtlichen Bewertung des Verhaltens des Arbeitnehmers beruht, den Grundsatz der Verhältnismäßigkeit verletzt oder kein schutzwürdiges Interesse des Arbeitgebers am Verbleib der Abmahnung in der Personalakte besteht
BAG v. 20. 8. 2009 – 2 AZR 499/08

Nr. 6
Voraussetzung für den Anspruch auf Entfernung einer Abmahnung aus der Personalakte ist neben dem Fehlen eines schutzwürdigen Interesses des Arbeitgebers, dass die Abmahnung unbestimmte oder fehlerhafte Tatsachenbehauptungen enthält, das Verhalten des Arbeitnehmers unzutreffend rechtlich bewertet wurde oder dass der Grundsatz der Verhältnismäßigkeit verletzt ist.
LAG Rheinland-Pfalz v. 11. 12. 2014 – 5 Sa 406/14

Nr. 7
Für den Arbeitnehmer besteht weder eine arbeitsvertragliche Nebenpflicht, noch eine entsprechende Obliegenheit, gegen die Richtigkeit einer Abmahnung gerichtlich vorzugehen.
Hat der Arbeitnehmer davon abgesehen, die Berechtigung einer Abmahnung gerichtlich überprüfen zu lassen, so ist er grundsätzlich nicht daran

gehindert, die Richtigkeit der abgemahnten Pflichtwidrigkeiten in einem späteren Kündigungsschutzprozess zu bestreiten.
BAG v. 13. 3. 1987 – 7 AZR 601/85

15. Öffentliche Rücknahme/Widerruf der Abmahnung

Es besteht kein Widerrufanspruch des Arbeitnehmers, wenn in Abmahnungen und Kündigungen, die später rechtskräftig für unwirksam erklärt wurden, die Rechtsbehauptung arbeitsvertragswidrigen Verhaltens ausgestellt worden war. Ein entsprechender Anspruch kann bei offensichtlich ehrkränkenden Äußerungen gegeben sein.
Der Schutz des Persönlichkeitsrechts im Bereich der Sozialsphäre reicht nicht so weit, in der (betrieblichen) Öffentlichkeit nur so dargestellt zu werden, wie man sich selbst sieht oder von anderen gern gesehen werden würde.
Die gerichtliche Feststellung der Rechtsunwirksamkeit von Abmahnungen und Kündigungen begründet für sich allein keine Informationsverpflichtung des Arbeitgebers an alle (Konzern-)Mitarbeiter.
LAG München v. 22. 9. 2010 – 11 Sa 520/09

16. Darlegungs- und Beweislast

Der Arbeitnehmer kann die Entfernung einer unzutreffenden Abmahnung aus den Personalakten verlangen. Die Darlegungs- und Beweislast für die Berechtigung der erhobenen Vorwürfe trägt der Arbeitgeber.
LAG Rheinland-Pfalz v. 21. 12. 2012 – 9 Sa 447/12

17. Abmahnung eines Betriebsrats-/Personalratsmitglieds

Nr. 1
Das Bundesarbeitsgericht hat zwar erkannt, dass eine Kündigung unzulässig sei, wenn einem Betriebsratsmitglied lediglich die Verletzung seiner Amtspflicht zum Vorwurf gemacht werden könne. Dann sei nur ein Aus-

schlussverfahren nach § 23 BetrVG möglich. Andererseits komme eine außerordentliche Kündigung in Betracht, wenn zugleich eine schwere Verletzung der Pflichten aus dem Arbeitsverhältnis vorliege. An die Berechtigung einer solchen fristlosen Entlassung sei ein »strengerer Maßstab« anzulegen, als bei einem Arbeitnehmer, der dem Betriebsrat nicht angehöre. Dementsprechend kommt eine Pflichtverletzung durch ein Betriebsratsmitglied als Gegenstand einer Abmahnung in Betracht, wenn das Betriebsratsmitglied zumindest auch seine arbeitsvertraglichen Pflichten verletzt hat. Umgekehrt ist, wenn das Verhalten eines Arbeitnehmers zugleich auch eine Verletzung seiner Pflicht als Betriebsratsmitglied darstellt, eine Abmahnung wegen der Verletzung seiner arbeitsvertraglichen Pflichten nicht ausgeschlossen. Ein Betriebsratsmitglied ist, abgesehen von der Arbeitsbefreiung wegen Betriebsratstätigkeit, ebenso zur Arbeitsleistung verpflichtet, wie jeder andere Arbeitnehmer. Damit besteht auch hinsichtlich der Zulässigkeit einer Abmahnung unter diesem Gesichtspunkt kein Unterschied zu Arbeitnehmern, die kein Betriebsratsamt innehaben.
BAG v. 10. 11. 1993 – 7 AZR 682/92

Nr. 2
Der Betriebsrat hat keinen aus § 78 Satz 1 BetrVG folgenden Anspruch auf Entfernung einer Abmahnung aus der Personalakte eines Betriebsratsmitglieds.
BAG v. 4. 12. 2013 – 7 ABR 7/12

Nr. 3
Eine außerordentliche Kündigung wegen eines vorsätzlichen Verstoßes gegen die Verpflichtung, die geleistete Arbeitszeit korrekt zu dokumentieren, erfordert regelmäßig eine vorherige Abmahnung.
OVG Lüneburg v. 4. 6. 2015 – 18 LP 10/14

18. Abmahnung eines Auszubildenden

Nr. 1
Auch im Ausbildungsverhältnis bedarf es bei besonders schwerwiegenden Pflichtverletzungen, deren Rechtswidrigkeit dem Auszubildenden ohne Weiteres erkennbar und bei denen eine Hinnahme durch den Ausbildenden offensichtlich ausgeschlossen ist, vor dem Ausspruch der außerordentlichen Kündigung keiner Abmahnung.
BAG v. 1. 7. 1999 – 2 AZR 676/98

Nr. 2
Die außerordentliche Kündigung eines Berufsausbildungsverhältnisses wegen einer Pflichtverletzung setzt regelmäßig eine Abmahnung voraus.
LAG Rheinland-Pfalz v. 25. 4. 2013 – 10 Sa 518/12

Nr. 3
Beruht die Vertragspflichtverletzung auf steuerbarem Verhalten des Auszubildenden, ist grundsätzlich davon auszugehen, dass sein künftiges Verhalten schon durch die Androhung von Folgen für den Bestand des Ausbildungsverhältnisses positiv beeinflusst werden kann. Die außerordentliche Kündigung wegen einer Vertragspflichtverletzung setzt deshalb regelmäßig eine Abmahnung voraus.
ArbG Solingen v. 21. 1. 2014 – 3 Ca 862/13

19. Abmahnung und Änderungskündigung

Nach ständiger und zutreffender Rechtsprechung des Bundesarbeitsgerichtes setzt die Rechtswirksamkeit einer verhaltensbedingten Kündigung – auch einer Änderungskündigung – grundsätzlich voraus, dass der Arbeitgeber das entsprechende Verhalten durch eine einschlägige Abmahnung gerügt hat. Dieser Grundsatz manifestiert sich nunmehr auch in der gesetzlichen Vorgabe des § 314 Abs. 2 BGB. Das heißt, der Ausspruch einer Abmahnung ist dann erforderlich, wenn es – wie hier – um ein steuerbares Verhalten des Arbeitnehmers geht und eine Wiederherstellung des Vertrauens erwartet werden kann.
LAG Rheinland-Pfalz v. 10. 11. 2011 – 10 Sa 329/11

20. Abmahnung und Probezeit

Nr. 1
Mit dem Ausspruch einer Abmahnung verzichtet der Arbeitgeber in der Regel zugleich auf das Recht zur Kündigung aus den Gründen, wegen derer die Abmahnung erfolgt ist. Dies gilt auch dann, wenn es für die Kündigung keiner sozialen Rechtfertigung bedarf, weil diese vor Ablauf der Wartezeit nach § 1 Abs. 1 KSchG ausgesprochen wurde.
LAG Hessen v. 9. 4. 2014 – 12 Sa 759/13

Nr. 2
Der Grundsatz, dass der Arbeitgeber mit dem Ausspruch einer Abmahnung zugleich auf das Recht zur Kündigung aus den Gründen verzichtet, wegen derer die Abmahnung erfolgt ist, gilt auch bei einer Abmahnung, die in der Wartezeit des § 1 Abs. 1 KSchG ausgesprochen wird.
BAG v. 13. 12. 2007 – 6 AZR 145/07

21. Abmahnung im Kleinbetrieb

Nr. 1
Die Wirksamkeit einer Kündigung aus Gründen in dem Verhalten des Arbeitnehmers setzt außerhalb des Anwendungsbereichs des Kündigungsschutzgesetzes in der Regel nicht voraus, dass dem Arbeitnehmer zuvor eine vergebliche Abmahnung erteilt wurde.
BAG v. 21. 2. 2001 – 2 AZR 579/99

Nr. 2
Zwar findet das Erfordernis, vor Ausspruch einer ordentlichen Kündigung eine Abmahnung zu erteilen, während der Wartezeit des § 1 KSchG wie im Kleinbetrieb in der Regel keine Anwendung. Das gilt aber nur für den Ausspruch einer ordentlichen, nicht auch für den einer außerordentlichen Kündigung.
LAG Berlin-Brandenburg v. 12. 3. 2015 – 26 Sa 1910/14

Stichwortverzeichnis

A
Abmahnung 21, 23
- Abgrenzung zu anderen Maßnahmen 32
- Abmahnung und Kündigung 65
- abmahnungsberechtigte Personen 181
- Änderungskündigung 101
- Anzahl der Abmahnungen 60
- Arbeitnehmer, Abmahnung durch 151
- Ausbildungsverhältnis 99
- Ausschlussfristen 180
- Bagatellverstöße 45
- Beanstandungsfunktion 23
- befristete Arbeitsverhältnisse 104
- Betriebsrat 141
- Betriebsrat als Kollektivorgan 98
- Betriebsratsmitglied 91
- Beweisfunktion 23
- Definition 22
- Dokumentationsfunktion 23
- Elternzeit 109
- Entbehrlichkeit 44, 177
- Entfernungsanspruch 123
- Erforderlichkeit 39, 176
- Form 46
- Fristen 47, 180
- Funktion 23
- gesetzliche Ausschlussfristen 47
- Gleichartigkeit der Verstöße 58
- Hinweisfunktion 24
- Inhalt/Funktion 174
- Kleinbetrieb 104
- Kündigungsverbot 109
- Motive 22, 174
- Mutterschutz 109
- Öffentlicher Dienst 111
- Personalrat 143
- Personalrat, Beteiligungsrecht 112
- Personalratsmitglied 91
- Pflegezeit 109
- Probezeit 101
- Rechtsgrundlagen 21
- Rücknahme 185
- Rügefunktion 174, 175
- Sammelabmahnungen 176
- Schwerbehindertenvertretung 149
- Sonderfälle 91
- tarifliche Ausschlussfristen 47
- Tendenzbetrieb 107
- unwirksame Kündigung 64
- Unwirksamkeit, formelle 28

Stichwortverzeichnis

- verhaltensbedingte Pflichtverstöße 42
- Verhältnis zur Kündigung 58, 177
- Verhältnismäßigkeitsgrundsatz 179
- Vertragspflicht 24
- Verwirkung 48
- Verzicht auf Kündigung 62
- vorweggenommene Abmahnung 44
- Warn-/Androhungsfunktion 25
- Warnfunktion 174, 175
- Widerruf 185
- zeitliche Wirkung 64
- Zeugnis 67
- Zugang 51, 181

Abmahnungsberechtigte Person 50

Abmahnungsgründe 69
- Alkoholmissbrauch/Trunkenheit 69
- Alkoholverbot 69
- Androhung von Krankfeiern/vorgetäuschte Erkrankung 70
- Arbeitsschutz- und Sicherheitsvorschriften 72
- Arbeitsunfähigkeit, Anzeige der 70
- Arbeitsunfähigkeit, Verhalten während 71
- Arbeitsunfähigkeitsbescheinigung, Fälschen der 71
- Arbeitsverweigerung 72
- außerdienstliches Verhalten 73
- Beleidigung 73
- Datenschutzverletzung 75
- Drogenkonsum/Doping 75
- Eigentumsdelikte 75
- Fehlen, unentschuldigtes 76
- gewerkschaftliche Werbung 78
- Internetnutzung 76
- Kleidung 78
- Konkurrenztätigkeit/Wettbewerbsverbot 79
- Mobbing 79
- Nebentätigkeit 80
- Nichtanzeige der Arbeitsunfähigkeit 80
- Nichtbefolgung einer Arbeitsanweisung 81
- politische Betätigung 82
- Rauchverbot 82
- Schlecht- und Minderleistungen 83
- sexuelle Belästigung 83
- Spesen 84
- Straftaten 85
- Streikteilnahme 85
- Tätlichkeiten 85
- Telefongespräche 86
- terroristische Vereinigung 86
- Unpünktlichkeit 87
- Urlaubsantritt, eigenmächtiger 87
- Urlaubsüberschreitung/Selbstbeurlaubung 88
- Verletzung der Schweigepflicht 88
- Verstöße gegen die betriebliche Ordnung 89
- Vortäuschen einer Erkrankung 89
- Zeiterfassung, Manipulation/Missbrauch von Kontrolleinrichtungen 89

Alkoholmissbrauch/Trunkenheit 69

Alkoholverbot 69

Stichwortverzeichnis

Änderungskündigung 187
- Abmahnung 101
Androhung von Krankfeiern/vorgetäuschte Erkrankung 70
Anhörungsrecht des Arbeitnehmers 56
Arbeitnehmerabmahnung
- Abmahnungsgründe 152
- Grundsätzliches 151
- Muster
  - Aufgabenentzug 153
  - Lohnverzug 153
Arbeitsschutz- und Sicherheitsvorschriften 72
Arbeitsunfähigkeit, Anzeige der 70
Arbeitsunfähigkeit, Verhalten während 71
Arbeitsunfähigkeitsbescheinigung, Fälschen der 71
Arbeitsverweigerung 72
Ausbildungsverhältnis 99, 186
Außerdienstliches Verhalten 73

B
Bagatellverstöße 45
Befristete Arbeitsverhältnisse
- Abmahnung 104
Beleidigung 73
Beschwerde beim Betriebsrat gem. § 85 BetrVG 120
- Betriebsrat Beschluss 121
- Einigungsstelle 121
- Form 121
- Frist 121
Beschwerde gem. § 84 BetrVG 119
- Form 120
- Frist 120
- Überprüfung 120
- zuständige Stelle 119

Betriebsbedingte Kündigung 42
Betriebsbuße 36
- Arbeitsgericht 38
- Beschlussverfahren 38
- Betriebsrat 36
- Betriebsvereinbarung 36
- Bußordnung 37
- Einigungsstelle 38
- Geldbußen 38
- Mitbestimmung 36
- Ordnungverhalten 36
- Personalakte 38
- Sanktionen 38
- Strafcharakter 36
Betriebsrat
- Abmahnung 98
- Ansprüche auf Entfernung einer Abmahnung 98
- Beteiligungsrecht 141, 182
- Informationsanspruch 141
- Mitbestimmungsrecht 141
Betriebsratsmitglied 185
- Ab- und Rückmeldepflicht 95
- Abmahnung von 91
- Amtspflichtverletzung 92
- Ansprüche auf Entfernung einer Abmahnung 98
- Arbeitsvertragsverstoß 94
- Beschimpfung des Arbeitgebers 93
- Besuch von Gerichtsverhandlungen 95
- Eingriff in die Leitungsmacht 97
- Freistellungsanspruch 96
- Gewerkschaftswerbung 93
- grobe Pflichtverletzung 92
- Handgreiflichkeiten 93
- Kritik an Geschäftsführung 93
- Mitgliederwerbung für eine Gewerkschaft 95

191

Stichwortverzeichnis

- parteipolitische Betätigung im Betrieb 93, 97
- Preisgabe vertraulicher Informationen 93
- Schweigepflichtverletzung 92
- Strafanzeige gegen Arbeitgeber 93
- Streikaufruf 93
- Teilnahme an Schulungsveranstaltungen 97
- Verletzung betriebsverfassungsrechtlicher Pflichten 93
- Vorteilsannahme 93
- Zusammenhangsverstoß 94

C
Checkliste 32
- Abmahnung und Kündigung 166
- Aufbau und Inhalt einer Abmahnung 32, 165
- Handlungsmöglichkeiten gegen Abmahnung 139, 172
- Zweckmäßigkeitserwägungen/ Vorgehen gegen Abmahnung 136, 168

D
Datenschutzverletzung 75
Dokumentationsfunktion 23
Drogenkonsum/Doping 75

E
Eigentumsdelikte 75
Einigungsstelle 121
Elternzeit
- Abmahnung 109
Entbehrlichkeit der Abmahnung 44
Entfernung
- Entfernungsanspruch 124

Entfernungsanspruch 183
- Ausschlussfrist 125
- beendetes Arbeitsverhältnis 124
- bestehendes Arbeitsverhältnis 124
- Frist 125
- unberechtigte Abmahnung 123
Erforderlichkeit der Abmahnung 39
Ermahnung 32
- Abgrenzung zur Abmahnung 32
- Dokumentationsfunktion 32
- Warn- bzw. Androhungsfunktion 32

F
Fehlen, unentschuldigtes 76

G
Gegendarstellung
- Fristen und Verwirkung 117
- Inhalt 116
- Zweck 118
Gewerkschaftliche Werbung 78

H
Hinweisfunktion 24

I
Internetnutzung 76

K
Klage auf Entfernung 126
- Ausschlussfristen 129
- Darlegungs- und Beweislast 130
- Klagefrist 129
- Muster 160

- Nachschieben von Abmahnungsgründen 131
- Pflicht zur Klageerhebung 128
- Prozessvergleich 132
- Urteil 132
- Verjährung 129
- Verwirkung 129
- Vollstreckung 133

Klage auf Rücknahme bzw. Widerruf 126
Kleidung 78
Kleinbetrieb 188
- Abmahnung 104

Konkurrenztätigkeit/Wettbewerbsverbot 79
Kündigung 39, 64
- Abgrenzung zwischen personen-, verhaltens- und betriebsbedingter Kündigung 39
- betriebsbedingte Kündigung 42
- personenbedingte Kündigung 40
- verhaltensbedingte Kündigung 41

Kündigungsrechtliche Bedeutung der Abmahnung 58
Kündigungsverbot
- Abmahnung 109

L
Landespersonalvertretungsgesetz
- Beteiligungsrecht 144
- Mitbestimmungsrecht 144

M
Mobbing 79
Muster 155
- Arbeitnehmerabmahnung
  - Aufgabenentzug/vertragswidrige Beschäftigung 165

- Lohnverzug 164
- Gegendarstellung 155
- Betriebsratsmitglied wegen unerlaubten Entfernens vom Arbeitsplatz 158
- Nichtvorlage ärztlicher Bescheinigung 156
- Streikteilnahme 159
- verspätete Vorlage ärztlicher Bescheinigung 157
- Klage
- Betriebsratsmitglied wegen unerlaubten Entfernens vom Arbeitsplatz 162
- pflichtwidriges Verlassen des Arbeitsplatzes 160
- Klage auf Entfernung 160

Mutterschutz
- Abmahnung 109

N
Nebentätigkeit 80
Nichtanzeige der Arbeitsunfähigkeit 80
Nichtbefolgung der Arbeitsanweisung 81

O
Öffentlicher Dienst
- Abmahnung 111
- Arbeitnehmer 111
- Beamte 111, 112
- Disziplinarmaßnahmen 113
- Rechte des Arbeitnehmers 114
- rechtliches Gehör/Anhörung 111
- Rechtsschutzmöglichkeit des Arbeitnehmers 114

Stichwortverzeichnis

P
Personalakte
- Einsichtnahmerecht 182
- Entfernungsanspruch 123

Personalrat
- Abmahnung 112
- Beteiligungsrecht 112, 182
- Mitbestimmungsrecht 143

Personalratsmitglied 185
- Abmahnung von 91

Personenbedingte Kündigung 40
Pflegezeit
- Abmahnung 109

Politische Betätigung 82
Probezeit 187
- Abmahnung 101

Prognoseprinzip 43

R
Rauchverbot 82
Rechte des Arbeitnehmers 114
- Beschwerde beim Arbeitgeber 118
- Beschwerde beim Betriebsrat 118
- Einsichtnahme in die Personalakte 115
- Entfernungsanspruch 123
- Gegendarstellung 115
- Klage auf Entfernung 126
- Nichtstun 135
- Rücknahme der Abmahnung 125
- Rücknahmeanspruch 134
- Widerruf der Abmahnung 125

Rechtsprechungsübersicht 174
Rüge 32
- Abgrenzung zur Abmahnung 33
- Dokumentationsfunktion 33
- Warn- bzw. Androhungsfunktion 33

Rügefunktion 174, 175

S
Sammelabmahnungen 176
Schlecht- und Minderleistungen 83
Schwerbehindertenvertretung
- Beteiligungsrecht 149

Sexuelle Belästigung 83
Spesen 84
Steuerbares Verhalten 39
Straftaten 85
Streikteilnahme 85

T
Tätlichkeiten 85
Telefongespräche 86
Tendenzbetrieb
- Abmahnung 107
- Kündigung, unwirksam 106

Terroristische Vereinigung 86

U
Unbillige Weisung 81
Unpünktlichkeit 87
Unwirksamkeit, formelle 28
Urlaubsantritt, eigenmächtiger 87
Urlaubsüberschreitung/Selbstbeurlaubung 88

V
Verhaltensbedingte Kündigung 41
- Prognoseprinzip 43
- verhaltensbedingte Pflichtverstöße 42

Verhältnismäßigkeitsgrundsatz 179

Verletzung der Schweigepflicht 88
Verstöße gegen die betriebliche Ordnung 89
Vertragsstrafe 34
– Abgrenzung zur Abmahnung 35
– AGB-Kontrolle 35
– Ausbildungsverhältnis 34
– Höhe 35
– Zulässigkeit 34
Verwarnung 32
– Abgrenzung zur Abmahnung 32
– Dokumentationsfunktion 32
– Warn- bzw. Androhungsfunktion 32
Verwirkung
– Abmahnungsrecht 48
– Entfernungsanspruch 130
– Voraussetzung 48

Vortäuschen einer Erkrankung 89
Vorweggenommene Abmahnung Abmahnung 44

W
Warn-/Androhungsfunktion 25
Warnfunktion 174, 175

Z
Zeiterfassung, Manipulation/ Missbrauch von Kontrolleinrichtungen 89
Zugang der Abmahnung 51
– Aushang am Schwarzen Brett 55
– Zugang unter Abwesenden 53
– Zugang unter Anwesenden 51
– Zugangsnachweis und Zugangsvereitelung 53

Kompetenz verbindet

Bertram Zwanziger / Silke Altmann
Heike Schneppendahl

Kündigungsschutzgesetz

Basiskommentar zu KSchG,
§§ 622, 623 und 626 BGB,
§§ 102, 103 BetrVG
5., aktualisierte Auflage
2018. 430 Seiten, kartoniert
€ 39,90
ISBN 978-3-7663-6617-7

Kompakt und leicht verständlich erläutert der Basiskommentar das Kündigungsschutzgesetz. Ergänzend beleuchten die Autoren weitere wesentliche Vorschriften zum Kündigungsschutz, wie die §§ 622, 623 und 626 BGB, ferner die §§ 102 und 103 BetrVG über die Beteiligung des Betriebsrats bei Kündigungen.

Aus dem Inhalt:
- Kündigungsgründe nach dem Kündigungsschutzgesetz und bei außerordentlichen/fristlosen Kündigungen
- Kündigungsschutzprozess
- Mitwirkungsmöglichkeiten des Betriebsrats im Rahmen des Anhörungsverfahrens
- Regeln der Massenentlassung
- Besonderer Kündigungsschutz im Rahmen der Betriebsverfassung

Zu beziehen über den gut sortierten Fachbuchhandel oder direkt beim Verlag unter E-Mail: kontakt@bund-verlag.de

Bund-Verlag

Kompetenz verbindet

Däubler

Digitalisierung und Arbeitsrecht

Internet, Arbeit 4.0 und Crowdwork
6., aktualisierte Auflage
2018. 621 Seiten, kartoniert
€ 29,90
ISBN 978-3-7663-6690-0

Die Digitalisierung der Arbeitswelt wird jeden Tag sichtbarer. Wir können uns weltweit informieren, aber wir sind auch zu jeder Zeit erreichbar. Wann endet der Arbeitstag und wann beginnt das Privatleben?
Das Recht muss eine Antwort auf die »Entgrenzung« der Arbeit finden.

Der Ratgeber gibt Antworten auf die arbeitsrechtlichen Fragen, die sich im Zusammenhang mit den technischen Veränderungen ergeben. Daneben geht es wie in den Vorauflagen um die private Nutzung dienstlicher Geräte, um soziale Netzwerke und um das Handeln von Betriebsräten und Gewerkschaften im Netz.

Einige Schwerpunkte der Neuauflage:

- Arbeitszeitrecht
- Homeoffice und mobile Arbeit
- Arbeitsschutz und psychische Belastungen
- Anspruch auf Qualifizierung
- Crowdwork
- IT-Sicherheit

Zu beziehen über den gut sortierten Fachbuchhandel oder direkt beim Verlag unter E-Mail: kontakt@bund-verlag.de

Bund-Verlag

Kompetenz verbindet

Kittner

Arbeits- und Sozialordnung

Gesetze/Verordnungen • Einleitungen
• Checklisten/Übersichten • Rechtsprechung
43., aktualisierte Auflage
2018. 1.987 Seiten, kartoniert
€ 29,90
ISBN 978-3-7663-6549-1

Gesetze plus Erläuterungen – das ist die Erfolgsformel der jährlich neuaufgelegten »Arbeits- und Sozialordnung«. Die solide Grundlage bilden über 100 für die Praxis relevante Gesetzestexte im Wortlaut oder in wichtigen Teilen – natürlich auf dem neuesten Stand.

Die Ausgabe 2018 ist weiter optimiert durch eine allgemeine Einführung in die Arbeits- und Sozialordnung sowie 80 Checklisten und Übersichten zur praxisgerechten Anwendung und raschen Orientierung über komplexe Gesetzesinhalte. Bei wichtigen Gesetzen erklären Übersichten die seit der Vorauflage publizierte höchstrichterliche Rechtsprechung – mit Verweis auf eine Fundstelle. Mit Online-Zugriff auf weit über 1.000 höchstrichterliche Entscheidungen.

Fazit: Der »Kittner« ist unerlässlich für alle, die über das Arbeits- und Sozialrecht auf aktuellem Stand informiert sein wollen.

Zu beziehen über den gut sortierten Fachbuchhandel oder direkt beim Verlag unter E-Mail: kontakt@bund-verlag.de

Bund-Verlag